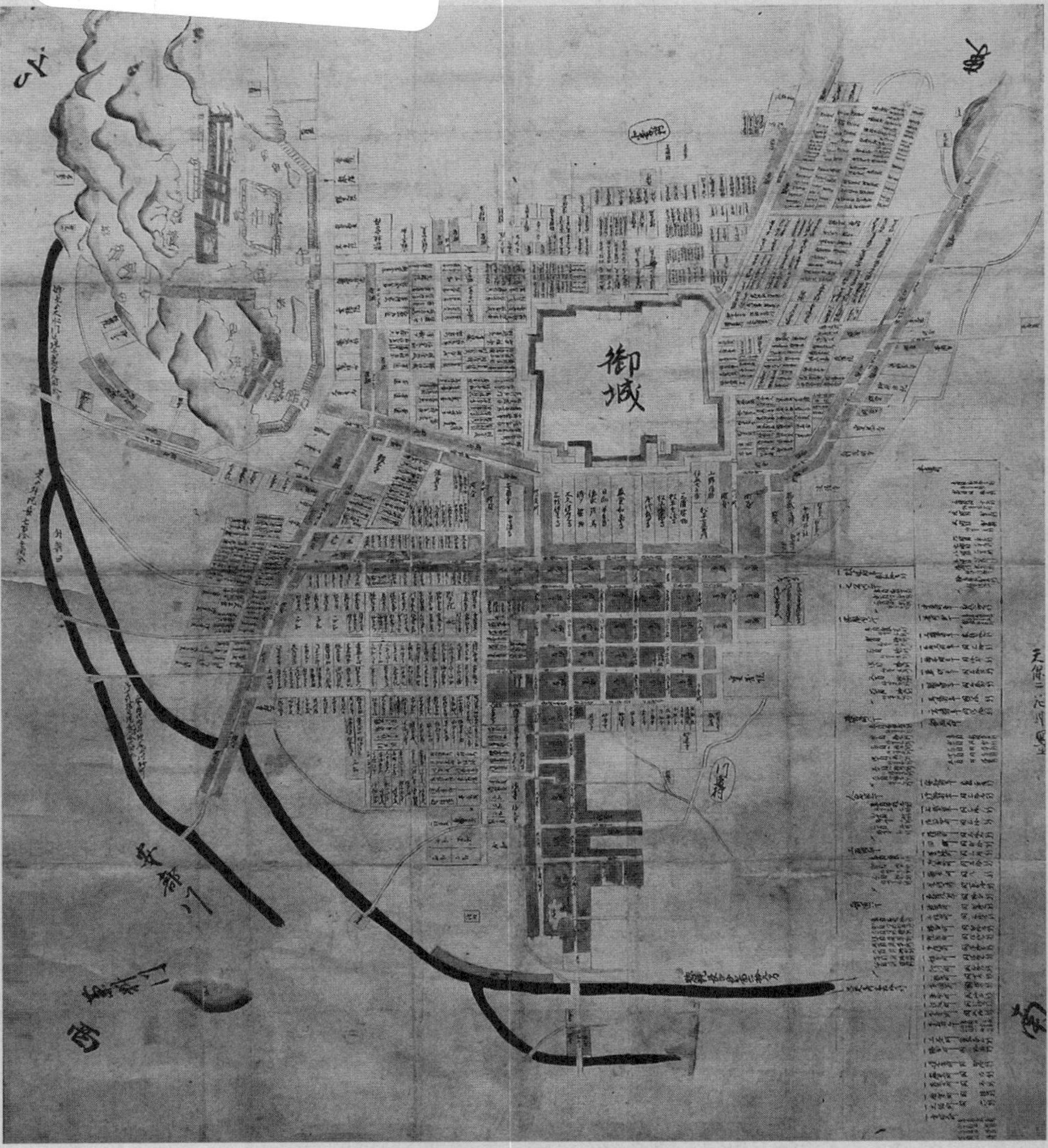

駿府城下町割絵図（写真提供：静岡市）

大学的静岡ガイド
――こだわりの歩き方

静岡大学人文社会科学部・地域創造学環 編

昭和堂

口絵１　『富士三保松原図屏風』部分（静岡県立美術館所蔵）
左右の寺院に豊かな森林が描かれる一方で、中央の里山では過剰な伐採により地肌があらわとなっている。

同上部分
中世の塩業の様子。塩屋の手前には海水を運ぶ男や、砂を掻く男たちの姿がみえる。

口絵 2　『東海道五十三次』見附（天竜川）

同上舞坂（浜名湖）

歌川広重『東海道五十三次』には11番目の三島から32番目の白須賀まで静岡県内21の宿が描かれている。雪の蒲原、薩埵峠の由比等が印象深いが、遠州の風景もよく写している。

口絵 3　駿府町人が廿日会祭を復興させた静岡浅間神社（拝殿）

口絵 4　第 1 回富士の国ビエンナーレの展示風景（由比地区原藤家）
平川渚《通過するもの》2014

口絵 5　江戸時代の命山（袋井市中新田）

現代版命山（静岡市清水区三保）

はじめに

「大学的」な静岡ガイドとは？

近年、「地域学」や「地元学」などが浸透し、日本全国で「地域活性化」や「地方創生」が合言葉になっている。大学もまた、地域系の学部を次々に設置し、地域貢献に力を入れている。静岡では、「静岡学」という言葉だけではなく、新たな地域学を目指すとしている「ふじのくに学」という言い方もある。とはいえ、その内実や解釈は多様であり、時に曖昧である。静岡大学でも二〇一六年度から全学横断型教育プログラム「地域創造学環」をスタートさせ、学生たちが静岡県内の各所にフィールドワークに出かけ、住民・市民との協働を通じた活性化を試みている。本書はそうした動向を受け、地域の学びに関心を寄せる人々に第一歩を踏み出してもらうための入門書として構想されている。

テキストを編むにあたっては、全国に知られた「静岡」、県内では自明の「静岡」、そして今後さらに目を向けてほしい「静岡」を織り交ぜ、西部（遠江）、中部（駿河）、東部（伊豆）という大枠の空間性、古代から現代までの時間性を意識したつもりである。総合大学の特性を生かし、人文社会科学部、教育学部、理学部、農学部、そして、前述の地域創造学環に所属する教員がこれらの「静岡」をフィールドとして、それぞれの立脚する学問的アプローチから得意分野について論じている。加えて、静岡で研究をすすめる中で関係のできた現場の方々にも執筆して頂いた。

本書は大きく過去と現在の二部構成をとっている。しかし、各分野の専門家が描いた静岡の姿は、そのような区分を簡単に越境・横断・往還するものとなっている。例えば、第2部では富士山や伊豆半島の火山活動のメカニズムが説明されるが、それらの火山活動は、静岡県の旧石器時代の遺跡に調査フィールドとしての世界的希少性をもたらし、江戸時代初期の伊豆を石材の一大産地に押し上げさせた（ともに第1部）。また、第1部では中世の森林資源をあつかい、現在の里山利用の変遷をたどる章（第2部）と呼応するが、後者は戦争による静岡の景観変容を問う章（第1部）にも通じるのである。読者には大学が提供する学際的な学びを味読してほしい。

「地域の学び」を取り巻く環境

現在、地域をめぐる状況はアンビバレントである。一方で、自治体消滅論や東京への一極集中が懸念され、他方で、地域活性化や地方創生が叫ばれ、ポスト平成を睨んだ新たな市町村の統廃合（合併）の危機の中で競争させられている状況がある。また、圧倒的な超高齢化社会であるにも関わらず、「住民主体」や「我が事、丸ごと」が強調されていることは、現実的ではない。

「コンパクトシティ」「エリアマネジメント」「ブランディング」など、時代とともに、まちづくりのキーワードが浮沈し、地域や住民が振り回されるといった現実もある。重要なことは、時流のキーワードに踊らされるのではなく、具体的な地域や住民との交流や接触の中から何が必要なのかを見い出していくことであり、その際に、例えば、町内会、公民館、隣保館などといった、地域の中で旧態依然に見えるようなアクターの中に生じているポジティブな変化を見い出し、社会資源と繋いでいくことが求められる。

「静岡には何もない」という諦念や「静岡は温和で保守的」といった自己規定は、そのような変化や可能性を見い出すうえでは、阻害要因となる。本書にも収められているように、県内には様々に活躍するユニークな人物や実践が多く散らばっている。その際には、「よそ者」という存在が非常に重要になってくるだろう。総務省による「地域おこし協力隊」をはじめ、多くの県外人材が県内で活躍しているが、大学の教員も多くは県外出身の「よそ者」である。そのため本書は、地域に根差した大学発の情報でありながら、外からの視点をも内包しているはずである。また総務省は、新たに「関係人口」という言葉を使用し始めている。地域にルーツを持つ多様なアクターの関わりを念頭に置き、必ずしも「定住」という様態に縛られ過ぎずに、柔軟にまちづくりの担い手を構想する興味深い考え方である。本書を手に取った県外者がこれをきっかけに関係アクターとなってくれる。そんなことも、本書の密やかな目論見のひとつである。

「こだわりの歩き方」のために

ＮＨＫの「ブラタモリ」が非常に人気を博している。富士山編の案内人となった小山真人教授は、その体験を次のように記している。「(ブラタモリは)単なる旅番組ではない。冒頭に旅の「お題」という謎かけがなされた後、その土地を知りつくした案内人たちが現れ、少しずつ解答へと誘ってゆく。「お題」は単純な問いかけだが、ひと筋縄では解けない。地形の微妙な高低差から土地の成り立ちを読みとり、目の前の風景や事物をつくり出した自然・社会・人の関わりを考えながら、最終解答に至る。このような旅は、世界各地のジオパークで実施されているツアーそのものと言ってよい。つまり、ジオパーク認定の有無と関係なく、ブラタモリの行く場所すべてが小さなジオパークと化すのである。」(『静岡新聞』二〇一六年八月一一日付)

本書はまさに、「知りつくした案内人」がそれぞれの「こだわり」に基づいて、新たな/別様なまちの歩き方を提案することを目指していると言える。あるいは、別様な「見方」「解釈」を提案するものでもある。そのことで、「何もない…ことはない」静岡が、今までと違って見えてくるのであり、そのスリリングを読者に感じ取ってもらえれば幸いである。

謝辞

本書を作成するうえで、静岡大学人文社会科学部学部長裁量経費、および、地域創造学環学環長裁量経費の助成を受けていることを記しておく。そして、何より昭和堂の大石泉さんに大変お世話になった。記して感謝したい。

編者を代表して　藤井真生・山本崇記

第2部　静岡の今

第*1*部

静岡の歴史と文化

静岡の旧石器時代の遺跡

山岡拓也

はじめに

静岡県東部の愛鷹《あしたか》・箱根山麓は日本有数の旧石器時代の研究フィールドである。そこでの調査・研究の成果は、日本国内だけでなく、世界で進展している研究の中でも重要な意味を持っている。本章では、新人の出現と拡散の研究を概観した上で、日本列島の旧石器時代遺跡や発掘調査の特徴を示し、静岡県東部の旧石器時代遺跡の調査・研究が、どのように世界で進展している研究に貢献しているのかについて解説する。

1 世界で進められている新人の出現と拡散の研究

我々の直接の祖先である新人（我々と同じホモ・サピエンス）の出現と拡散に関わる研究は、旧石器時代研究の中で、最も注目されているテーマの一つである。ヒトがどのように進化したのかは自然人類学や遺伝人類学の分野で研究され、ヒトの技術や行動がどのように変化したのかは考古学の分野で研究されている。研究材料となる資料を得るために発掘調査が行われるが、そのときに、年代学、地質学、古環境学、古生物学の研究者に協力してもらうこともあるし、そうした分野の研究成果を参照することもある。さらに、ヒトの基本的な行動や認知能力の変化については、霊長類学、脳科学、進化心理学などの分野でも研究が進められている。このように、新人の出現と拡散に関わる研究は、非常に学際的で、様々な研究分野が関わって進められている。

新人はおよそ二〇万年前にアフリカで出現し、一部で旧人などと交雑しながら、五万年前以降にユーラシア大陸全域やオーストラリアに拡散した。新人は、それ以前の人類（原人や旧人）よりも各段に分布範囲を広げ、全世界に進出した。どのように各地へ進出したのか世界中で研究が進められており、新人の技術や行動が優れていたからそうしたことが可能になったと考えられている。具体的には、抽象的な行動能力、シンボルを用いた伝達能力、発明・発見能力、予見・計画能力などが、新人に特有の行動であると考えられており、現代人的行動もしくは行動的現代性と呼ばれている。ヨーロッパでは四万年前以降、遺跡から彫像、楽器、装身具など象徴的活動の証拠が得られるようになるとともに、より複雑な道具製作体系を持つようになったこともわかっている。新人が誕生したアフリカでは、ヨーロッパで四万年前ごろを境にして認められる様々な行動が、三〇万年ほど前から段階的に表れてきたことが明らかにされた。東南アジアではヨーロッパで認められるような石器や骨角器の道具製作技術は認められないものの、その代わりに、ヨーロッパなどの北側の地域では認められない熱帯雨林域における様々な行動が認められる。オーストラリアの研究では、少なくとも四万七〇〇〇年前には当時のサフルランド（オーストラリア）に新人が舟を用いて到達していたことがわかっている。その年代が六万五〇〇〇年前に遡ると報告した論文が最近出版された。周辺海域では漁労活動を行っていたことも明らかにされている。こうした証拠もヨーロッパでは発見されていない。ヨーロッパやアフリカの研究では、一つのパッケージとして、新人らしい行動（現代人的行動）を捉えようとする傾向が強かった一方で、東南アジアやオーストラリアでの研究成果を踏まえ、一つのパッケージというよりは、様々な場所に行って、様々な環境で生きていけるということを新人らしさとして捉えた方がよいという考えが示されている。

2　日本列島の後期旧石器時代遺跡とその特徴

後期更新世の日本列島は、北海道はサハリンと陸続きの大きな半島で、本州と九州と四国が一つの大きな島を形成していた。一番寒く海面が最も低下したおよそ約二万年前でも、本州・九州・四国の島は朝鮮半島や北海道とはつながっていなかったと推定されている。日本列島では三万八〇〇〇年前以降に遺跡の数が急増する。その時期も、朝鮮半島や北海道と古本州島は海で隔てられていたため、新人が舟を用いて日本列島に渡ってきたと考えられる。

日本列島では、一万以上の後期旧石器時代（およそ三万八〇〇〇年〜一万六〇〇〇年前以前）の遺跡が発見されている。日本では埋蔵文化財保護法で遺跡が守られ、開発のために遺跡が破壊される場合には、その前に記録保存を目的とした発掘調査を行うことになっている。そのため、これまでにそうした発掘調査で得られた膨大な資料が蓄積されてきた。発掘調査の面積や遺跡数に関しては、日本列島のデータは世界的に見ても突出していると思われる。ただし、日本列島の旧石器時代のほとんどの遺跡は洞窟遺跡ではなく開地遺跡であり、温暖で湿潤であるという気候や火山灰を主な母材とする堆積物の性質によって石以外の資料のほとんどは分解されてなくなってしまう。そのため、石器などは非常にたくさん発見されているものの、骨・角・牙で作られた道具、装身具、彫像などは発見されない。木はもっと保全されにくいのでもちろん発見されていない。日本列島は、今のところ、世界的にみて特異な調査状況にあり、得られている資料の種類や性質が異なっているということができる。

3　静岡県東部愛鷹・箱根山麓の後期旧石器時代前半期の遺跡と出土資料

静岡県東部にある愛鷹・箱根山麓は国内有数の旧石器時代の研究フィールドである。こ

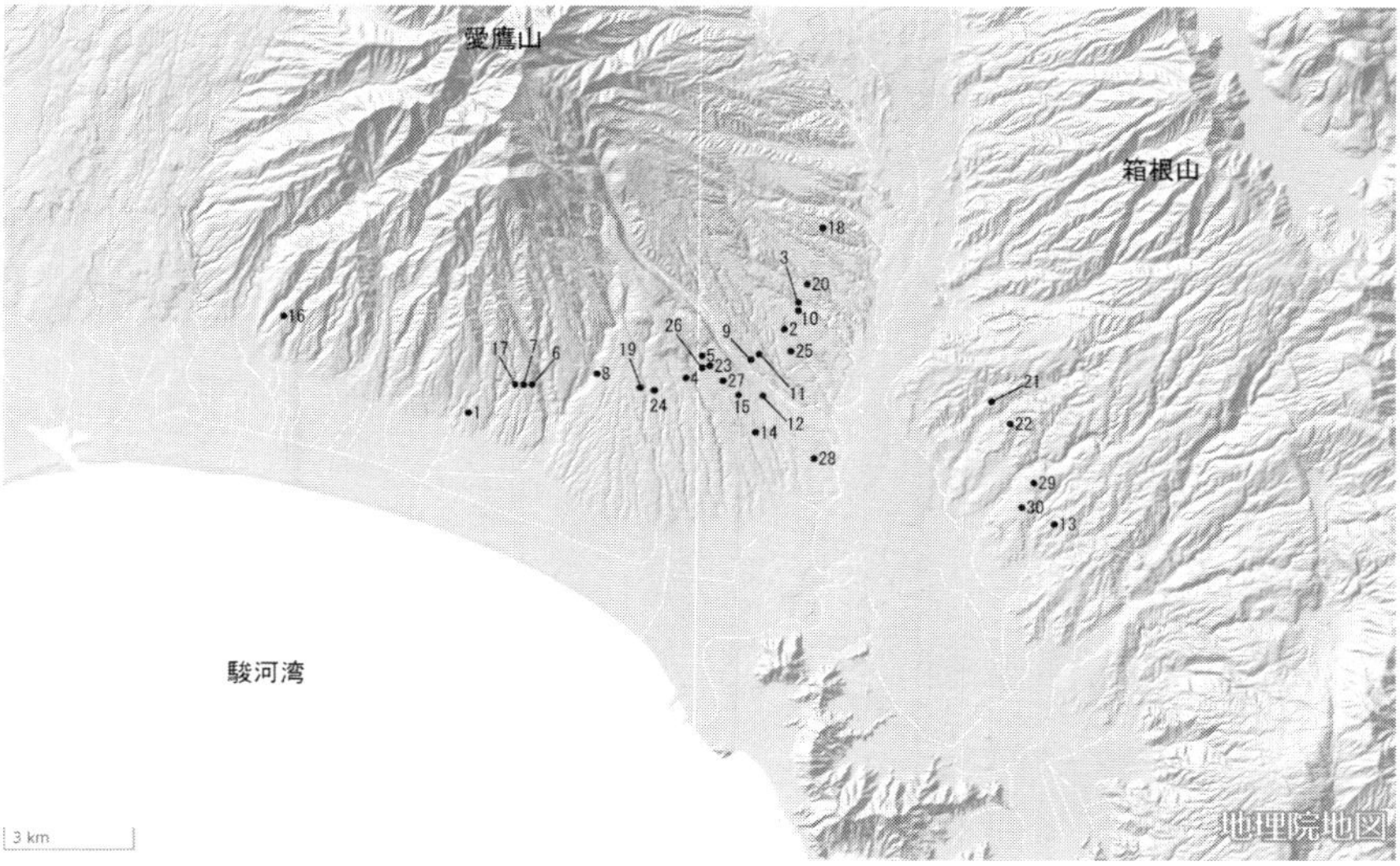

1: 井出丸山遺跡 2: 富士石遺跡 3: 梅ノ木沢遺跡 4: 西洞遺跡 5: 土手上遺跡 6: 秋葉林遺跡 7: 的場遺跡 8: 元野遺跡
9: 向田 A 遺跡 10: 東野遺跡 11: 細尾遺跡 12: 桜畑上遺跡 13: 生茨沢遺跡 14: 寺林遺跡 15: 野台南遺跡 16: 古木戸 B 遺跡
17: 渕ヶ沢遺跡 18: 下ノ大窪遺跡 19: イタドリ A 遺跡 20: 塚松遺跡 21: 八田原遺跡 22: 加茂ノ洞遺跡 23: ニツ洞遺跡
24: 八兵衛洞遺跡 25: 追平 B 遺跡 26: 中身代第 I 遺跡 27: 清水柳北遺跡 28: 柏葉尾遺跡 29: 下原遺跡 30: 初音ヶ原遺跡

図 1　愛鷹・箱根山麓の後期旧石器時代前半期の主な遺跡の分布

れまでに愛鷹・箱根山麓であわせて一〇〇以上の旧石器時代遺跡が発見され、発掘調査が行われてきた（図1）。この愛鷹・箱根山麓の愛鷹山麓の遺跡では古富士火山や小御岳火山の火山活動の噴出物になどによって形成されたロームが厚く堆積し、なおかつたくさんのスコリア層（SC）が黒色帯（BB）をパックするように堆積している。これらのスコリア層の多くはワンフォールユニットとして短期間に降下して堆積したものと推定されている。とりわけ後期旧石器時代前半期（三万八〇〇〇年前～二万九〇〇〇年前）に当たる層

（三好 2011：表 1 を一部改変）

層序	AMS法による 測定値の較正年代
BB I	29,750年前
NL	30,500 ～ 29,750年前
BB II	31,250 ～ 30,500年前
BB III	33,000 ～ 31,250年前
SC III - b 1	33,500 ～ 33,000年前
SC III - b 2 - S 5	34,500 ～ 33,500年前
BB IV	34,750 ～ 34,500 年前
BB V	36,000 ～ 34,750年前
BB VI - BB VII	37,500 ～ 36,000年前

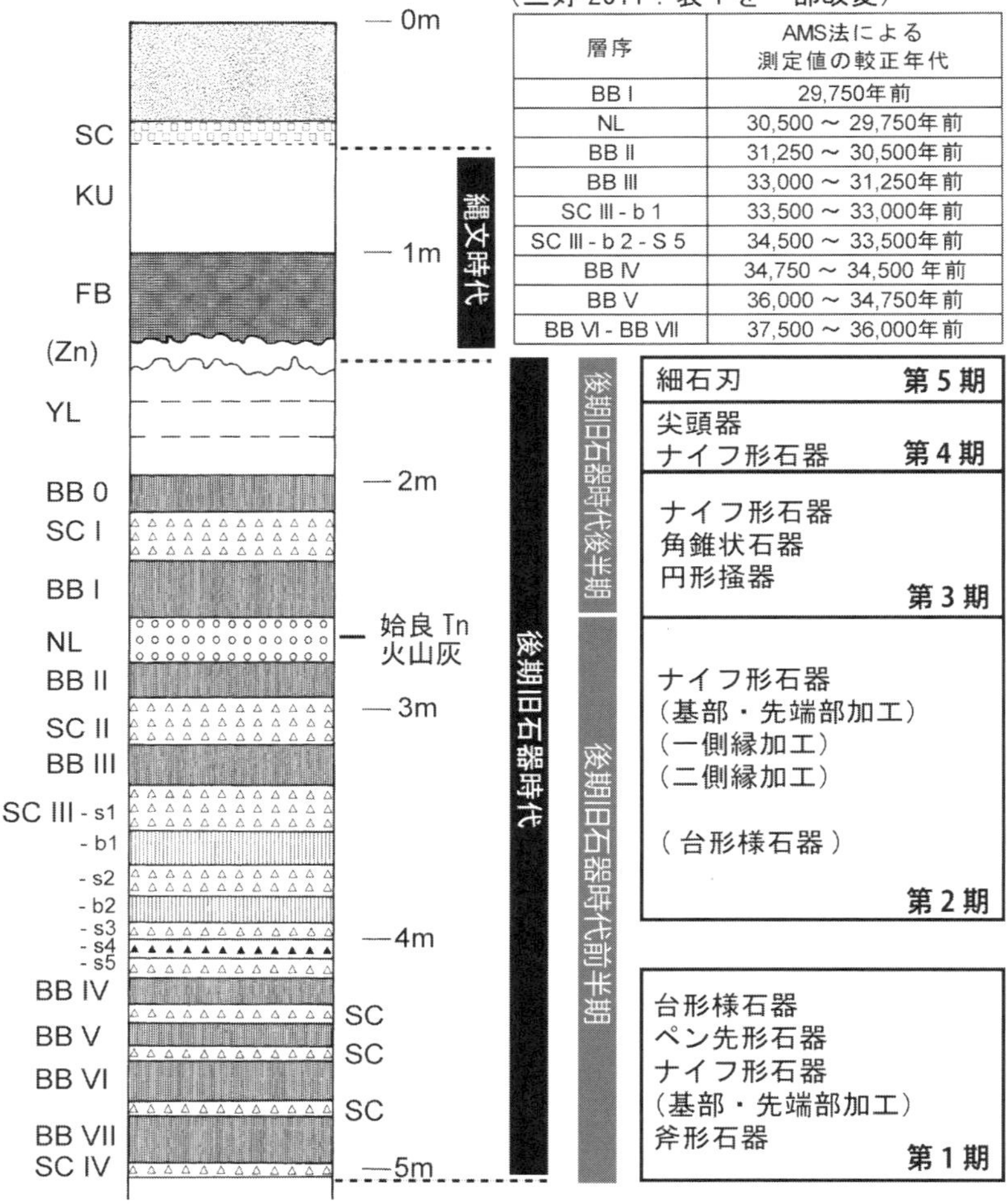

（池谷 1998：第 7 図）

図 2　愛鷹・箱根山麓の土層・石器の変遷・年代

序（SCⅣ層〜NL層）は細かく区分することが可能であり恵まれた層位条件にある。これによりこの地域では後期旧石器時代前半期の考古資料について、より細かい時間幅で信頼できる時期区分がなされている。さらに、それぞれの層位から豊富な^{14}C年代測定値が得られており、それぞれの層位（黒色帯）の継続期間はおよそ四〇〇年から一八〇〇年であることも明らかにされた（図2）。こうした時間幅で考古資料の変遷を検討できるということは後期旧石器時代前半期の研究では異例であり、日本国内はもとより世界的に見ても重要な調査研究成果が蓄積されている。また、SCⅣ層からBBⅦ層にかけて出土した、愛鷹・箱根山麓では最も古い考古資料は、年代測定の結果、およそ三万八〇〇〇年前まで遡ることが明らかにされ、日本列島に移入した最初期の新人が残した遺跡であることも分かってきた。

　この地域の新人の行動的現代性に関わる重要な研究として、黒曜石の原産地分析研究を挙げることができる。日本では一九七〇年代から遺跡から出土する黒曜石の原産地分析研究が本格的に開始されたが、愛鷹・箱根山麓では、一九九〇年代に、望月明彦氏と池谷信之氏によって蛍光X線分析法による黒曜石資料の非破壊分析が開始された。最初に分析の対象にされたのは、沼津市に所在する足高尾上《あしたかおのうえ》遺跡群を構成する一遺跡である土手上《どてうえ》遺跡から出土した資料だった（図3・写真1）。土手上遺跡のBBⅤ層では三つの地点から大量の黒曜石資料が出土していた。それまでは一遺跡で数点の黒曜石を分析することが一般的であったのに対して、望月氏と池谷氏は、可能な限りすべての黒曜石資料を対象とし、三つの地点の合計で一八一二点の黒曜石資料を分析した。その結果、箱根、天城や信州に加えて、神津島恩馳島からも黒曜石がもたらされていたことが明らかにされた。三つの地点

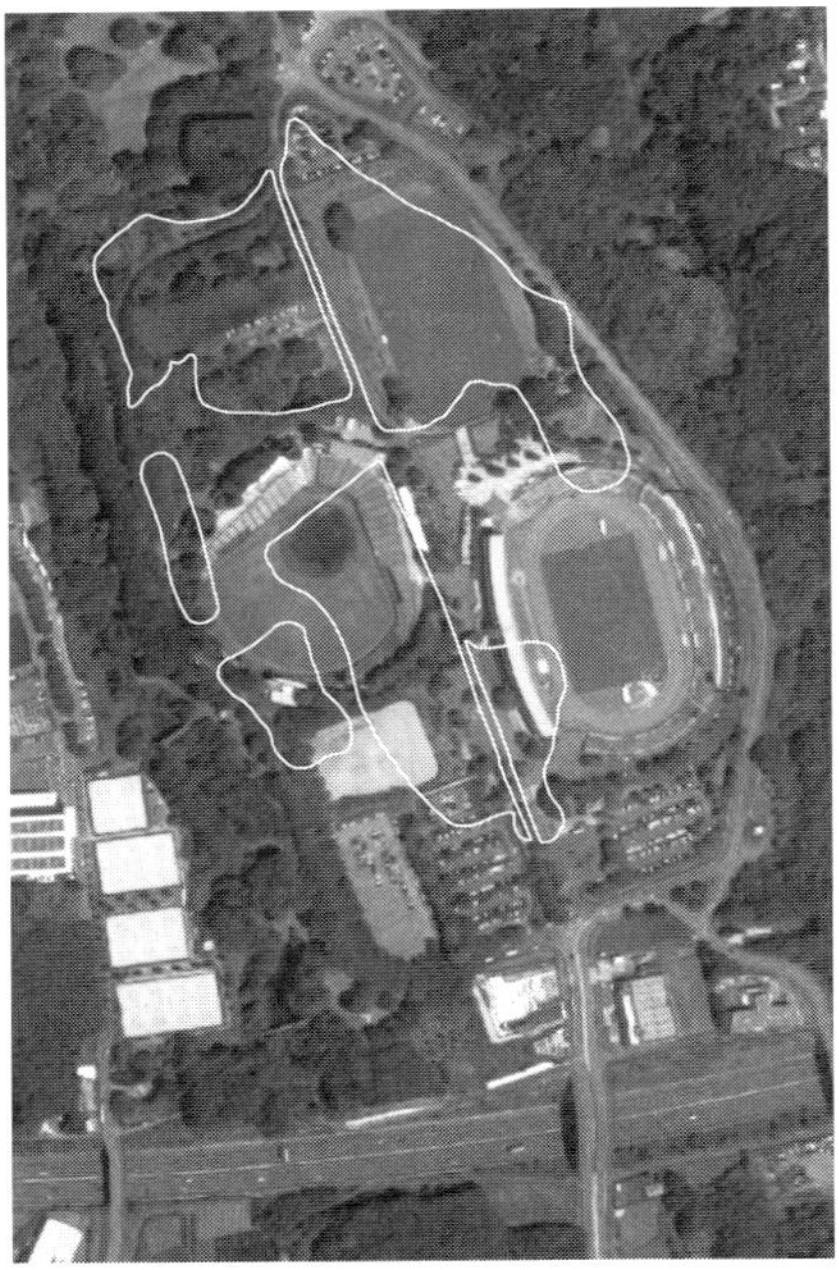

画像 ©2019 Google、地図データ ©2019 ZENRIN

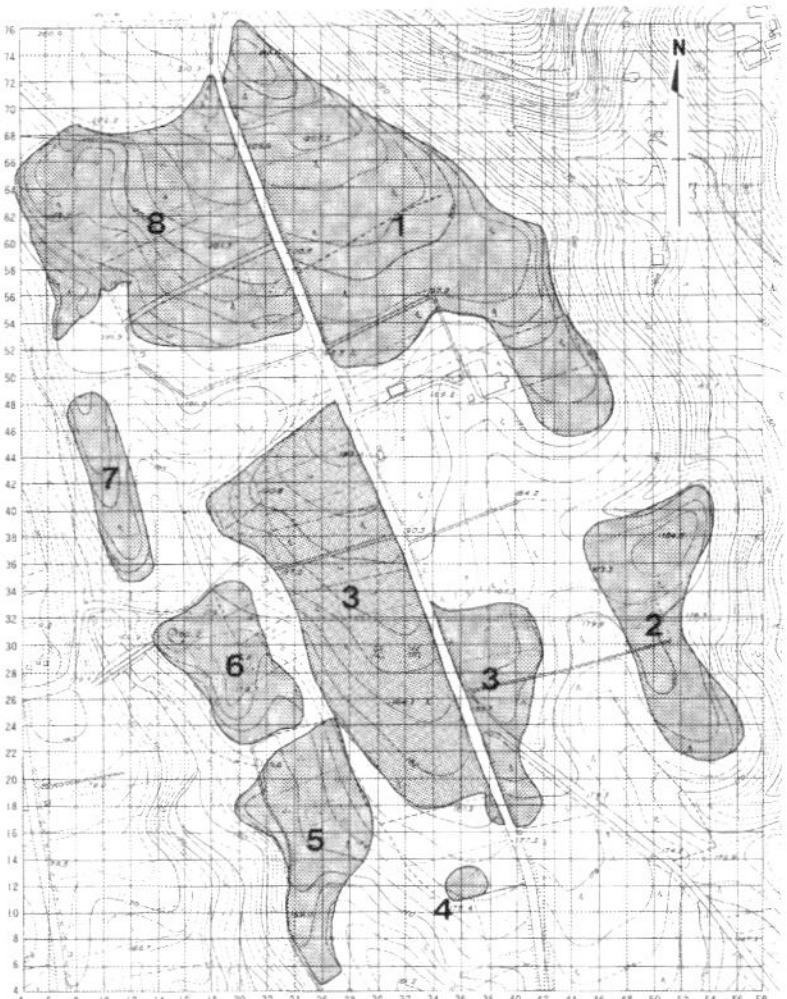

（池谷1998：第3図）　0　200m

1：土手上遺跡　2：ニッ洞遺跡
3：広合遺跡　4：広合南南遺跡
5：中見代第Ⅰ遺跡　6：中見代第Ⅱ遺跡
7：中見代第Ⅲ遺跡　8：葛原沢第Ⅳ遺跡

図 3　足高尾上遺跡群

写真 1　足高尾上遺跡群の現在の様子（愛鷹運動公園となっている。写真は北から南を向いて撮影。写真手前中央のスポーツ広場は土手上遺跡の発掘調査が行われた場所）

の合計で四八九点の黒曜石の石器や石片が神津島恩馳島産と判別されている。それ以前にも東京の同時代の遺跡から出土した資料の中に神津島産の黒曜石があることを指摘した研究はあったものの、両氏の研究で神津島から黒曜石がもたらされていたというより確実な証拠が示されたといえる。海面が最も低下した約二万年前でも神津島と本州はつながっていなかったことから、これは世界最古の往復航海の証拠ということにもなる。また望月氏と池谷氏は愛鷹・箱根山麓の他の遺跡から出土した黒曜石についても「全点分析」を実施し、時期別の黒曜石の原産地の構成の違いも明らかにしている。その結果、神津島産の黒曜石は、後期旧石器時代初頭（第1期）と後期旧石器時代末（第5期）の時期に活発に利用されていたことが明らかにされた（図4）。近年、日本列島の他地域でも遺跡から出土した黒曜石の「全点分析」が行われるようになり、膨大なデータが蓄積されているが、望月氏と池谷氏の研究はそうした研究の嚆矢であった。

土手上遺跡ではその他にも重要な研究成果が蓄積されている。土手上遺跡BBV層の第I地点では環状ユニットと呼ばれる特殊な遺構が検出されている。この環状ユニットは、後期旧石器時代前半期前葉に残された石器集中が環状に分布する遺構であり、日本列島全域では、およそ一〇〇例発見されている。石器の接合分析から、この環状に分布する石器集中はほぼ同時に残されたことがわかっており、「環状集落」と呼ばれることもある。土手上遺跡では破壊を免れた現状ユニットの北側半分の調査が行われた。調査後の資料分析の結果、環状ユニットの東半分と西半分で石器石材の構成が大きく異なることが明らかにされた（図5）。このことは異なる遊動領域を持つ集団がこの場所で一時的にともに生活したことを示していると解釈された。類似した現象は、他地域で発見された環状ユニット

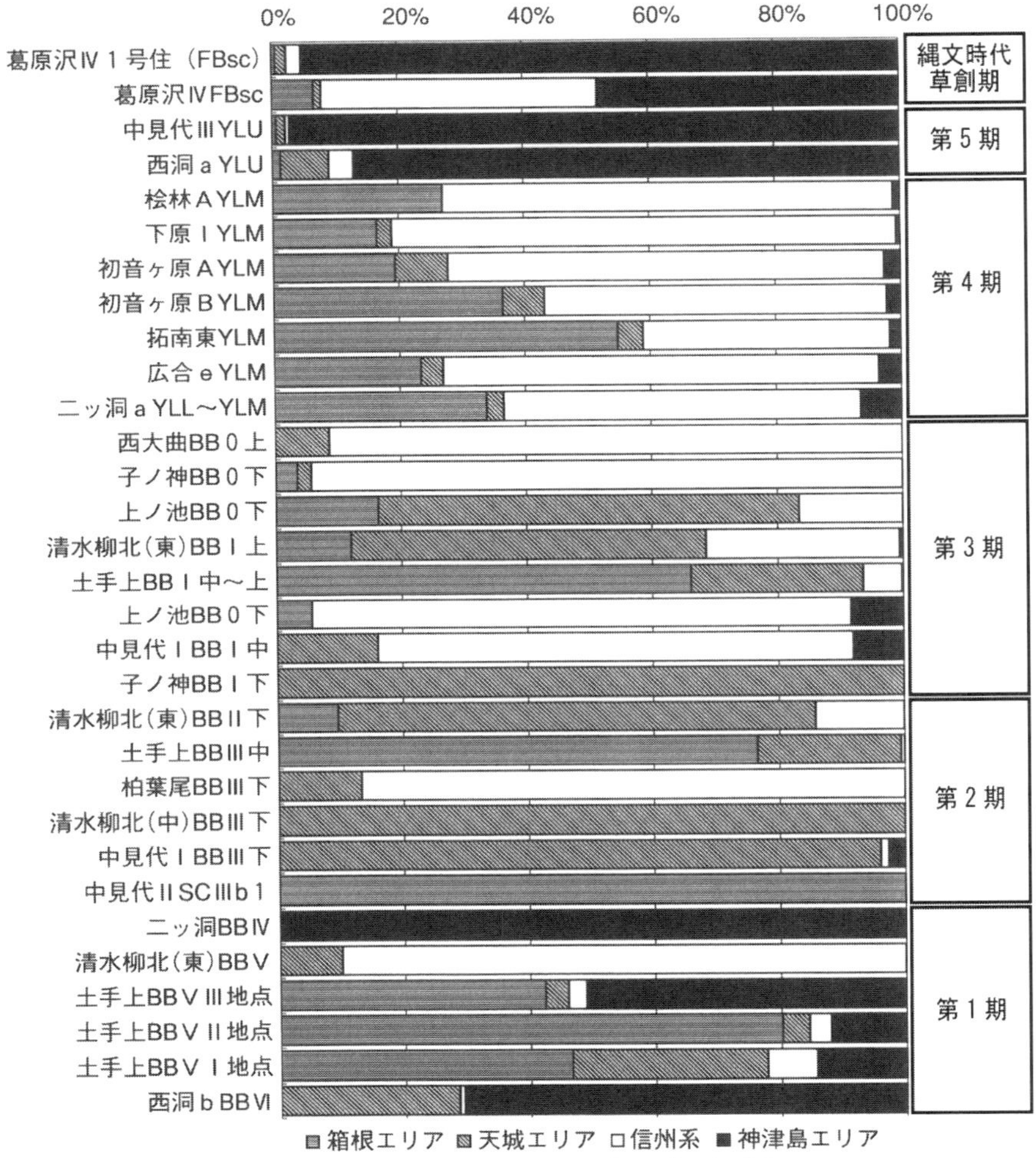

（池谷 2009：図 2-8 を一部改変）

図４　愛鷹・箱根山麓の後期旧石器時代遺跡の黒曜石原産地の構成

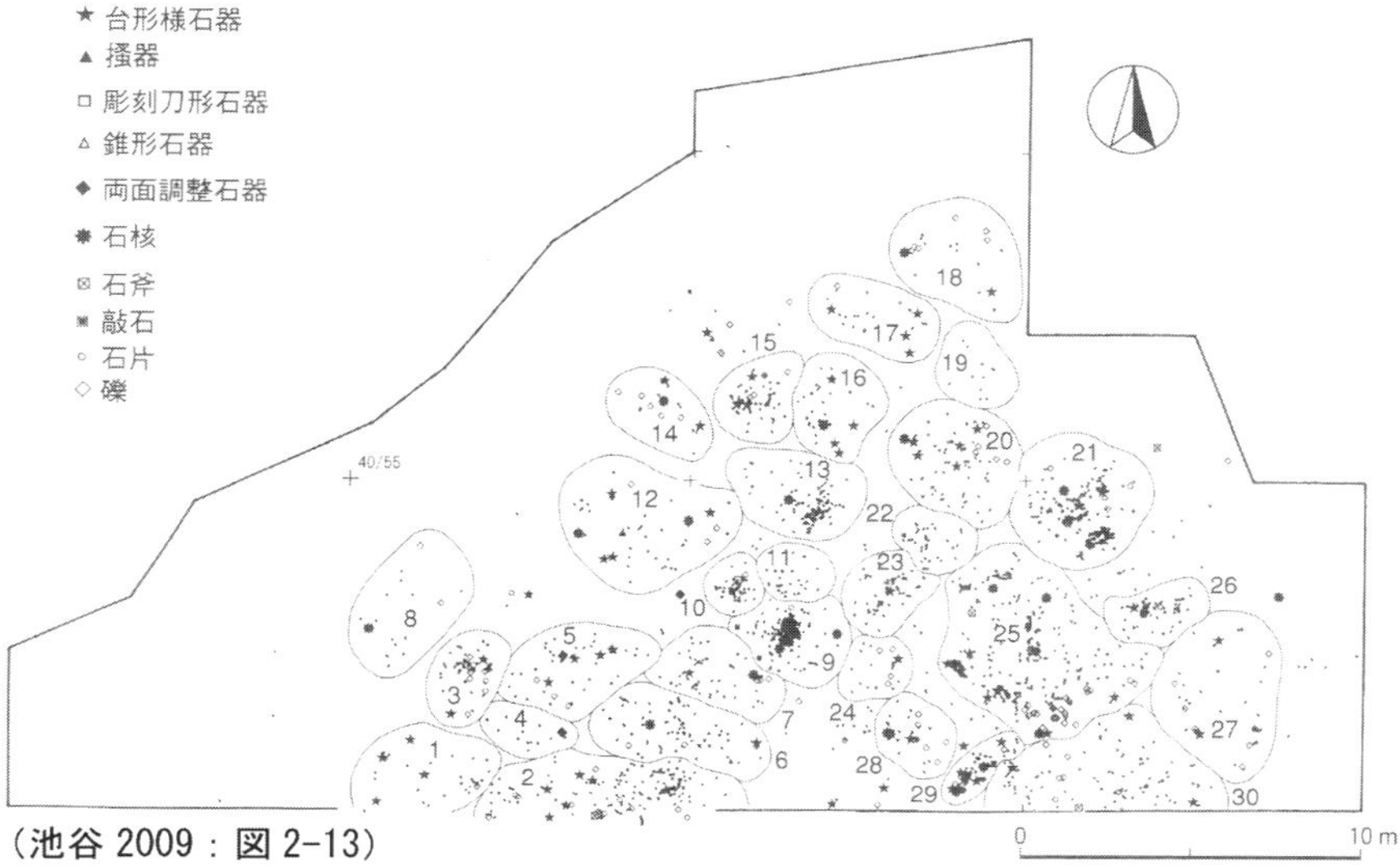

(池谷 2009：図 2-13)

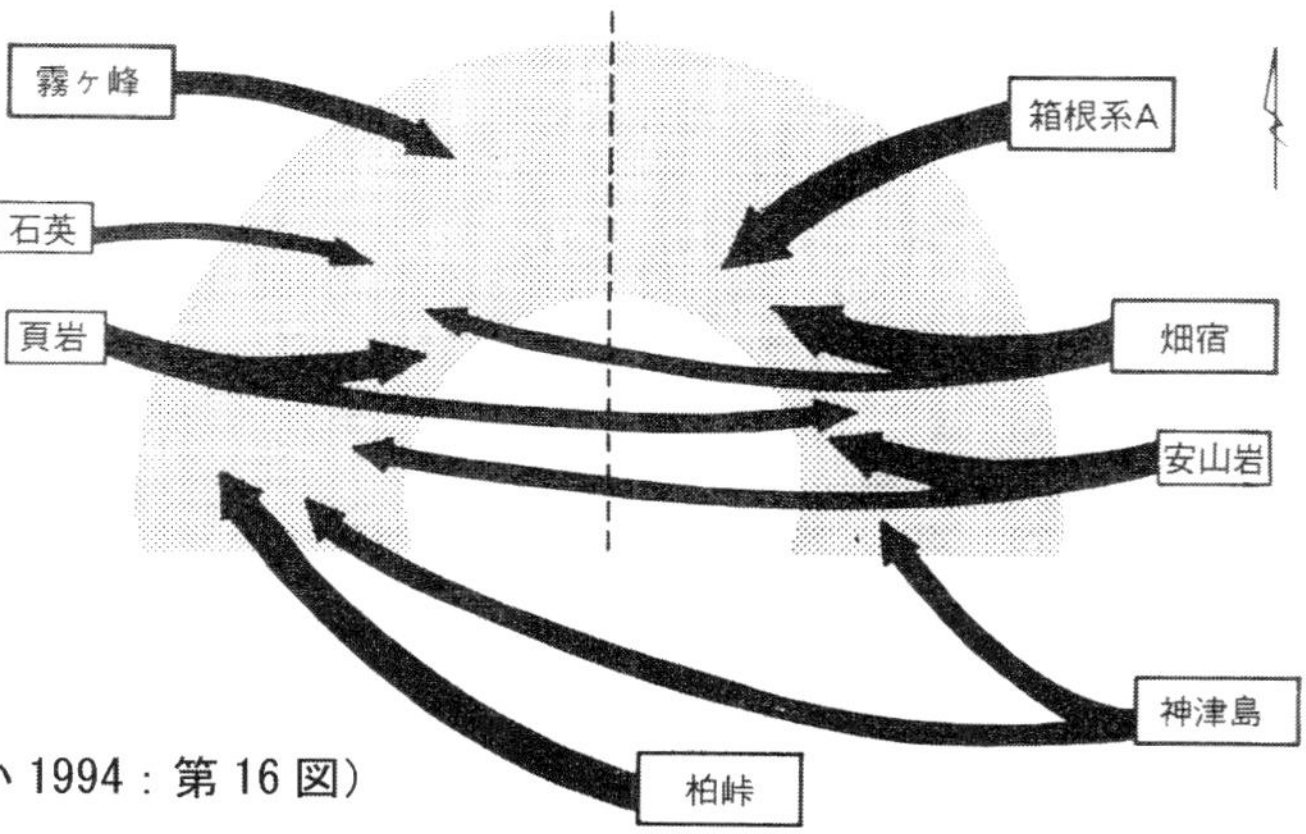

(望月ほか 1994：第 16 図)

図 5　土手上遺跡BBV層第I地点の石器の分布と石材の搬入状況

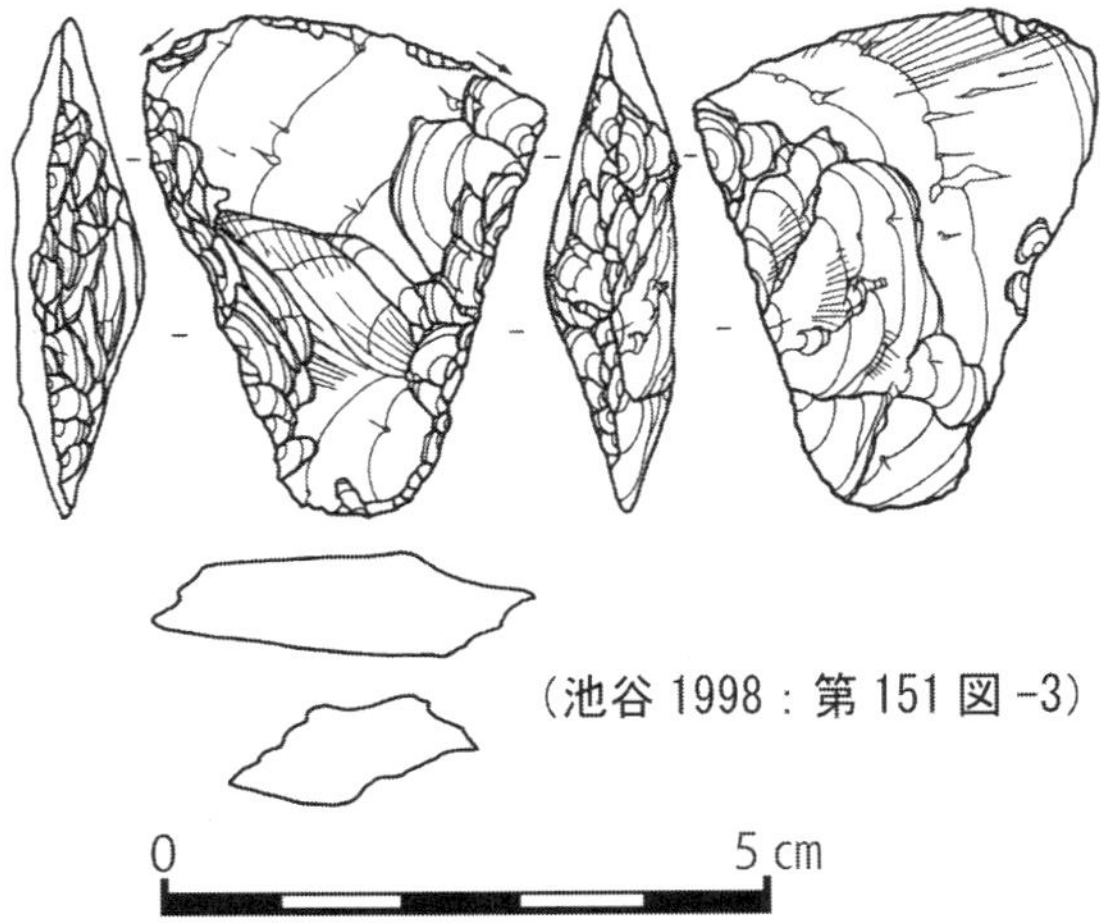

図 6　土手上遺跡BBV層第Ⅲ地点から出土した黒曜石製の台形様石器

でも確認されている。そのため、環状ユニットは、およそ三万五〇〇〇年前に、人々がより広域のネットワークを持ち、その集団構成もより複雑なものであったことを示す証拠としてとらえられる。

さらに土手上遺跡のBBV層からは台形様石器《だいけいようせっき》というその時期に特有の石器が多数発見されている（図6）。資料の分析や実験研究に基づいて、台形様石器は狩猟具の先端部として用いられ狩猟具はクッション性のある構造を備えているとともに、弓矢かあるいは投槍器のような道具を用いて投射されていたと推定されている。土手上遺跡では、台形様石器を装着した狩猟具のメンテナンス（先端部の付け替え）や狩猟で得られた動物の解体などが行われたことも明らかにされた。

このように土手上遺跡では、およそ三万五〇〇〇年前の新人の技術レベルがかなり高かったことが明らかにされているとともに、様々な具体的な行動も復元されており、日本列島で確認できる現代人的行動に関わる多くの証拠が、この遺跡で発見されたということができる。

愛鷹・箱根山麓では、さらにもう一つ重要な考古資料が発見されている。一九九〇年代に三島市に所在する初音ヶ原《はつねがはら》遺跡で多数の旧石器時代の土坑《どこう》（土を掘り込んだ穴）が発見された（図7・写真2）。直径一m以上、深さ一・五m以上の土坑が、緩斜面を横切るように列状に並んでいたことから、これらは落とし穴であると考えられた。現在では多くの研究者が、これらの落とし穴（土坑）は罠として使われていたと考えている。九州や神奈川県でも旧石器時代の落とし穴は発見されているものの、愛鷹・箱根山麓での発見例は、落とし穴の数としても発見された遺跡の数としても突出して多く、研究も一番進んでいる。二〇〇四年の段階で愛鷹・箱根山麓では一四遺跡から一九六基の落とし穴が発見されており、それら全ての落とし穴はＢＢⅢ層から掘り込まれたことがわかっている。日本列島以外では旧石器時代の落とし穴は今のところ発見されておらず、他の種類の罠に関わる遺物も発見されていない。愛鷹・箱根山麓では旧石器時代の罠猟に関わる貴重なデータも得られているということができる。

おわりに

以上で日本列島の旧石器時代遺跡の特徴や発掘調査の特徴を示し、愛鷹・箱根山麓で発見されている新人の現代的行動に関わる考古資料について紹介してきた。環状ユニットや列状の落とし穴が発見されているということは、広範囲を発掘するという日本独特の発掘調査の体制や方法にも由来しており、世界の他の地域では得られない情報が得られている

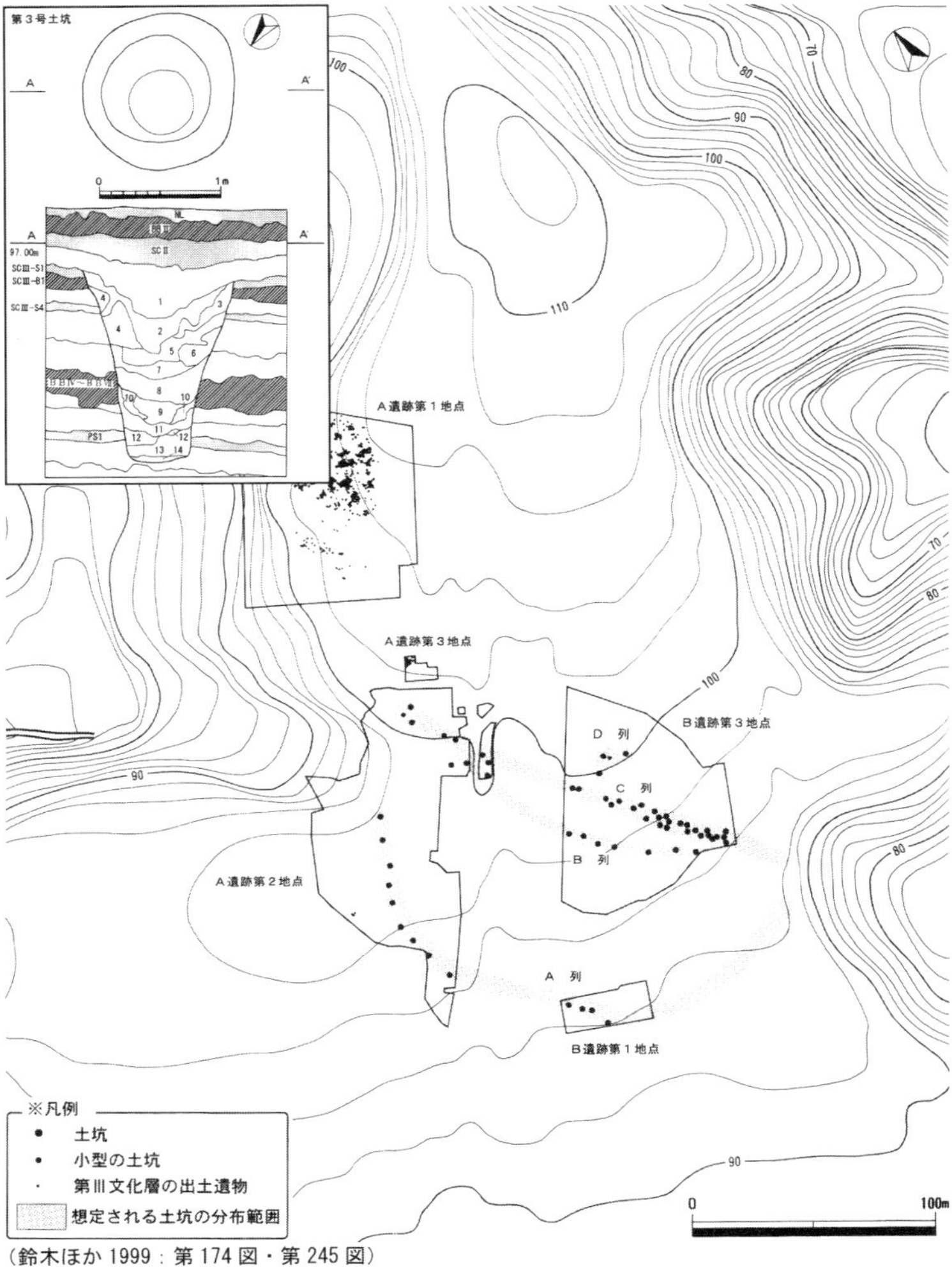

（鈴木ほか 1999：第 174 図・第 245 図）

図 7　初音ヶ原遺跡から出土した土坑（落とし穴）

ということができる。また、黒曜石の原産地に関する大量の資料分析は世界の他の地域に先駆けて行われた試みであった。このように、この時代の新人の行動に関して他の地域では得られない情報が得られ、世界で進められている研究の中で、様々な知見を補完している点に日本列島での調査・研究の成果の意義があるといえる。そして日本列島で進められている新人の研究の中で重要な成果の多くは静岡県東部の愛鷹・箱根山麓で得られてい

写真 2　初音ヶ原遺跡周辺の現在の様子（道路は国道 1 号線。三島方向に向いて撮影。発掘調査は前方の車の少し先の両側で行われた）

写真 3　静岡市清水区蒲原にある静岡県埋蔵文化財センター内の旧石器時代の展示の様子（静岡県内の遺跡から出土した資料が時代ごとに展示されており、愛鷹・箱根山麓から出土した旧石器時代資料も展示されている。写真の右側にあるのは下原遺跡で発見された落とし穴の土層の剥ぎ取り資料）

る。愛鷹・箱根山麓の地層はより細かく区分できるため、環境の変化に応じた当時の人々の行動の変化をより細かく捉えられる可能性があり、研究するための考古資料も多く蓄積されている。そのため、今後さらに新人の行動に関する研究成果が得られることも期待できる。

〔引用参考文献〕

池谷信之『沼津市文化財調査報告書　第64集　土手上遺跡（d・e区―2）発掘調査報告書』沼津市教育委員会、一九九八年
池谷信之『黒曜石考古学―原産地推定が明らかにする社会構造とその変化―』新泉社、二〇〇九年
鈴木敏中・伊藤恒彦・前嶋秀張『初音ヶ原遺跡』三島市教育委員会、一九九九年
三好元樹「（1）愛鷹・箱根山麓における旧石器時代の人類活動と環境」『一般社団法人日本考古学協会第77回総会研究発表要旨』一八～一九頁、二〇一一年
橋本勝雄「環状ユニットと石斧の関わり」『旧石器研究』第2号、三五～四六頁、二〇〇六年
望月明彦・池谷信之・小林克次・武藤由里「遺跡内における黒曜石製石器の原産地別分布について―沼津市土手上遺跡ＢＢＶ層の原産地推定から―」『静岡県考古学研究』第26号、一～二四頁、一九九四年
山岡拓也・池谷信之著、静岡大学地域創造研究センター編『ふじのくにのホモ・サピエンス～3万5千年前の遺跡から現代人的行動を探る～』静岡大学公開講座ブックレット10、二〇一八年（ＰＤＦファイルを以下のサイトでダウンロードできます http://lc.shizuoka.ac.jp/publication_list.html）
Baker, G. et al. 2007 the, human revolution, in lowland tropical Southeast Asia: the antiquity and behavior of anatomically modern humans at Niah Cave (Sarawak, Borneo). *Journal of Human Evolution*, 52: 243-261.
Clarkson, C. et al. 2017 Human occupation of northern Austaralia by 65,000 years ago. *Nature* 547 pp.306-310.
Hiscock, P. 2015 Cultural Diversification and the Global Dispersion of the Homo sapiens: Lessons from Australia. In: Kaifu, Y., Izuho, M., Goebel, T., Sato, H., Ono, A. (Eds.), *Emergence and Diversity of Modern Human Behavior in Paleolithic Asia*, Texas A & M University Press, College Station, pp.225-

236.
Ikeya, N. 2015 "Maritime Transport of Obsidian in Japan during the Upper Paleolithic." In: Kaifu, Y., Izuho, M., Goebel, T., Sato, H., Ono, A. (Eds.), *Emergence and Diversity of Modern Human Behavior in Paleolithic Asia*, 362-75. College Station: Texas A & M University Press.
McBreaty, S. and Brooks, A. S. 2000 The revolution that wasn, t: New interpretation of the origin of modern human behavior. *Journal of Human Evolution*, 39: 453-563.
O, Connell, J.F. & Allen, J. 2015 The process, biotic impact, and global implications of the human colonization of Sahul about 47,000 years ago. *Journal of Archaeological Science* 56 pp.73-84.
O, Connor, S., Ono, R. & Clarkson, C. 2011 Pelagic Fishing at 42,000 Years Before the Present and the Maritime Skills of Modern Humans. *Science* 334: 1117-1121.
Sato, H. 2012 "Late Pleistocene trap-pit hunting in the Japanese Archipelago." *Quaternary International* 248:43-55.
Yamaoka, T. 2012 Use and maintenance of trapezoids in the initial Early Upper Paleolithic of the Japanese Islands. *Quaternary International*, 248 pp.32-42.
Yamaoka, T.2017 Shooting and stabbing experiments using replicated trapezoids. *Quaternary International*, 442 pp.55-65.

column

静岡の黒曜石研究のひとこま
――神津島産黒曜石を運んだ縄文人――

池谷信之

昨年の五月に八ヶ岳山麓を中心とする縄文遺跡群が「星降る中部高地の縄文世界」というタイトルとともに日本遺産に認定された。夜になれば星降るかのごとく澄んだ空のもと、獲物を求めて山野を駆けめぐった縄文人を想像させるロマンティックなフレーズに、遺跡への興味もかき立てられる。

激しい雨の降った後、麓の畑を歩くと黒曜石の矢尻やナイフが運良く見つかることがある。信州のような黒曜石の大産地の近くでは、一面に散らばる黒曜石のカケラに光が差すまばゆい光景を見ることもできる。その昔、人々はこうした場面に出くわすと、天から星のクズが落ちてきたと考えた。星糞峠（長野県長和町）、星の糞（静岡県御前崎市）はどちらも縄文時代の黒曜石を大量に出す遺跡としてよく知られている。冒頭で紹介した日本遺産にはもちろん星糞峠も含まれていて、「星降る中部高地の縄文世界」はこんなエピソードも含んだ洒落たネーミングになっている。

もう一つの「星クズ」、星の糞遺跡は御前崎の先端近くの小高い場所にある（図1）。幾度かの調査によって遺跡は掘り尽くされてしまったが、教育委員会の収蔵庫には大量の黒曜石が保管されている。ある時、地元の考古学愛好会から星の糞遺跡について講演をしてほしいという依頼があった。縄文前期に大量の黒曜石を持ち込ん

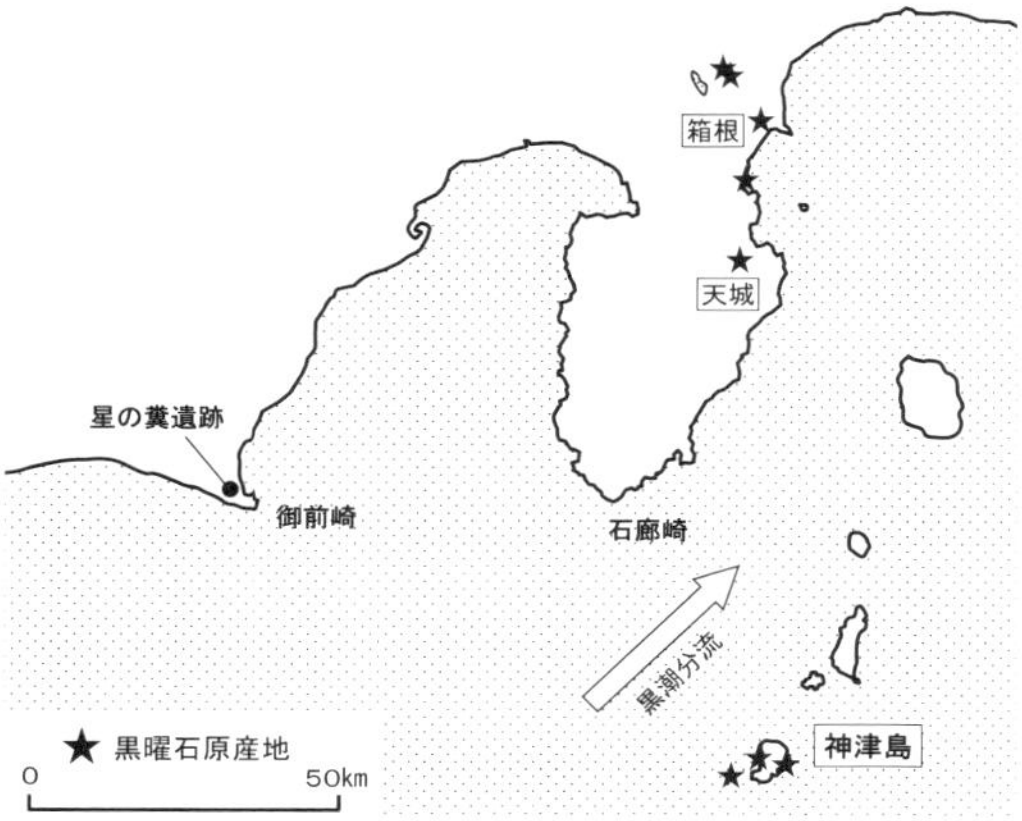

図1　星の糞遺跡と神津島の位置

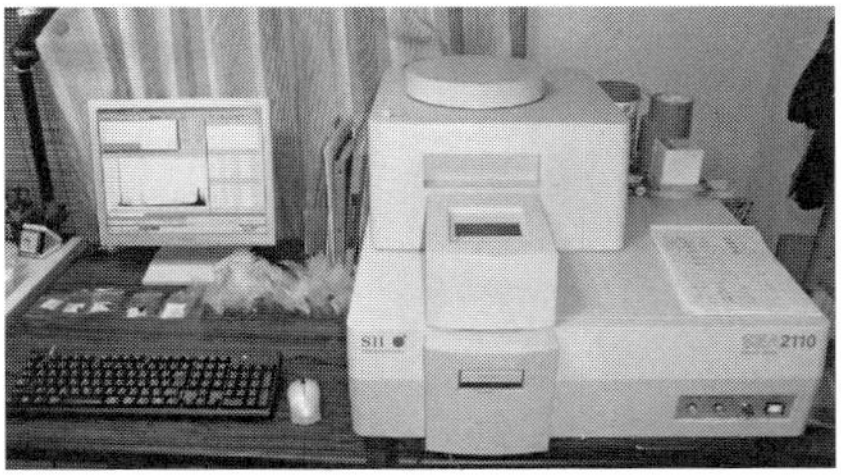

写真1　蛍光X線分析装置　X線の特性を利用して黒曜石の化学組成を測定し、その原産地を明らかにする（筆者個人所有）。

写真2　神津島砂糠崎の黒曜石原産地　左右にのびる黒い帯が黒曜石。

だ遺跡、という以外さしたる知識がない私は、急遽、御前崎市まで出向き黒曜石二〇〇点あまりを借用し、蛍光X線分析装置（写真1）を使って産地推定を試みた。その結果は驚くべきことに、伊豆七島の一つ、神津島に産する黒曜石（写真2）が七九%を占めていたのである。

　御前崎から神津島までは直線で約九二km、縄文丸木舟の一般的な速度と考えられている時速五kmで割ると、一八時間以上もかかる航海になる。縄文人はポリネシアの航海で使われたような高度なスターナビゲーションを会得していなかったようなので、いったんは石廊崎に立ち寄り暗い海の航海を避けたのだろう。その場合は二日にわたる航海になる。しかも帰路は伊豆沖を北上する黒潮分流を斜めに遡るという困難も待ち受けていたはずだ。また御前崎から伊豆南端にかけての地域で、黒曜石を大量に出す遺跡はないので、他集団との交換によって黒曜石を入手していたとも考えにくい。

　いま星の糞遺跡に立つと、晴れた日には対岸の石廊崎を望むことができる。縄文人は日ごと海を観察しながら漕ぎ渡るタイミングを見計らっていたのだろうか。しかしその先にある神津島を視認することはできない。いったい縄文人はどんな丸木舟を作り、どのようにこの長距離航海を成し遂げたのか？　星の糞遺跡から一〇〇〇年ほど後の縄文中期初めには、縄文人は黒曜石とイノシシを舟に載せ、神津島からさらに一二八kmも離れた八丈島まで到達しているのである。

　昔の人々は黒曜石の由来がよく分からず、星のクズが落ちてきたものと考えた。現代人からすると滑稽とも思える解釈である。しかし、縄文人の航海術ははるか昔に途絶え、黒曜石を運ぶ航海は考古学上の大きな謎となってしまった。もしも縄文人が現代に生きていたなら、我々の無知さかげんを笑うのであろうか。

農耕文化の形成と登呂遺跡

篠原和大

はじめに

登呂は、今から約二〇〇〇年前の弥生時代後期に拓かれたコメ作りのムラである。登呂のムラが築かれるより前には、北東に約一・五㎞ほど離れた有東山の東側に有東《うとう》のムラがあった。登呂は有東を母村とした子村といわれているが、現在復元されているような集落と、その南側に水路を隔てて水田が広がる景観は、弥生後期の初め頃に一気に切り拓かれたものとみられる（写真1）。このような弥生後期の開発が短期間に行われた背景に、当時普及し始めた鉄器の威力があったことは想像に難くない。鉄の道具はそのころ駿河の地域で作り出すことはできなかったから、他の地域から手に入れたものである。つまり、登呂

写真1　復元された登呂遺跡の水田と集落

のムラの出現は、新たな物と人の交流を示すものでもある。

登呂で使われたいわゆる登呂式土器は、櫛描文で飾られ赤く塗られた壺（赤彩土器）を一つの特徴としている。ベンガラを原料とした顔料で土器を赤く彩色するのは、中部高地地域に伝統的に用いられた手法であって、後期になって盛んに櫛描文が用いられるようになるのも中部高地地域と機を一にしている。登呂の赤彩土器は、こうした信州方面とのかかわりを示す可能性が高いが、そこには、先に述べた鉄を含めた様々な交渉が考えられる。

ここでは、登呂ムラの形成の背後にある社会の動態を探りながら、赤彩土器に象徴されるような地域間の交渉についても考えてみたい。

1　登呂の時代への道程―有東ムラの成立と弥生中期の社会

静岡清水平野の奥深くまで海が侵入した縄文海進の後、安部川が運ぶ土砂が作る扇状地によって、登呂周辺の地形は次第にかたちづくられていった。縄文時代の終わり頃、登呂の周辺はまだ沼沢地のような環境だったと考えられている。登呂遺跡や鷹ノ道遺跡の下層からは、約三一〇〇年前に降灰したといわれるカワゴ平パミスと呼ばれる火山灰の層が見つかっていることは、これを示している。一方、八幡山・有東山の東縁に位置する有東遺跡の下層からは、この火山灰が確認されないので、比較的早くから離水して陸地化した環境だったのだろう。静岡清水平野でも最も古い本格的な水稲農耕集落である有東のムラは、このような環境に営まれた（図1）。

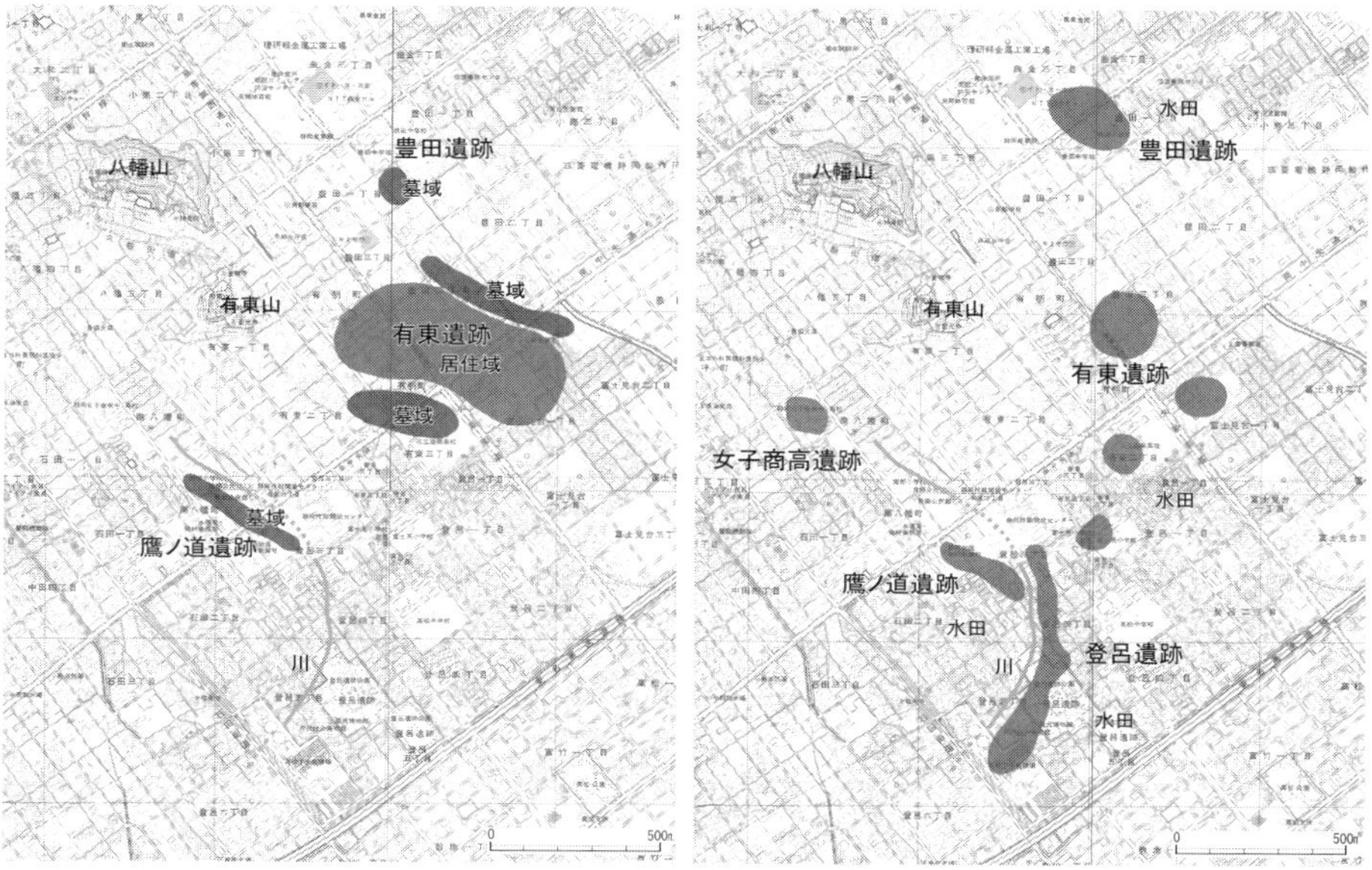

図1　弥生時代の有東・登呂遺跡周辺（左：中期後半、右：後期）

有東のムラの形成が始まったのは、弥生時代中期中葉頃（約二三〇〇〜二二〇〇年前頃）のことである。有東遺跡第一六次調査の五号土坑からは、有東のムラが始まった頃と考えられる弥生中期中葉の土器と石器が出土しているが、土器には伊勢湾地方や遠江地方、関東地方の伝統を持つと考えられるものが含まれているので、そのような各地からも人が集まったことが考えられる。石器は、太型《ふとがた》蛤《はまぐり》刃《ば》石《せき》斧《ふ》と呼ばれる、堅いカシの木を切り倒すことができる重厚なものである。この周囲で住居の跡も発見されており、集落の形成が始まったとみられるが、その後ほどなく方形《ほうけい》周《しゅう》溝《こう》墓《ぼ》と呼ばれる墓が営まれるようになる。

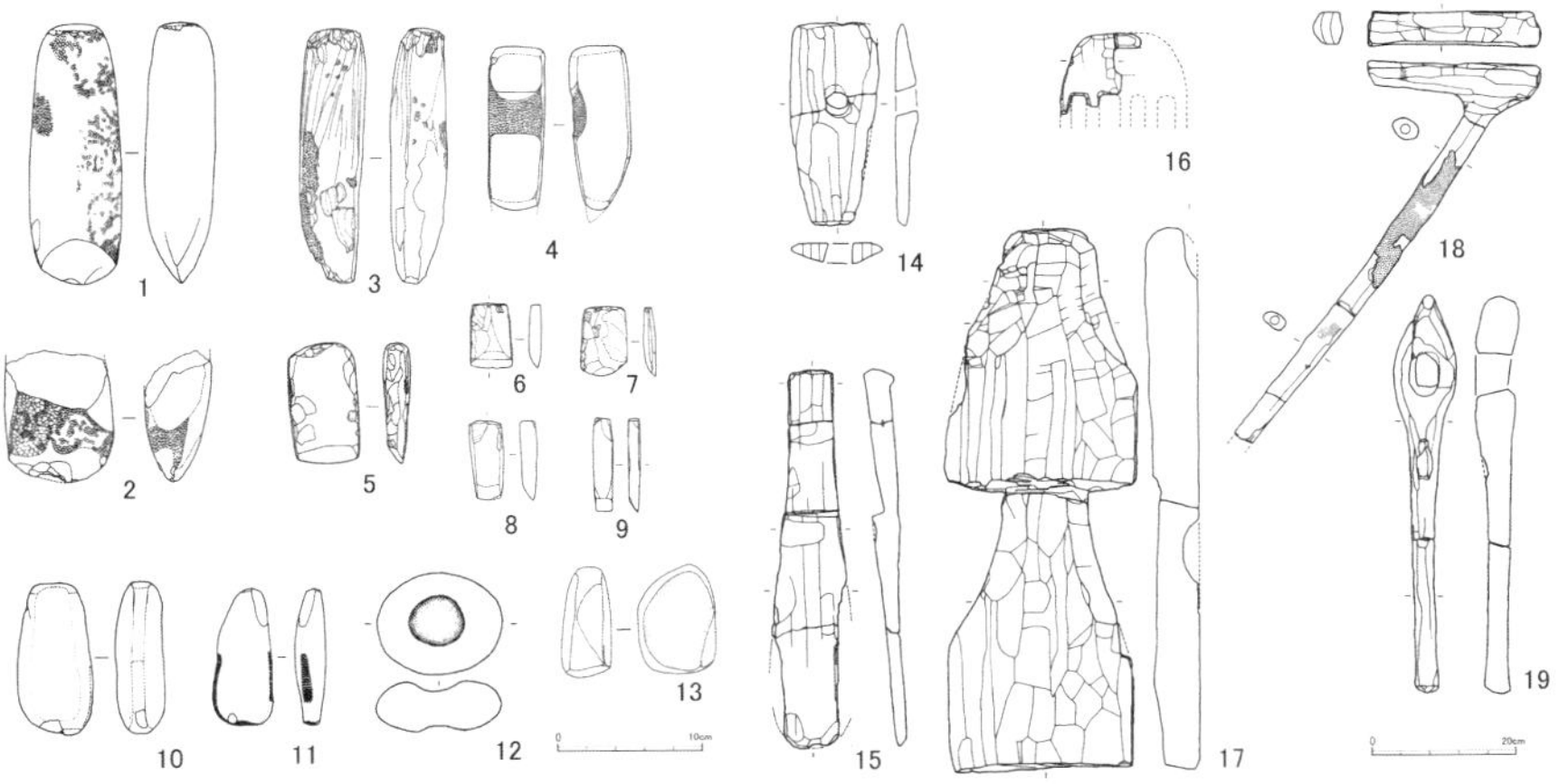

図2　有東遺跡弥生中期の石器と木器（1,2：太型蛤刃石斧、3,4：柱状片刃石斧、5～9扁平片刃石斧、10,11：叩き台、12：台石、13：砥石、14：直柄鍬、15：曲柄鍬、16：又鍬、17：広鍬（未成品）、18：曲柄（未成品）、19：直柄（石斧用）

ムラは有東遺跡の南東側付近から次第に大きくなり、周囲には連綿と方形周溝墓が作り続けられたようだ。

有東のムラでは石器が大量に見つかっている（図2）。多くは磨製石斧の破損品や作りかけのもので、それらを作るためのハンマーや砥石も多い。石斧の素材は硬質の凝灰岩や砂岩、玄武岩などで、アズキ色の凝灰岩がしばしば見られるが、いずれも安部川水系を中心とした近隣の河川から入手したものである。こうした素材や道具を利用して作られたのは、主に木を切り倒す太型蛤刃石斧、材の粗加工用の角柱状片刃石斧、木製品の加工、仕上げ用の偏平片刃石斧の三種類の磨製石斧であり、弥生時代に特徴的な大陸系磨製石斧と呼ばれるものであった。

有東遺跡で出土している木製品には、さまざまな建築、土木部材、容器・

柄などの調度品のほかに鍬・鋤などの農耕具（土木具）がある。鍬・鋤は作りかけの品（未製品）が一定量出土しているので、ここで木製の農耕具を生産していたことがわかる。この鍬や鋤は堅いカシの木で作られている。その作り方をみると刃の幅の倍以上の直径の樹木を切り倒して分割し、さらに削り込んで仕上げているが、これらの作業には先に述べた石斧類が使われたものとみられる。一連の作業にはかなりの労力と時間が費やされたことは想像に難くない。こうした農耕具で耕地の開発、経営が行われ、このほかにも建築、土木材が伐採加工されて建物やムラの施設が作られた。弥生のムラは、木の道具と資材によって支えられていたことがわかる。

つまり、弥生中期の有東ムラでは、ムラを作り維持し、耕地を開発、経営していくために、木の資材や道具が生産されたが、そのために消費される石の道具も盛んに作り続けられたと考えられる。これらの作業はムラの中でそれぞれ集約的に行われていることがわかるが、こうしたムラの中で完結する集約的な労働とその多様さがまた、ムラを大きくし独立的にしたものと思われる。

静岡平野南部では弥生時代中期の集落は有東遺跡のほかに見つかっていない。方形周溝墓が連綿と築かれた中期の墓域は、有東の集落の周囲のほかに鷹ノ道遺跡でも見つかっているが、中期の集落は近くに無く、有東集落の墓域が新たにここに築かれたと考えられる。

静岡清水平野全体を見渡すと有東のような弥生中期中頃に始まって中期の間に大きな集落となるムラがいくつか確認できる（図3）。川合遺跡は長尾川下流の小扇状地（瀬名遺跡で水田が見つかっている）を利用して水田を営んだムラだと考えられるが、やはり磨製石器を盛んに生産したことがわかっている。駿府城内遺跡は、安部川扇状地が北の浅畑沼方面

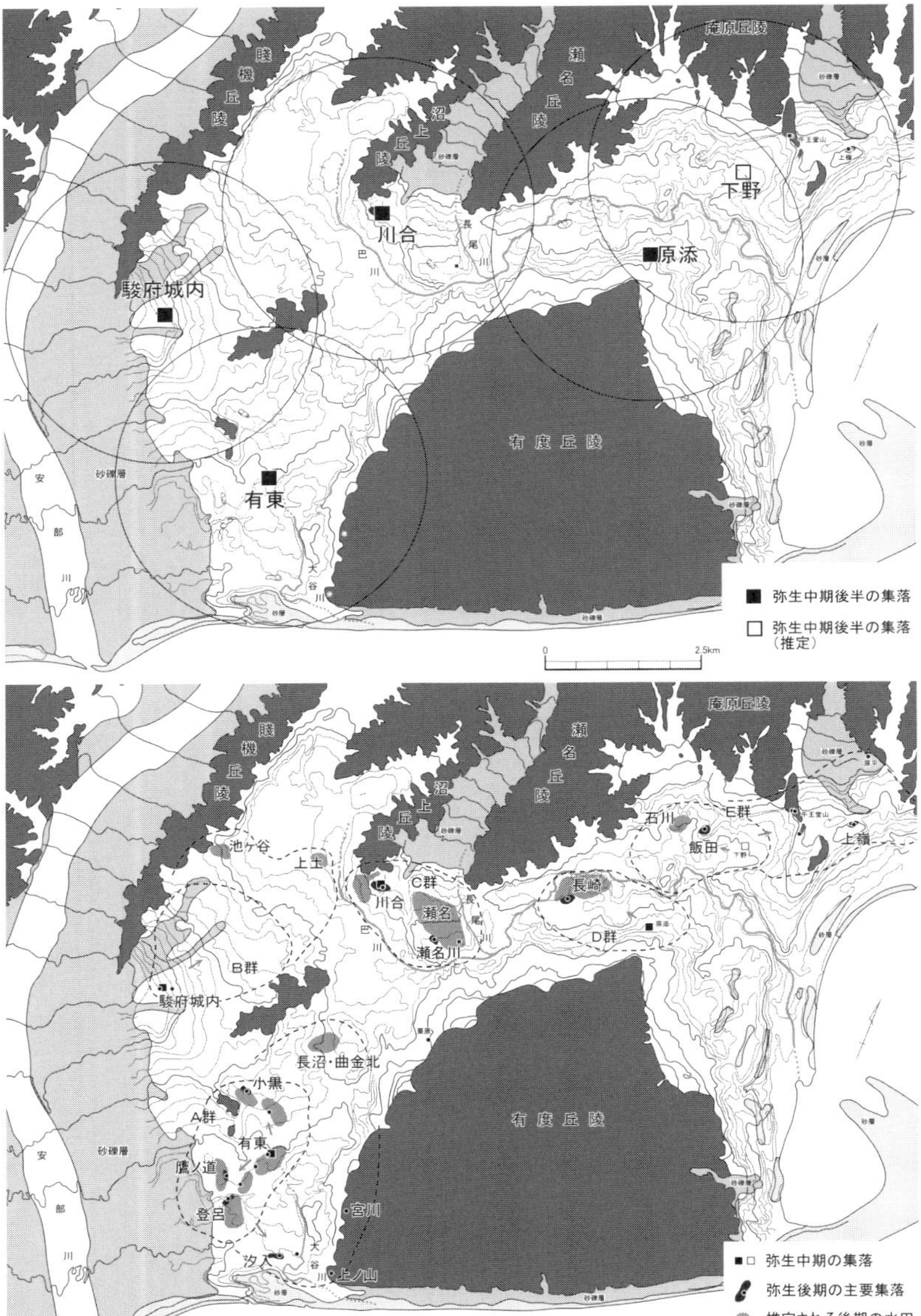

図3　静岡清水平野の弥生遺跡の展開（上：中期後半、下：後期）

に広がる傾斜地と水利を利用して水田を営んだムラであろう。巴川の下流域には、有度丘陵北麓から続く傾斜地に原添遺跡、庵原丘陵を背後とする低地部に下野遺跡がある。こうした遺跡はまだ不明な点もあるが、やはりそれぞれで磨製石器を生産していたようであり、木を伐採して材や燃料を確保し、道具を作って耕地を開発経営していたのであろう。

このような弥生中期のムラは、有東遺跡がそうであるように、ある範囲の中に大きなムラが一つ作られるという状況を見て取ることができる。一般に集落の間が五km程度だと各集落の生活圏は重複し、各住人の対面関係は連続すると言われている(酒井一九九七など)。図3上には各集落遺跡を中心とした半径二・五kmの円を描き入れてみたが、静岡清水平野の中期集落はそのような距離関係にある一方で、それぞれの遺跡の周囲には大きな集落は見当たらない。それぞれの集落は、ある程度産地が限定された石器の素材の入手などを含めて、日常的な交流関係を持っていたことが推定できるが、その石器の生産から種々の木材利用、道具の生産、耕地の開発と経営に至るまでの基本的な生産手段は、有東のムラに見たように、おおむね独立していたとみられる。こうした生産活動を生活を共同する集団で集約的に行うために、一つの大きなムラが作られたことが考えられる。一方、耕地のほかにもさまざまな資材、燃料となった森林資源、狩猟や採集による食料を得るための一定の自然環境など一定の領域を他の大きなムラと重複しないかたちで確保しておく必要があったのではないだろうか。

2　登呂ムラの成立と弥生後期の社会

最初にのべたように、登呂のムラは弥生後期になって新たに形成されたと考えられる。

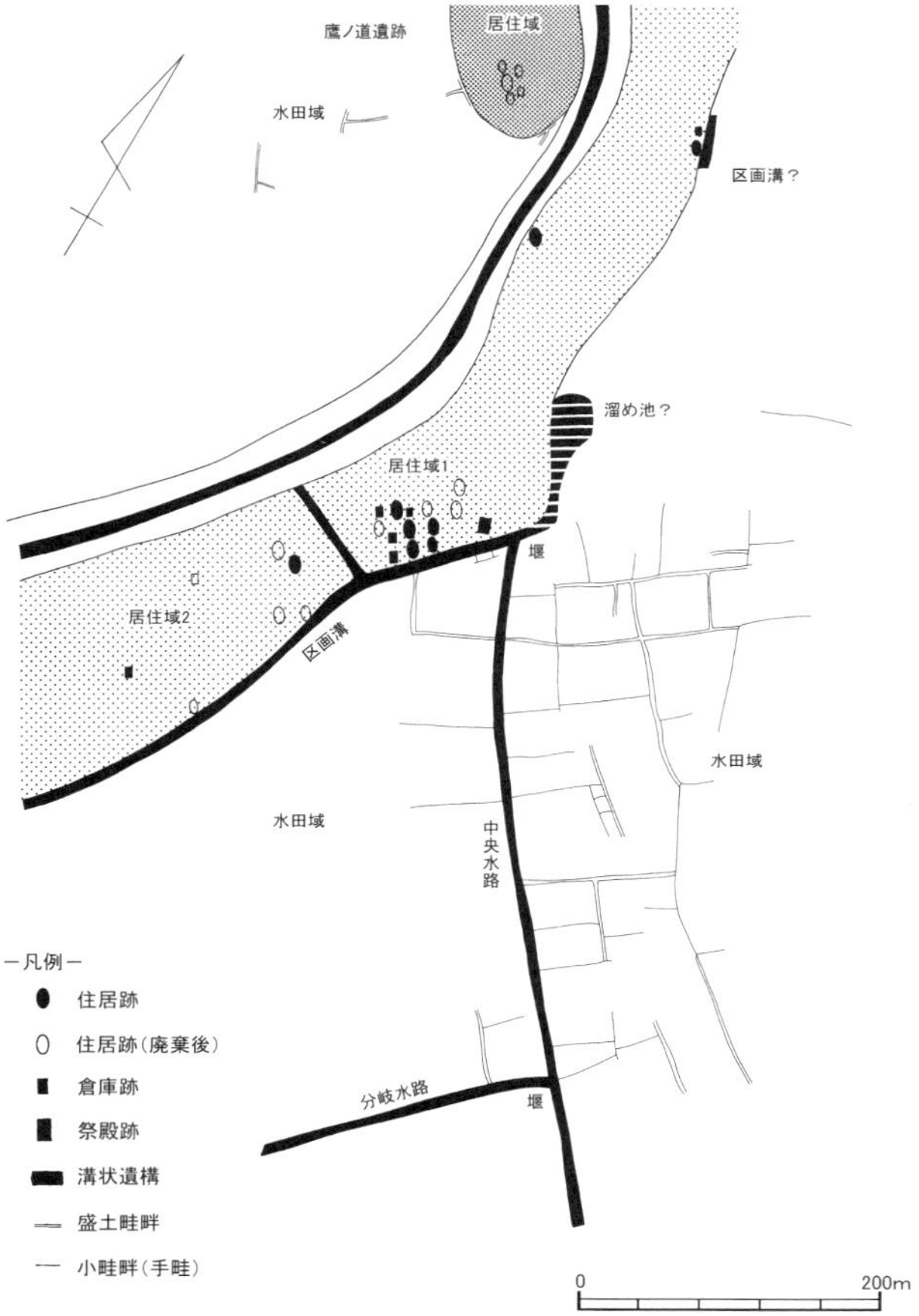

図4　登呂ムラの全体図（静岡市教育委員会2005に加筆）

北方の鷹ノ道遺跡との間を流れた河川に沿った微高地上に集落が営まれ、そこから南の低地部に向かって広がる微傾斜地に水田が拓かれた（図4）。対岸の鷹ノ道ムラは、中期に方形周溝墓が築かれていたが、そこから続く川沿いの微高地に集落が営まれ、方形周溝墓の周囲や西側に続く微傾斜地が水田となった。登呂にしても鷹ノ道にしても、中期の有東で推定された居住域よりは小さな集落域であったと考えられるが、中期の有東遺跡で判然としなかった生産域に比べると明らかに広大な水田域を擁した。有東遺跡では、この頃中期の集落域だった部分の南側は、人為的に削平されて水田に変わり、居住域が狭くなるから、中期の有東から分かれて登呂や鷹ノ道のムラが生まれたという推定は、蓋然性が高い。

　登呂遺跡では、多くの木製品や材が出土し、鍬の未製品もあるので木製農耕具も生産していたと考えられる。一方、木器加工用の磨製石斧はごくわずかしか出土しておらず、それを製作した痕跡もない。登呂遺跡の最初の調査からすでに言われているように、こうした木材の伐採や加工には、その加工痕跡からも鉄斧が使われるようになったのだと考えられる。登呂遺跡では鉄製品がほとんど出土していないが、登呂遺跡の埋没環境が鉄器の保存には不利に働いたことが指摘されており（村上二〇〇六）、多くは朽ち果ててしまったのであろう。川合遺跡では、同じ頃（後期前半）と考えられる楕円形住居付近から三点の鉄斧が出土している（図5、平野一九八七）。分析の結果少なくとも素材は列島外から持ち込まれたものとされており（佐々木・伊藤一九八七）、静岡の地には、外部からもたらされたものであることは確実である。

　やはり、登呂ムラが始まった弥生後期の初め頃には、鉄器がかなり普及していたと考えてよいだろう。人々は、消耗の激しい磨製石斧を常に作り続ける作業から解放されたばか

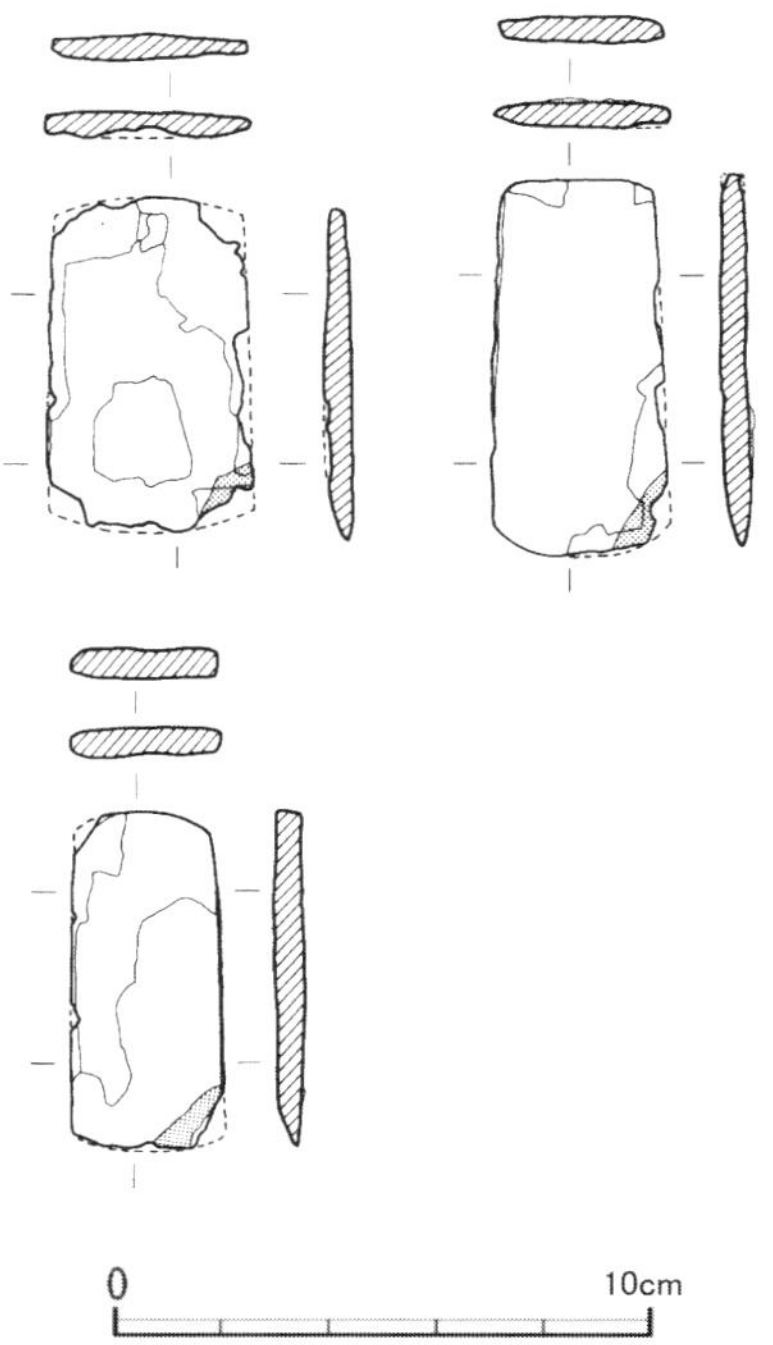

図5　川合遺跡の板状鉄斧

りか、木の伐採加工や木器の製作の効率は飛躍的に向上したと考えられる。ムラの中で集約的に行われていた作業は大幅に減り、道具やそれを作るための道具の生産に費やされていた労働力は、開発や生産に振り向けることが可能になった。ここに、生産の単位となるムラを分けて、新たな耕地を広げていくことも可能になったのだろう。有東の大きなムラが解体縮小し、登呂のような広い水田を拓いたムラが一気に作られた背景にこのような状況を読み取ることも可能である。

　有東と登呂に見たように、弥生中期までの伝統的な集団の構造が弥生後期に大きな変化を生じる現象は、実は、列島の広い範囲で起こっていることがわかってきている（松木二〇〇七）。近畿地方中央部の大規模集落の多くは、後期になると、小規模分裂化して衰退する。また、鳥取県妻木晩田遺跡のように丘陵上に集落が広がりを見せる地域や、逆に岡山平野のように平野部への集住傾向が強まる地域もあるという。こうした集落の多様な動きをもたらした要因には、やはり、生産用具としての鉄器の普及が考えられている。中期に集団内部や近隣集団間で形成されていた物資の生産が、鉄器など外部資源への依存度が高まることによって、伝統的な集団関係が解体し、新たな集団間秩序の形成に向かったというのである。

一方、弥生後期にかけての気候の冷涼化に見られる環境の変化がもう一つの背景として考えられている。環境の悪化という資源を減少させる状況が、集団を自ら食料を生産する農耕への依存を強める方向に向かわせたことが考えられる。静岡清水平野では、後期になって広い水田を切り開いたのは、登呂や鷹ノ道だけではない。川合遺跡に近接する瀬名遺跡では、長尾川扇状地を横断する約八〇〇ｍにわたる調査区のほぼ全面にわたって後期の水田が検出されるようになり、有度山北麓低地部の長崎遺跡では大畦畔が連続する後期の水田がほぼ一㎞にわたって見つかった。弥生後期に、新たな集落を作って水田開発を進めていく動きは、静岡清水平野に広く起こっていたようだ（図3下）。

当時、鉄が非常に価値の高いものであったことは容易に推測できる。しかし、それがまた高い生産力に結び付きうるところへは、おのずと運ばれていったのではないだろうか。そうした、新たな物流と外部との交渉が展開を見せ始めるのは、やはり登呂ムラの形成期にさかのぼると考えられる。はたして、この駿河西部の地域社会はこの頃どのような地域間の交渉関係を持ったのか。このようなモノの動きを読み解くことは容易ではないが、登呂式土器の形成期に始まる櫛描文と赤彩の盛行は、その手がかりの一つを示しているようだ。

3　登呂の時代の地域間交渉

登呂のムラが新たに作られた弥生後期の初め頃、櫛描文や赤彩を取り入れた新たな登呂式土器のスタイルが作られた（写真2）。それは、独自の地域色を形作った周辺各地の後期弥生土器の動きとも同調するものであるが、同時に中部高地地域や西隣の東遠江地域の菊川式土器といった外部の地域社会を見据えたものであったと考えられる点も注目される（図6）。

弥生後期に現れる金属器として円環形銅釧、銅環、螺旋状鉄釧の装飾品類や小銅鐸、鉄剣などがある。銅釧や銅環は、登呂でも多く出土しており（図7）、円環形銅釧は中部高地地域に分布が集中するほか、群馬県や南関東での出土が多い（安藤二〇〇二など）。鉄釧も同じような分布を示す中で静岡の類例は少量であるが、静岡の鉄の残りが悪いことや墓が見つかっていないことを考えれば、やはり流通していたものかもしれない。こうした一部の特徴的な金属器の分布は、信州のほか、静岡清水平野や群馬県、南関東を中心としており、箱清水式土器、登呂式土器、樽式土器、久が原式土器といった後期に赤彩を施す土器の分布圏とも重なっているようだ。

一方、登呂では鉄剣を装着したとみられるY字形の鹿角製把が見つかっている（写真3）が、この把の分布も信州に集中している。こうした鉄剣は、船載品を中心として日本海側から中部高地地域を介して関東や東海東部に運ばれたと考えられている（豊島二〇〇

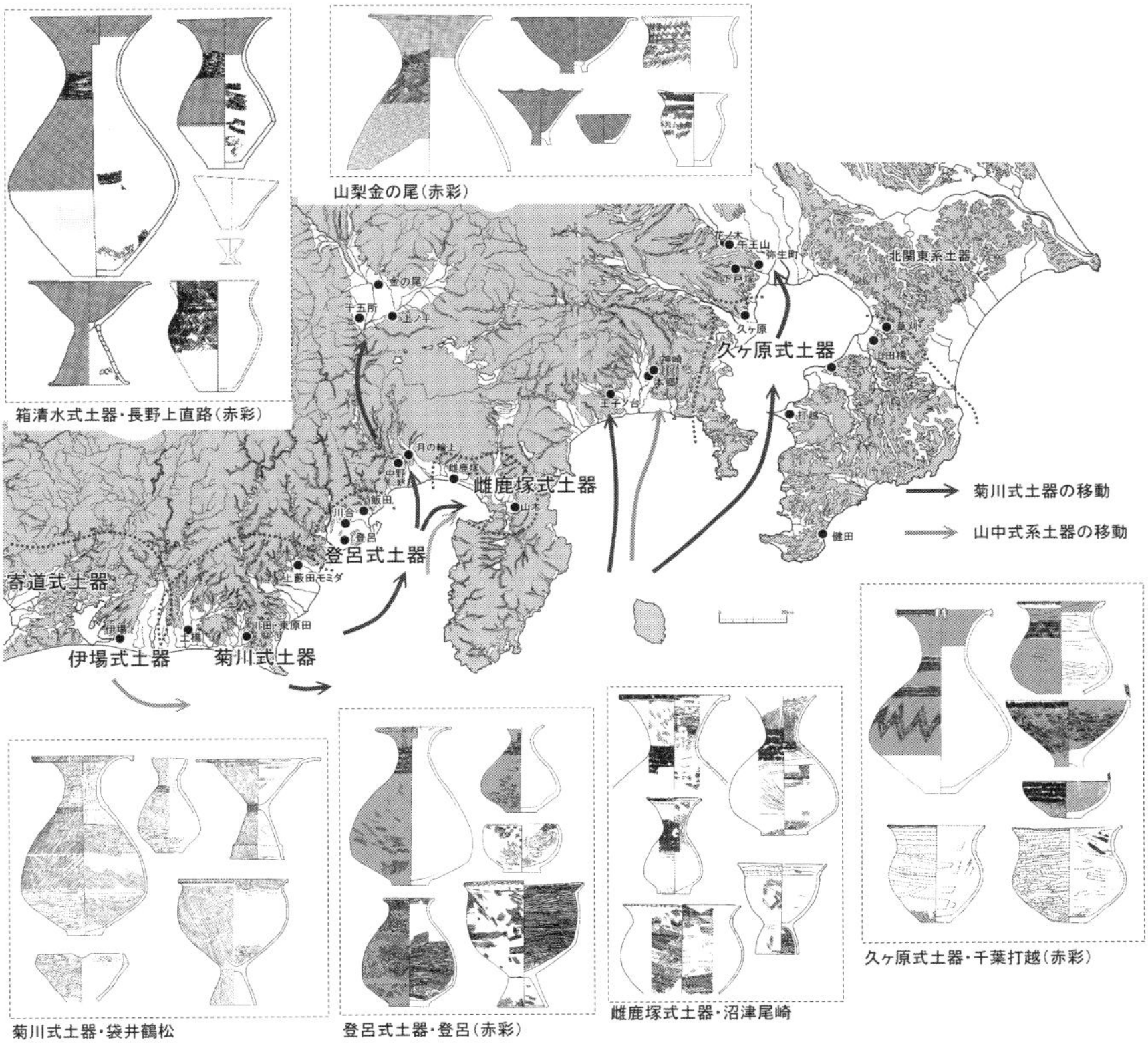

図6　東海東部～南関東地方の弥生土器の地域色

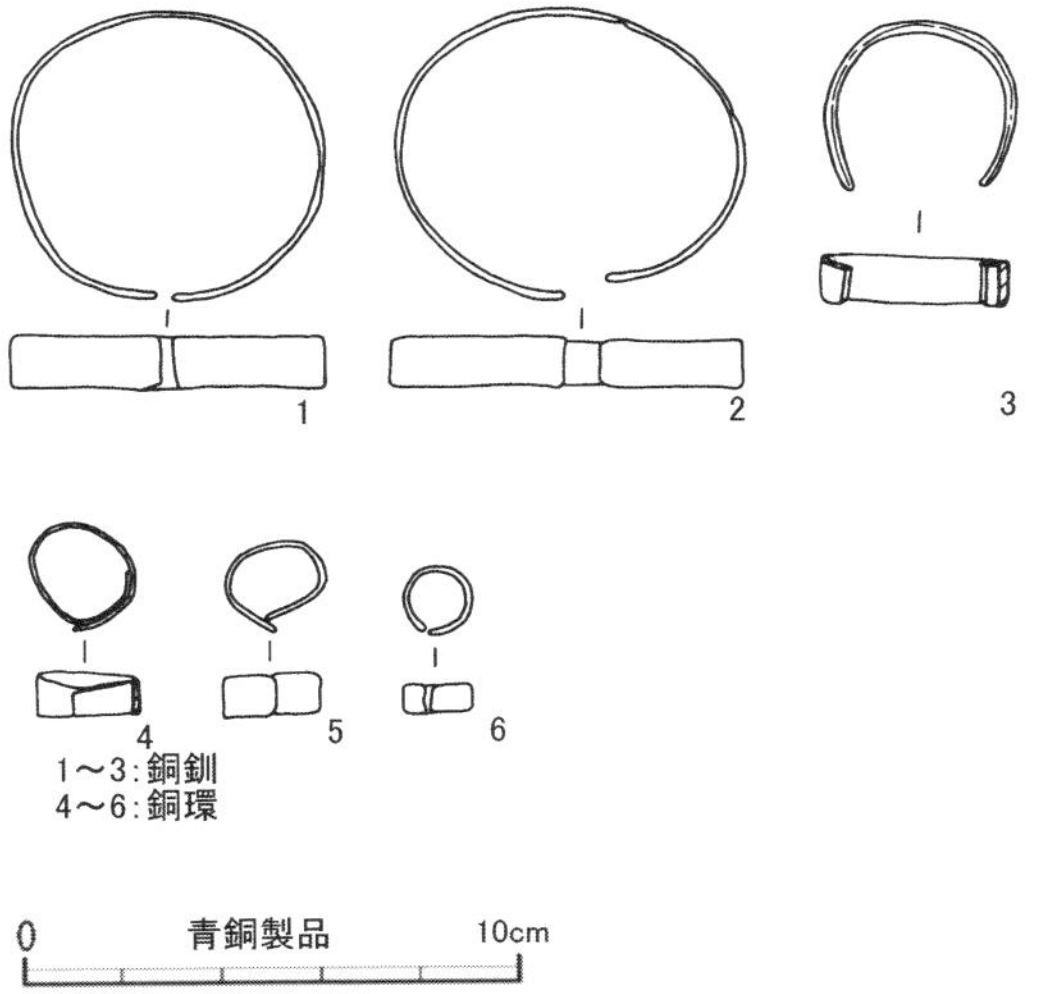

図7　登呂遺跡出土の青銅器

写真2　赤彩された登呂の壺

四）。登呂の時代に静岡で使われるようになったと考えた鉄器類が、どこから運ばれたかはまだ不明な点が多いが、やはり、信州方面を介したルートを有力なものの一つと考えてよいだろう。

登呂式土器を赤く飾った顔料もまた、信州方面から運ばれた可能性が考えられるが、赤い登呂式土器の出現は、このような弥生時代の物流の大きな転換を象徴するものともいえるだろう。

おわりに

弥生中期の石器を利器とした生産体系は、登呂のムラが始まる弥生後期に大きく変容した。生産手段を支える利器が鉄器へと変わったことが大きな理由と考えられるが、それは、集団の外部から得られたものであり、あらたな物流と人々の交渉の転換が背後にあるようだ。登呂式土器は弥生後期に赤く塗られる土器として登場する。おそらく、その赤も外部からの原料の入手なくしては維持し得なかったことにも示されるように、登呂の赤彩はこの時代を象徴しているようにも思えるのである。

〔追記〕　本文は、平成二四年度に静岡市立登呂博物館で開催された特別展「赤い土器の世界～登呂式土器の赤彩を探る～」の同名図録に「登呂の時代の駿河と赤彩土器」の題で寄稿した小文の一部をもとに加筆・修正を行ったものである。

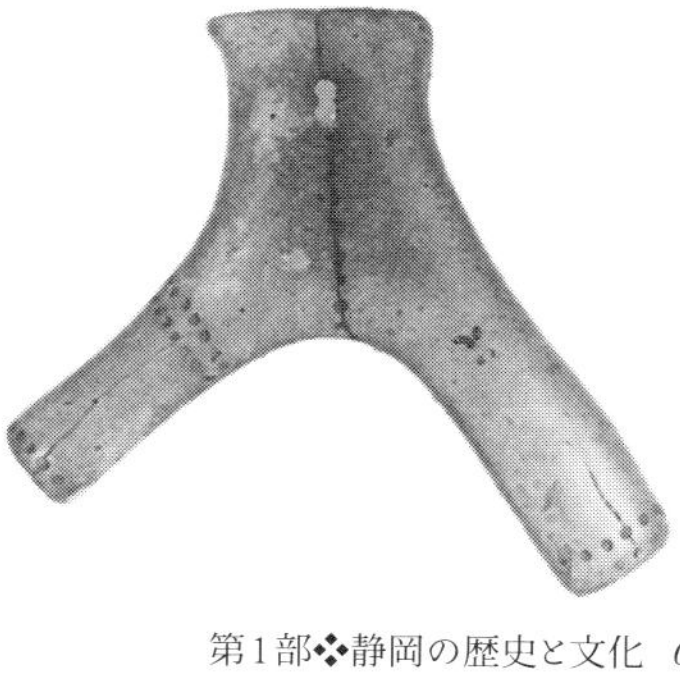

写真3　登呂遺跡出土の鹿角製Y字状剣把

〔参考文献〕

安藤広道「地域を超えた様相　関東」『弥生時代のヒトの移動』西相模考古学研究会編、二〇〇二年
岡村渉『弥生集落像の原点を見直す・登呂遺跡』新泉社、二〇一四年
酒井龍一「拠点集落と弥生社会」『歴史発掘⑥弥生の世界』講談社、一九九七年
佐々木稔・伊藤薫「川合遺跡出土の鉄斧、鉄鎌、並びに鋤先の金属学的調査」『静岡県埋蔵文化財調査研究所研究紀要Ⅱ』一九八七年
静岡市教育委員会『特別史跡登呂遺跡再発掘調査報告書（考古学調査編）』二〇〇五年
徳永哲秀「赤い土器」『「赤い土器のクニ」の考古学』雄山閣、二〇〇八年
豊島直博「弥生時代における鉄剣の流通と把の地域性」『考古学雑誌』八八―二、二〇〇四年
村上隆「登呂遺跡における埋蔵環境の調査研究」『特別史跡登呂遺跡再発掘調査報告書』二〇〇六年
平野吾郎「川合遺跡出土の鉄斧、鉄鎌、並びに鋤先の出土状態について」『静岡県埋蔵文化財調査研究所研究紀要Ⅱ』一九八七年
松木武彦『日本列島の戦争と初期国家形成』東京大学出版会、二〇〇七年

column

古墳を築いた石工たち——静岡の古墳に見る王権と地方

篠原和大

登呂のムラが洪水に埋もれておよそ一〇〇年ののち、スルガの地にも突如として巨大な古墳が築造される。三世紀から七世紀ごろまで続いた古墳時代の始まりである。

近年、三世紀前半にも遡るとされる沼津市高尾山古墳（全長六三ｍの前方後方墳）が発見されたが、研究者のみならず多くの人々がその古さと巨大さに驚いた。静岡大学考古学研究室が調査した静岡市神明山一号墳（全長六八ｍの前方後円墳）も三世紀に遡る大型古墳であるが、注目されるのは、それが最古の定式化した前方後円墳といわれる奈良県箸墓古墳（全長二八〇ｍ）をちょうど四分の一にした相似のかたちに作られていることだ。こうした古墳はそれまでになかった土木技術で作られた。古墳時代は、畿内を中心とする地域に王権が成立し、その政治的な関係が列島に広がっていった時代と考えられている。地方の古墳の築造にはしばしば王権の中枢で確立した技術が用いられるが、そこには中央と地方の政治的な関係が如実に示されている。

静岡市三池平古墳は、古代のイホハラの地に四世紀代に築造されたと考えられる全長七〇ｍの前方後円墳である（写真1、2）。一九五八年に発掘調査が行われ、後円部の中央から安山岩の板石を小口積みにして巨大な板石を天井に載せた竪穴式石室（石槨）の内部から近辺では類を見ない刳り抜き式の割竹形石棺が発見された（図1）。その後の研究で分かったことは、この石室の作り方や石棺の埋置の仕方がこの頃近畿地方の古墳で採用された、香川県の鷲の山石（角閃安山岩）という石材を用いる石室や石棺の製作技法と同じであるということだ。おそらく、イホハラの首長はその威信を示すために王権の力を借りて古墳の築造を企図した。鷲の山石を使った古墳づくりを手掛けた石工たちが王権から派遣され、この地域で資材を集め、その技を駆使して石室を構築した。

写真1　三池平古墳の石室

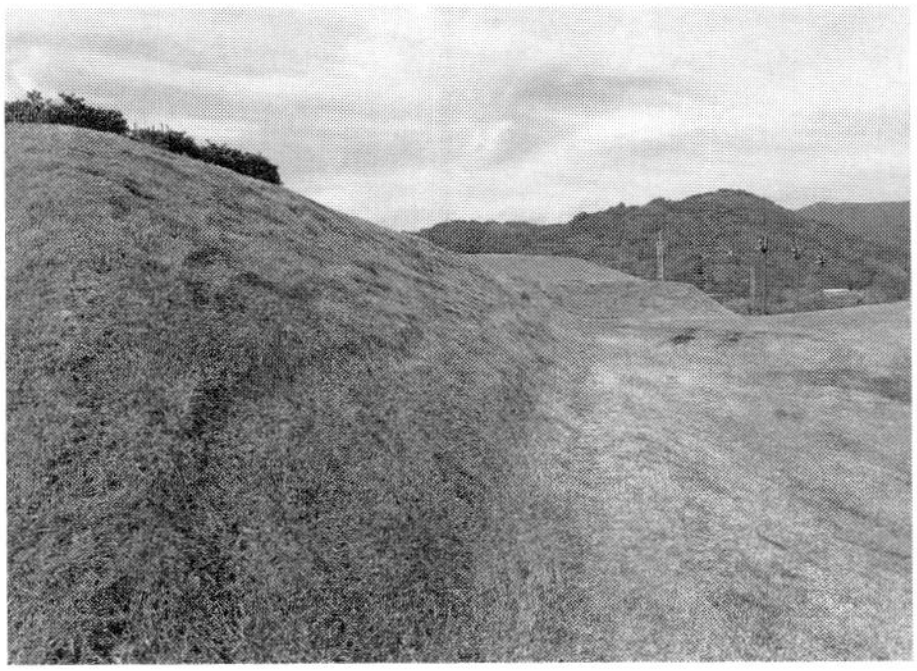

写真2　前方部から見た三池平古墳

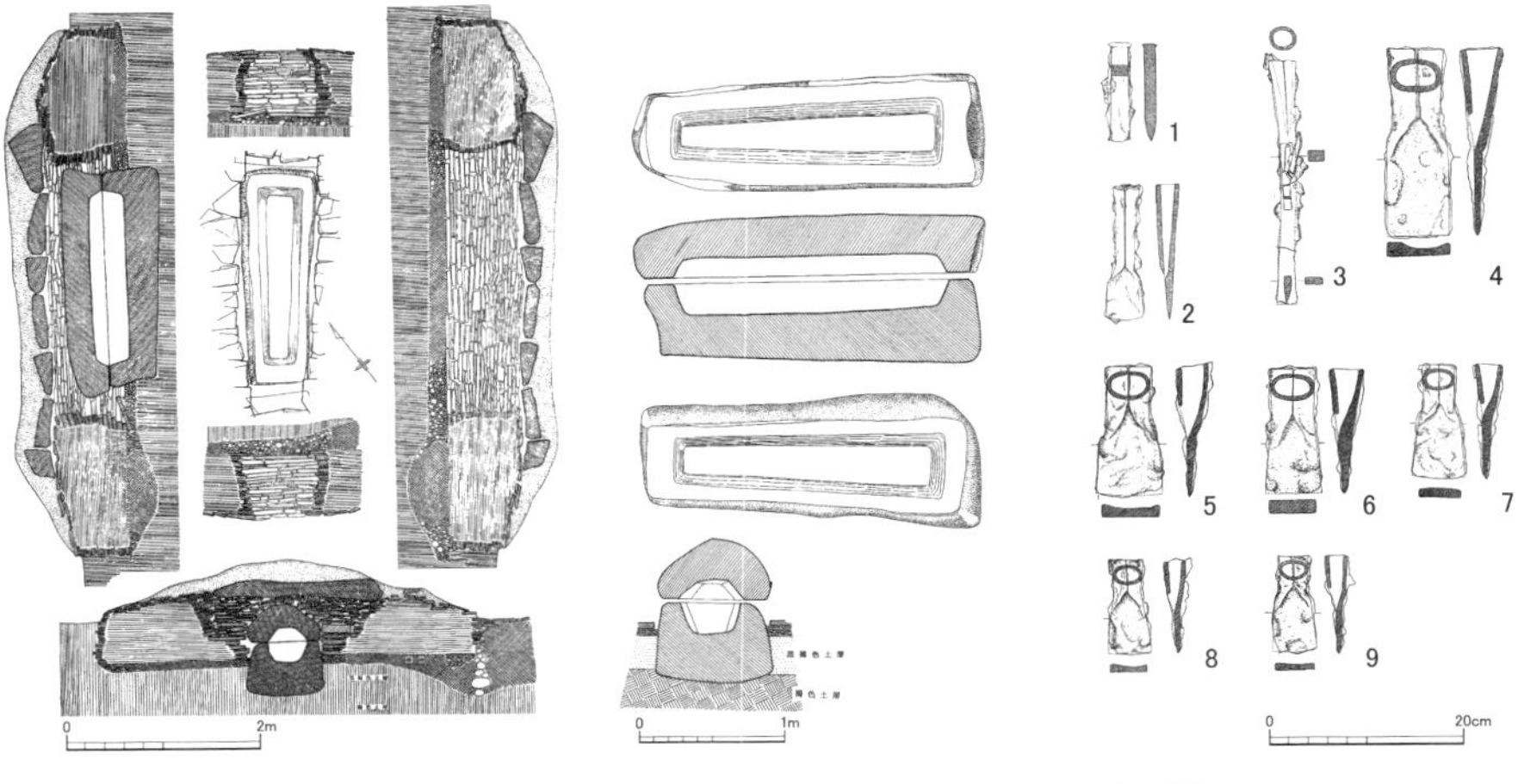

図1　三池平古墳の石室・石棺と副葬された鉄製工具（一部）

面白いのは、中に収められた石棺が蒲鉾形をしたやや歪な形のもので、両端に縄掛突起を造り出す近畿地方のそれとは形が異なっているのだ。三池平の石棺は、富士川流域で産出する硬質の溶岩（安山岩）を素材としたことがわかっている。加工しやすい鷲の山石の扱いに長けた石工たちもこの石材には手を焼いたようで、内部は精巧に刳り抜いたものの外部を思うように仕上げることはできなかったのであろう。

石室の内部には鏡や武器などとともに石の加

写真4　賤機山古墳の石棺

写真3　賤機山古墳遠景

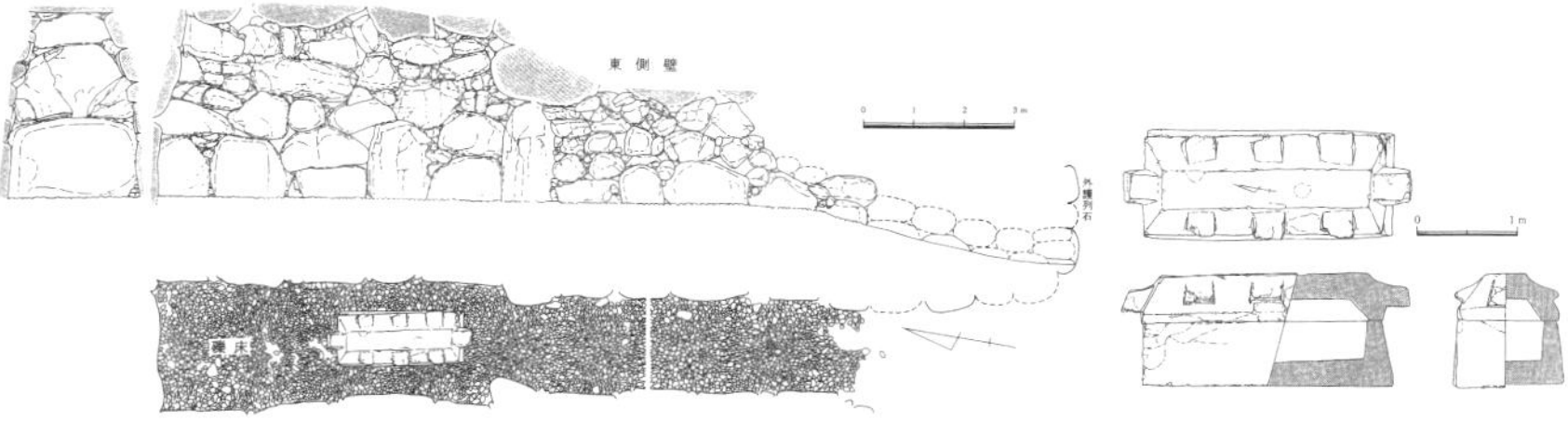

図2　賤機山古墳の石室および石棺

工に用いられたとみられる鑿や鏨が副葬品として見つかった。

　その後、五世紀代にはスルガの地域では突出して有力な古墳が見られなくなる。時を経て六世紀の終わりごろに現在の静岡市街地北西部賤機丘陵の先端部に構築された賤機山古墳は異彩を放っている。三〇mほどの円墳であるが畿内型とされる巨大な両袖式の横穴式石室の内部に家形石棺が納められ（写真3、4・図2）、一九四九年の調査で金銅装の馬具・冠帽をはじめとした豪奢な副葬品が出土した。さらに、一九九〇年代の保存整備事業では一四トンを超える巨大な天井石を運搬・

架構するなど他の古墳とは隔絶した規模の労働力と技術で造営されたことが分かった。この古墳がさらに注目されたのは、一九八五年に未開封であった石棺が調査され豪奢な出土品が人々を驚かせた奈良県藤ノ木古墳の石室と構造や築造技術が極めて似通っていて、家形石棺を納める点や副葬品も全く引けを取らないものであったということだ。賤機山古墳の石室の石材は、海岸部の玄武岩を用いたもので、石棺は伊豆半島の白色系の凝灰岩を用いたものであることがわかっている。やはりここにも王権のもとで古墳づくりにたずさわった石工が派遣され、その高い技術で巨大な石材や石棺を運搬し、賤機山古墳を作り上げたことが想像できる。

賤機山古墳に後続する古墳はその近くには見られず、静岡平野を挟んで対峙する有度山西麓（現在の静岡大学の周辺）に作られた。丸山古墳、小鹿山ノ神古墳はやはり伊豆凝灰岩製の石棺を納めた古墳であるが、その石室や石棺の構築技術は賤機山古墳と比較すると技術的な後退が認められる。面白いのは、静岡大学の南側の谷地には横穴墓と呼ばれる前記の古墳とは異なる形の墓が多く作られていることで、古墳に葬られた有力層とは別にそれらの構築などに関わった技術者集団の墓なのではないかと考える向きがある。もしかすると賤機山古墳を築造した石工たちは、そのまま静岡にとどまり、この地域の古墳の築造に関わっていったのかもしれない。しかし、この地域でその高い技術を保持し続けることは難しかったのではないだろうか。

三池平古墳や賤機山古墳に見たように、時として現れた高度な技術を要した古墳や石棺の構築は、王権の中枢とかかわるような政治的な関与のもとにのみ達成可能であったと考えられ、それが地方で継続的に保持されていくことは困難であった。大型石材を利用することで威信的な大型構築物を造営することが可能であるが、そのためには高度に体系的な技術と労働力の編成が必要であり、そのために常に大きな権力の政治的な関与があったことは機械化以前ならずとも通有のことであったようだ。

〔参考文献〕
芦川忠利「三島市向山16号墳の調査成果」『駿河における前期古墳の再検討』静岡県考古学会、二〇一三年
石橋宏『古墳時代石棺秩序の復元的研究』六一書房、二〇一三年
篠原和大「駿河・伊豆地域における古墳時代の石材利用」『伊豆半島の石丁場遺跡』静岡県教育委員会文化財保護課、二〇一五年
静岡市文化財協会『甦る賤機山古墳』一九九七年
内藤晃・大塚初重編『三池平古墳』庵原村教育委員会、一九六一年
土生田純之「東日本の横穴式石室について」『東国に伝う横穴式石室』静岡県考古学会、二〇〇八年

中世の駿河湾にみる塩業と森林資源

——貴田 潔

はじめに

次の文章から、遙か八〇〇年前の海辺の村を想像できるだろうか。

カクテ息津浦《おきつのうら》ヲ過《すぐ》レバ、塩竈《しほがま》ノ煙幽《かすか》ニ立《たち》テ、海人《あま》ノ袖ウチシホレ、辺宅《へんたく》ニハ小魚《せうぎよ》ヲサラシテ、屋上《をくしやう》ニ鱗《いろくづ》ヲ葺《ふけ》リ。松ノ村立《むらだち》浪ノヨル色、心ナキ心ニモ心アル人ニミセマホシクテ、

タヾヌラセ行テノ袖ニカヽル浪ヒルマガ程ハ浦風モフク

（このようにして興津浦を過ぎると、塩竈《しおがま》の煙がかすかに立ちのぼっているのが見えた。漁にい

そしむ海人《あま》の袖は、海水で濡《ぬ》れて萎《しお》れている。海辺の家では小魚を天日にさらしており、まるで屋根を鱗《うろこ》で葺《ふ》いているようにも思える。深い緑の黒松の群生や青く寄せる波の色について、私には風流を十分に解する心がないのだけれども、この情緒を十分にくみ取ってくれる人にこの風景を見せたいという気持ちが湧きあがり、一首を詠んだ。
「ただ濡らすがよい、旅ゆく私の袖にかかる波よ。日中の間は浦を吹く風がこの袖を乾かしてくれるだろうから。」）

（『中世日記紀行集』〈新日本古典文学大系51〉、岩波書店、一九九〇）

ご存じの方も多かろう。この有名な一節は、鎌倉期の紀行文『海道記』である。貞応二（一二二三）年に都を出立した作者は鎌倉へ下るが、その途中、興津周辺の風景を目にした。季節は和暦の四月一三日であり、西暦（グレゴリウス暦）に換算すると、五月二一日(1)、まさに初夏の海辺の光景が彼の眼前に広がっていた。

さて、この『海道記』が語るように、興津をはじめとする中世の駿河湾岸の村々では広く、漁業とともに塩業が人々によって営まれていた。ここに現れる「塩竃《しほがま》ノ煙」とは製塩のそれであり、高い塩分濃度の鹹水《かんすい》が小さな塩屋で煮詰められていたのだろう。

本章では文献資料（史料）・絵画・文学作品を併用しつつ、叙述を進めていく。海村の生業としての塩業のあり方と、中世の民衆の生き生きとした姿を捉えたい。さらに、そうした人々の小さな営みが社会や自然にどのような影響を与えたのかも考えてみよう。

（1）内田正男編著『日本暦日原典』雄山閣出版、一九七五年

1 中世の駿河湾における塩の生産と流通

まず、一枚の絵画をご覧いただきたい。図1は一六世紀の作品と推定されている『富士三保松原図屛風』の一場面である。(2)

描かれた地形は屛風に収まるように変形されており、この場所がいったいどこなのか、具体的な地理的位置ははっきりしない。しかし、三保半島の北側にあることからすれば、興津からもそれほど遠くない、やはり駿河湾のとある海辺の景色なのだろう。

五人の男たちが忙しそうに働く。左手では三人が砂を掻《か》き、右手の一人がそれを運ぶ。残った一人は桶《おけ》で汲み上げた海水を運んでいる。

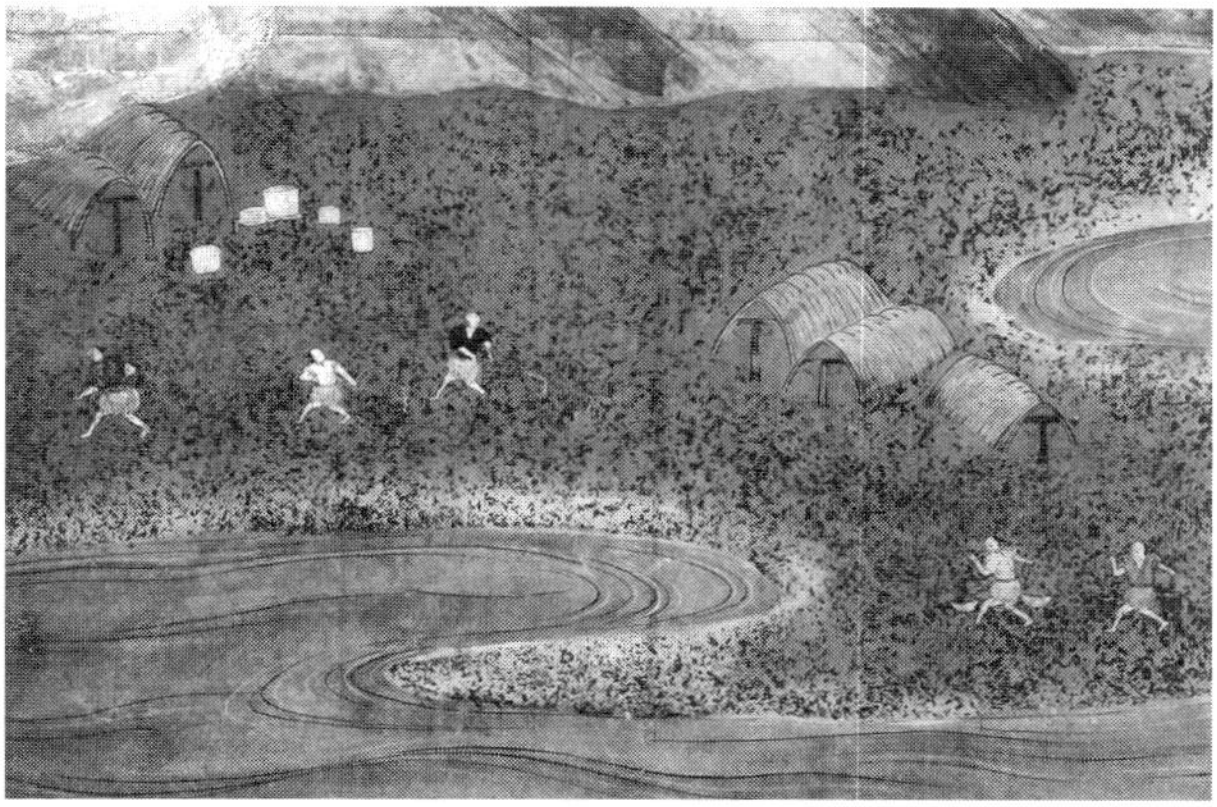
図1　『富士三保松原図屛風』に描かれた塩業の作業風景（静岡県立美術館所蔵）

季節はいつだろうか。山間の寺院には白い花が咲くが、山桜かもしれない（後掲図3）。そうすると、この屛風が描く季節は春ということになるが、彼らの塩づくりが忙しくなる

（2）特別展図録『富士山』静岡県立美術館・山梨県立博物館、二〇一五年、具体的な解説は宮島新一「富士・三保松原図屛風」『国華』一一三四、一九九〇年に詳しい

のはこれからか。

最も右手の男が海水を汲み上げてきたように、この風景はいわゆる揚浜《あげはま》式の塩田として描かれる。一般的な塩業のあり方としては、海水が砂の上に撒《ま》かれ、天日と風で水分を蒸発させる。その後、塩混じりの砂（鹹砂《かんさ》）を掻き集め、海水で溶かし、塩分濃度の濃い鹹《かん》水《すい》をつくる。そして、塩屋のなかの塩竈で鹹水を煮詰め、塩を結晶化させる。

『富士三保松原図屏風』の場合、左右に立ち並ぶ五棟の簡素な建物こそが、鹹水を煮詰めて塩を精製する塩屋である。『海道記』の「塩竈《しほがま》ノ煙」も、こうした小さな塩屋から立ち上ったのだろう。

このように、絵画や文学作品は中世の塩業のイメージを雄弁に伝えてくれる。興津をはじめとする駿河湾の海村では、かつて塩業がさかんに営まれていたのである。

ところで、海辺の塩田で精製された塩は、当然ながら中世社会の食事には欠かせないもの（調味料・保存料）だった。そのため、商人たちの手によって、遠く内陸の甲斐国（現在の山梨県）にまで運ばれた。

例えば、やはり一六世紀の前半、戦国期の史料には「甲州塩関」という二ヵ所の関所が、興津の領主である興津氏の所領として見える。[3] 駿河湾岸から塩を運ぶ商人にはこれらの関を通る際、おそらく交通料として関銭が興津氏から徴収されたのだろう。

この「甲州塩関」とはどこにあったのか。そもそも興津は東海道と近世の身延道が交差する地点にある。[4] 鎌倉期の史料のなかには興津氏の所領として「小河内」（現静岡県静岡市清水区小河内《こごうち》）という土地が見えるが、[5] 興津から甲斐方面へ抜けるルートの上にあり（図2）、ここに塩関が置かれたとも考えられている。[6]

（3）諸家文書纂所収興津文書―三七九号　久保田昌希・大石泰史編『戦国遺文』今川氏編第一巻、東京堂出版、二〇一〇年、以下同

（4）静岡県教育委員会文化課編『静岡県文化財調査報告書』第二一集　静岡県歴史の道調査報告書　静岡県文化財保存協会、一九八〇年

（5）諸家文書纂所収興津文書―七三六号　静岡県編『静岡県史』資料編5　中世一、同県、一九八九年

（6）湯之上隆『三つの東海道』静岡新聞社、二〇〇〇年

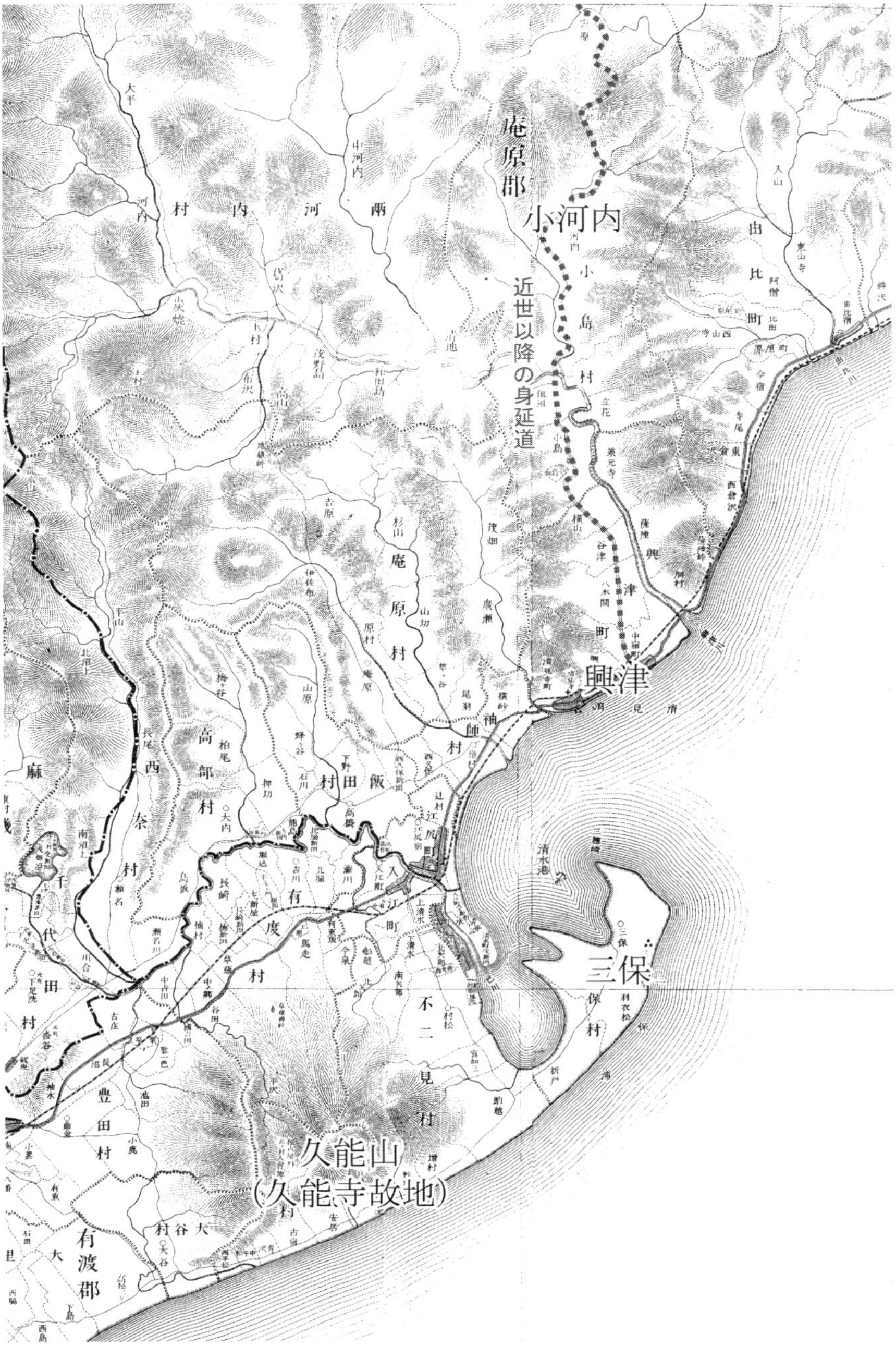

図２　本章に登場する主な地名と近世以降の身延道の位置
《原図：明治22年（1889）「静岡県管内全図」（『静岡県管内全図（復刻版）』、静岡県図書館協会、1979）、但し縮小》

いずれにしても、近世の身延道より以前にも、興津から甲斐方面への陸路は確かに存在しており、中世の興津氏は塩などの物資が運ばれる流通・交通ルートの掌握を志向した領主であった。

さらに、甲斐国側の史料を見てみると、常在寺（現山梨県河口湖町）の年代記『勝山記』には、大雪のために陸路が閉ざされ、塩を含む商品が不足したという記事も見える。(7) 駿河方面からのルートが遮断されたために、円滑な物資流通が疎外されたのかもしれない。

以上のように、駿河湾岸で大量に生産された塩は商業のネットワークにのり、遠く内陸部の甲斐国にも運ばれていた。

(7)『勝山記』永正九（一五一二）年条　山梨県編『山梨県史』資料編6中世3上　県内記録、同県、二〇〇一年

2　里山の景観と燃料としての森林資源

次に、環境史の視点から、駿河湾における塩業の隆盛が地域の自然にどのような影響を与えたのかを考えてみたい。

再び『富士三保松原図屏風』を見よう。図3は、前掲図1の視野をさらに背後の山々にまで広げたものである。

画面の中央では相変わらず五人の男たちが働くが、彼らの背後には何が描かれているだろうか。左右の二ヵ所に寺院があり、それぞれの伽藍のまわりには境内林の木々が生える。スギかヒノキのように先端の尖った樹木と、丸みを帯びた樹木がともにある。山桜のような花を咲かせた木々もあり、多様性が豊かな植生にも見える。

図 3　『富士三保松原図屏風』に描かれた中世の里山（静岡県立美術館所蔵）

だが、ここで注目したいのは、むしろその周囲に広がる山並みである。寺院が豊かな境内林で囲まれるのに対して、その外側の里山には樹木が全く生えない。カラーの写真で見る限り、山肌の色は暗く、緑と茶色が混じり合う。仮に私たちがこの屏風のなかの低山に登れたならば、そこは視界を遮る木々が全くない、眼下の駿河湾をはるか水平線まで一望できる場所であっただろう。一方で、山肌に寂しく草ばかりが生える、荒涼とした眺めと

写真 1　興津の清見寺と樹木に覆われた現代の里山

感じるかもしれない。

けれども、現代の私たちにとってかなり違和感はあるだろう。なぜならば、写真1に見るように、現代の駿河湾周辺の里山は多くが森林に覆われているからである。現代と異なり、中世の屏風絵のなかでは樹木の生えない山並みが描かれたといわれても、案外その光景をはっきりと想像できる人は少ないかもしれない。

しかし、近年の中世環境史研究によれば、広く日本列島の里山では過剰な伐採から森林が減少し、山肌がかなり荒廃していたと指摘されている(8)。そして、おそらくこの屏風絵のなかの里山も、樹木の伐採が相当に進んだものとして描かれた。

図4　天保14年(1843)成立の『駿国雑誌』より、鹹水を煮詰める製塩の工程

この『富士三保松原図屏風』を描いた絵師が東海地方に訪れたことがあるかどうかは分からない。だから、現実に存在した駿河湾岸の風景が正確に表現されたという保証はない。だが、少なくとも作者の絵師からしても、塩づくりが営まれる塩田の背後に樹木の覆われた山並みを描くことは、中世の常識として不自然だったのだろう。

伝統的な塩業では、その工程のなかで鹹水《かんすい》（濃い濃度の塩水）を煮詰める作業が入る。例えば、図4は、時代が下った近世の地誌『駿国雑誌』に

(8) 水野章二『里山の成立』吉川弘文館、二〇一五年

掲載された製塩の作業風景である。(9) 二人の女が鹹水を煮るが、その詞書には「釜に入、終夜煎しつめ」とある。そして、左手の女の脇には、燃料として二束の柴が描かれている。詞書の通りに終夜の作業となれば、大量の燃料が必要とされたはずである。

既に触れたように、本章冒頭の『海道記』にも、やはり「塩竈《しほがま》ノ煙幽《かすか》ニ立《たち》テ」という表現が見える。一四世紀の『海道記』から一九世紀の『駿国雑誌』に至るまで、大量の燃料で鹹水を煮詰めるという塩の精製作業それ自体は塩業の工程としてほぼ変わっていない。前近代の長い歴史を通じて、駿河湾近隣の里山では製塩の燃料として樹木の伐採が必要とされた。そして、『富士三保松原図屏風』に描かれた樹木の生えない山々の風景も、塩業などのために森林が伐りつくされた里山をイメージしたものだったのかもしれない。

一方、絵画でない現実の里山において、中世の段階でどの程度の森林が残されていたか、はっきりと示す史料は少ない。

但し、南北朝期には興津の対岸にあたる三保半島で、「三保大明神」の神木の伐採を禁じた禁制《きんぜい》（禁止令）が出されている。(10)「三保大明神々木《（神木）》、甲乙人(11)等雅意(12)にまかせてきりとる《（伐）》」といい、現代の世界遺産に認定される三保松原でも、当時、誰かと特定できない人々によって神木が伐採されていたという（写真2）。おそらく燃料や建築材など多様な用途に用いられる森林資源には、過剰な伐採が危ぶまれるほど、社会のなかでとても大きな需要があったのである。

また、戦国期の久能寺では、今川氏から海辺における流木の取得権が安堵《あんど》され(13)ていた。その判物《はんもつ》のなかに次のような一文が見える。

（9）阿部正信著・中川芳雄・安本博・若尾俊平編『駿国雑誌』第四巻、吉見書店、一九七七年

（10）駿河伊達文書―八一五号　静岡県編『静岡県史』資料編6　中世二、同県、一九九二年

（11）「甲乙人《こうおつにん》」とは、誰ともない不特定の人々

（12）「雅意《がい》」とは、自分の気持ちを押し通そうとするわがままな心

（13）所有などの権利を承認し、保証すること

写真２　中世には人々による神木の伐採が危惧されていた三保松原

写真３　安倍川の河口域に打ち寄せられた、おびただしい数の流木

於二汲レ潮焼レ塩等之儀一者、且為二寺用一、且為二土民一、不レ可レ有二他之違乱一者也、

（海水を汲み上げ塩を焼くなどのことについては、久能寺の経営のために、またこの土地の民衆のために、寺領外から秩序が乱されることがあってはならない。）

（鉄舟寺所蔵久能寺文書―四〇〇号、『戦国遺文』今川氏編第一巻）

ここで「潮を汲み、塩を焼く」と表現されるように、やはり久能寺領内の海村でも揚浜式の塩田が広がっていた。また、久能寺の維持経費だけでなく、海辺の村に生きる人々の生計のためにも、塩業は営まれた。そして、そうした塩づくりの燃料として、海岸に打ち寄せられる流木もまた、貴重な資源として意味を持っていた（写真3）。

なお、久能海岸の場合、近代に至るまで塩業は続いたが、そのことは民俗誌に詳しい(14)。

さて一方で、冒頭の『海道記』に戻ると、かつて清見潟とも呼ばれた興津の海岸は、戦後に埋め立てられてしまった。また、現代の駿河湾の海辺を訪れても、塩業の光景を目にすることはできない。

しかし、私たちがただ想像力を膨らませるだけで、十分だ。初夏のこれから強まる日射しのもと、海水を汲み上げ、砂に撒《ま》く人々の姿は波の音とともに甦ってくる。そうした過去を想う豊かな思考の力こそが、歴史学という学問の最たる源なのだろう。

〔付記〕本章の内容は科学研究費（若手研究（B）、研究課題「前近代の平野部地域における景観史と災害史の融合的研究」、二〇一七〜二〇一九年度予定）の成果の一部を含む。

(14)　大村和男「砂地の製塩」（静岡県民俗芸能研究会『静岡県　海の民俗誌』静岡新聞社、一九八八年、川口円子「御神領の村の日常」静岡市編『久能山誌』同市、二〇一六年

column

近世駿府の町と人

増田亜矢乃

一六〇五（慶長一〇）年将軍職を嫡男秀忠に譲った徳川家康は、翌年駿府（現静岡市）に自身の拠点を移すことを決め、同一一年より大名・旗本を動員し駿府城を大規模に修築させた。当時、徳川幕府は豊臣家とその直臣団による大坂衆との緊張関係のなか、江戸を拠点とした幕府権力確立に動き出し、駿府は時代の転換期を支える中枢として整備された。駿府城は家康没後、家康の一〇男（後に紀州徳川家の始祖）徳川頼宣、一時城番時代を挟み、三代将軍家光の弟忠長が城主を勤め、結果的に一六三二（寛永九）年まで〝徳川の城〟として機能した（写真1）。

写真1　復元された駿府城東御門巽櫓

現在の静岡市街地にも繋がる町の空間構造は家康在城期に整備されたとされ、当時の駿府城下町の姿は家康在城期を描いたとされる（描写年代の比定などについては今後の研究成果が待たれる）城下町絵図で知ることができる。忠長の改易後、駿府城は城代管理となり城下町内の武家は激減する。彼らが居住していた屋敷地は「明屋敷」となり絵図にも表記され、時代的変化が見られるが、あくまで城下町の空間構造は「家康在城期」と伝えられる形を踏襲している。ここではまず家康在城期の絵図をもとに江戸時代の駿府城下町の空間構造を紹介する。

最初に武家地についてである。まず駿府城の南西に添うように一列に並ぶ屋敷地をはじめとして（以下図1参照）南東、北東、北西に城郭を囲うよう

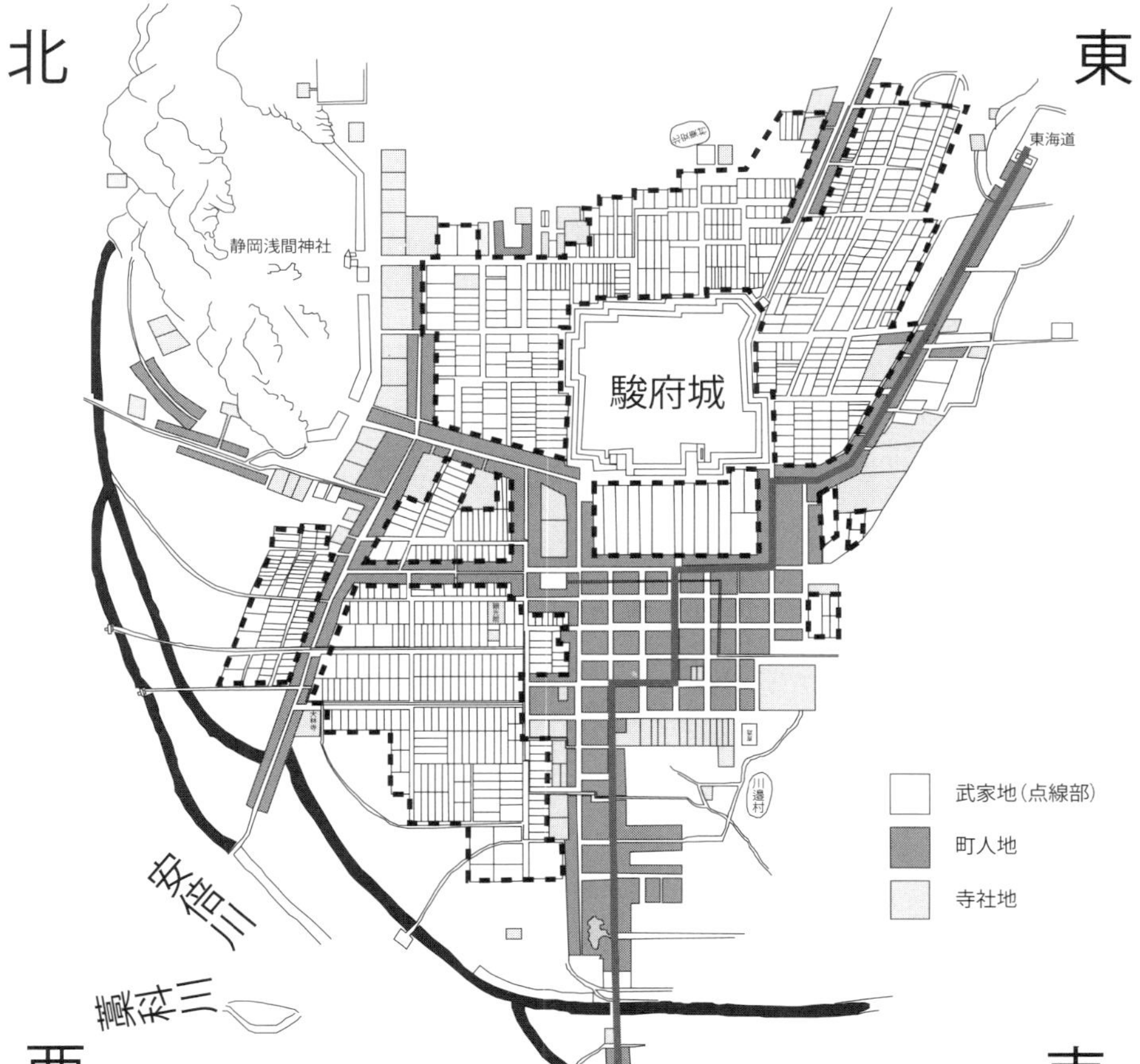

図1　駿府城下町割絵図（静岡市蔵）より筆者作成

に配置された武家地が確認できる。また西側には町人地に挟まれた空間を埋め城下町の縁まで延びるように、東側には東海道に平行して延びるように屋敷地が配置されている様子が確認できる。このほかにも北西、南西側には街道に沿う形で城下町の境に武家地が点在する様子が確認でき、武家地が駿府城とその城下町を包みこむように存在したことがわかる。

次に町人地についてである。まず駿府城南西側に碁盤目状の街区があり、この地域が呉服町、両替町、七間町といった駿府城下町の経済、自治運営の中心部となっている。また、東には東海道に沿って町が形成され、伝馬町など宿駅機能を担う町が存在する。その他浅間社から安倍川へと続く街道沿い（現安西通り）にも町人地が形成されているのが確認できる。

写真２　静岡浅間神社拝殿

そして、寺社地についてはまず、北側に浅間社（現静岡浅間神社）が鎮座しており、駿府城西隅へ続く道沿いには駿府浅間社の門前町が形成されている。

また、その他の寺社地は、町人地の南西側、城下町の南西端に城下を守る壁のように設置された「寺町」をはじめ、城下町の外郭を囲むように分布する。この空間構造は時代によって細かな変化はあるものの江戸時代を通じて踏襲される。

次に駿府城下町に暮らした「人」として町人についてとりあげる。家康在城期の城下町は、友野・松木・大黒屋と呼ばれる町年寄が駿府惣町を運営していたが、町年寄の衰退により寛永期に設置されたという「年行事」（輪番運営組織）がその役割を担うようになっていった。そして、年行事を中心に駿府惣町として、インフラ整備や飢饉対応、町政文書の管理などに取り組み自立的運営を行った。

その駿府の町人たちが一体となって行った祭礼が、駿府浅間社の祭礼の一つ「廿日会祭《はつかえさい》」である。駿府浅間社は駿府城下町の北側に位置する賎機山の麓にある神社群の総称であり、『延喜式』によれば神戸神社、大歳御祖《おおとしみおや》神社の二社が既に存在している（写真2）。平安時代には富士山本宮浅間神社を勧進し、駿府の鎮守として町人たちからも信仰された。中世から近世にかけては今川・武田・徳川といった駿河国の領主に厚い庇護を受け、駿府の鎮守として町人たちからも信仰された。この祭礼では、各町又は当番町が「踟《ねり》」とよばれる仮装行列を出し、駿府城内及び城下町内を練り歩き、また安倍川右岸から稚児舞奉納の稚児を迎え入れるという重要な役割を担った。

そして、廿日会祭には地域外から大勢の見物客が訪れ、駿府の町人たちはこの祭礼に町を潤す経済効果を期待した。一八五四（嘉永七）年に起きた安政地震後の廿日会祭では、駿府の町人たちが惣町の被害が大きく祭礼中の踟の日数を二〇日（祭礼当日）のみにしたいと駿府町奉行所に願い出るが、その後の熟慮の結果、惣町の潤いになるとして例年通り（二〇日の一週間前頃から連日踟を出し、駿府城内及び城下町内を踟歩く）踟を行いたいと再度願い出て、先の嘆願を取り下げ祭礼を執り行った。この静岡浅間神社廿日会祭は明治期に一度停止しているが、明治二七（一八九四）年に復興し、現在まで執り行われている。

現在の静岡市街地には、街路や区画など近世駿府を基礎とする空間構造、そして廿日会祭をはじめとした民俗行事が残されている。今後の調査・研究のなかで現存する古文書や絵図資料等を分析すると共に、残された構造や行事と照合していくことにより、駿府の町とそこに暮らした人々の生き生きとした姿が解明されていくことが期待できる。

〔参考文献〕
青木祐一「近世都市における文書管理について―「駿府町会所文書」を中心に」『千葉史学』三九号、二〇〇一年

柴雅房「近世都市駿府における惣町結合について―駿府町会所「万留帳」の分析から―」『史鏡』三七号、一九九八年
松本長一郎「慶長期の駿府城修築」『地方史静岡』第一一号、一九八三年
中村羊一郎編著『静岡浅間神社の稚児舞と廿日会祭』静岡新聞社、二〇一七年
藤野保『新訂　幕藩体制史の研究―権力構造の確立と展開―』吉川弘文館、一九八三年
若尾俊平『江戸時代の駿府新考』静岡谷島屋、一九八三年
『国記録選択無形民俗文化財調査報告書　静岡浅間神社廿日会祭の稚児舞』静岡市教育委員会、二〇一七年

伊豆石丁場と江戸城普請

今村直樹

はじめに

伊豆半島は、もとはフィリピン海プレート上にあった海底火山の集まりであり、約六〇万年前、プレートの移動で本州と衝突し、現在の半島の形となった。火山から噴出された溶岩は、安山岩系（硬質）・凝灰岩系（軟質）の豊かな石材をもたらし、石切りは伊豆半島における主要な産業の一つとなった。本章のタイトルにある「伊豆石丁場」とは、相模の真鶴半島を含む、伊豆半島沿岸部に分布した石材の切り出し場所を意味している。

伊豆半島の石材は、古代には古墳の石室・石棺、中世には石塔、近現代には洋風建築材などに用いられ、広く「伊豆石」の名で知られた。しかし、江戸城普請に必要な石材調達のため、多くの大名家が集結して石材を切り出した一七世紀前期は、伊豆石丁場の長い歴史のなかでも最も著名な時期である。当時の伊豆石丁場には、列島各地から多くの人びとが集まり、大名たちは江戸幕府への「御奉公」のため、石材の切り出しに躍起となった（写真1）。

一七世紀前期は、一〇〇年以上続いた戦国時代から、約二六〇年に及ぶ「天下泰平」（長期平和状態）の江戸時代への過渡期に位置する。本章では、日本歴史の大きな転換期に伊豆石丁場がどのような歴史的役割を果たしたのか、主に大名家に遺された文献資料をもとに考えてみたい。

1　一七世紀前期の公儀普請と伊豆石丁場

江戸幕府が、全国の諸大名を動員して行った城郭・河川・寺社などの普請は「公儀普請」と呼ばれる。とくに一七世紀前期には、幕府によって駿府城・名古屋城・大坂城などの城郭普請が相次いで行われ、なかでも徳川将軍の居城たる江戸城普請は最大規模であった。

それでは、なぜ当時の江戸幕府は、諸大名を大規模な城郭普請に動員し続けたのだろうか。

豊臣政権の末期、五大老の筆頭であった徳川家康は、大規模な軍事動員によって慶長五（一六〇〇）年の関ヶ原合戦に勝利し、天下人としての地位を獲得した。しかし、未だ大坂城には前政権の後継者である豊臣秀頼がおり、家康は諸大名に対する軍事指揮権を行使し続けることで、天下人としての地位を維持する必要があった。そこで、家康が戦争への軍

写真１　中張窪・瘤木石丁場跡（熱海市）
出典：『熱海市内伊豆石丁場遺跡確認調査報告書』（熱海市教育委員会、2009年）

事動員に代わって採用したのが、城郭などの公儀普請に諸大名を動員する方法である（福田、二〇一四）。関ヶ原合戦で焼失した伏見城の再建に始まり、家康の将軍就任直後である慶長八（一六〇三）年三月に課された江戸市街地造成、翌九年六月に発令された江戸城の大修築、さらに彦根城・駿府城・丹波篠山城・名古屋城の城郭普請など、公儀普請は間断なく遂行された。

慶長二〇（一六一五）年五月の大坂夏の陣で豊臣氏は滅亡し、翌元和二（一六一六）年四月には家康も病没する。しかし、その後も天下人の地位を継承した二代将軍秀忠により、大坂城・江戸城・二条城の修築が公儀普請として行われた。大規模な城郭普請は、三代将軍家光による寛永一三（一六三六）年の江戸城外堀普請まで継続された。戦国時代以来の戦争状態が終結した一七世紀前期、江戸幕府によって絶え間なく行われた城郭普請は、天下人としての徳川将軍と、その臣下である諸大名との主従関係を象徴する一大イベントであった。

公儀普請としての江戸城修築の普請役は、慶長一一（一六〇六）年には三六の大名家に、同一九（一六一四）年には一九家に課されていた（善積、一九六九）。ゆえに、伊豆石丁場では江戸城の石垣普請のため、慶長年間から諸大名による石材調達が行われていた。関東平野は石材を得にくい土地柄であり、とくに河口域に立地した江戸では、地質環境としても石材が入手できず、石材は他地域から搬入せざるを得なかった（金子、二〇一五）。そこで注目されたのが、江戸への海上輸送が比較的容易な、真鶴半島から伊豆半島沿岸部に分布した安山岩系の伊豆石である。

表1は、慶長一八（一六一三）年に土佐山内家の奉行が作成した、相模・伊豆両国の石

表1　慶長18年(1613)「相模・伊豆之内石場之覚」にみる伊豆石丁場

番号	国名	丁場名	大名家	石丁場の状況
1	相模	石橋	亀井武蔵守（茲矩）衆	人数60人ほど、賃船にて石を積む
2	相模	江の浦	堀尾山城守（忠晴）衆	人数200人ほど、手船40艘にて石を積む
3	相模	岩谷	松平土佐守（山内忠義）衆	人数200人余り
4	相模	岩谷	浅野紀伊守（幸長）衆	人数500人ほど参るとの由、普請奉行は小鷹狩金大夫と申す者参る
5	相模	岩谷	羽柴三左衛門尉（池田輝政）	人は居らず、石番ばかり
6	相模	岩谷	有馬玄蕃（豊氏）	人は居らず、石番ばかり
7	相模	岩谷	加藤左馬丞（嘉明）	丁場番者ばかり
8	相模	岩谷	蜂須賀阿波守（至鎮）衆	丁場番者ばかり
9	相模	真名鶴の内大か窪	黒田筑前守（長政）衆	人数700人、石切手船60艘にて石を取る
10	相模	真名鶴の内おゝい	加藤左馬丞（嘉明）衆	人数100人ほど、石切船にて積む
11	相模	真名鶴の内宮の前	鍋嶋信濃守（勝茂）衆	来年普請に入れるほど大石・栗石がある
12	相模	白磯	秋月長門守（種長）衆	人数30人ほど、船にて石を積む
13	伊豆	伊豆の山	松平武蔵守（池田利隆）	人は居らず、石番者ばかり
14	伊豆	熱海	森右近（忠政）衆	人は居らず、石番者ばかり
15	伊豆	たか	羽柴左衛門大夫（福島正則）衆	人数300人ほど、石切船にて積む
16	伊豆	たか	鍋嶋信濃守（勝茂）衆	
17	伊豆	網代	加藤肥後守（忠広）衆	人数600人ほど、石切船にて積む
18	伊豆	宇佐美	黒田筑前守（長政）衆	人数100人ほど、石切船にて積む
19	伊豆	宇佐美	田中筑後守（忠政）衆	人数400人ほど、石切船にて積む
20	伊豆	宇佐美	長岡越中守（細川忠興）衆	人数300人ほど、石切船にて積む
21	伊豆	はど	生駒讃岐守（正俊）衆	人数100人ほど、石船にて積む
22	伊豆	伊奈	松平筑前守（前田利常）衆	人数500人ほど、石切船にて積む
23	伊豆	川名	毛利宰相（秀元）衆	人数500人ほど、石切船にて積む
24	伊豆	川名	寺沢志摩守（広高）衆	人数300人ほど、石切船にて積む
25	伊豆	ふと	毛利宰相（秀元）衆	人数300人ほど、石切船にて積む
26	伊豆	稲取	松平土佐守（山内忠義）衆	人数100人ほど参る

出典：「相模・伊豆之内石場之覚」（「長帳甲第十号」山内家文書、高知城歴史博物館所蔵）より作成。

丁場に関する報告書（「相模・伊豆之内石場之覚」山内家文書、高知城歴史博物館所蔵）をまとめたものである。この表をみると、西日本を中心とした外様大名二一家が伊豆石丁場で石材を切り出し、合計で五〇〇〇人以上の人員が従事していたことがわかる。もっとも、丁場自体の規模によるものだろうか、各丁場の人員には大きな差があり、番人（石番、丁場番）のみ駐在する石丁場もある。切り出された石材は、丁場から湊への石曳きを経て（写真2）、大名家の所有船（手船）や借り上げた船（賃船）、あるいは専用の石切船で江戸へ運ばれた。

表1で、西日本の大名が中心である点には理由がある。一般に東日本の大名は石積みの経験が少なく、石材を切り出し、石垣を作るのは、それに熟練した西日本の担当とされたからだ（北原、二〇一二）。寛永年間には、東日本の大名も石垣作りを担当するようになるが、伊豆石丁場における石材切り出しは、ほぼ一貫して西日本の大名が担った。現在、西日本の大名関係の伊豆石丁場跡が多いのは、以上の理由による。

2　伊豆石丁場と諸大名

江戸城普請の現場では、幕府の普請奉行の監督のもと、石垣の作り方から普請作業者の勤務時間までが詳細に決められており、そこで作業する大名家は足並みを揃える必要があった。諸大名にとっても、公儀普請は江戸幕府への「御奉公」を示す重要な機会であり、それゆえに彼らは、現場で自らの家中の普請が遅れることを非常に恐れていた（後藤、二〇一七）。

写真2　石曳図屏風（株式会社和泉館所蔵、写真提供：箱根町立郷土資料館）

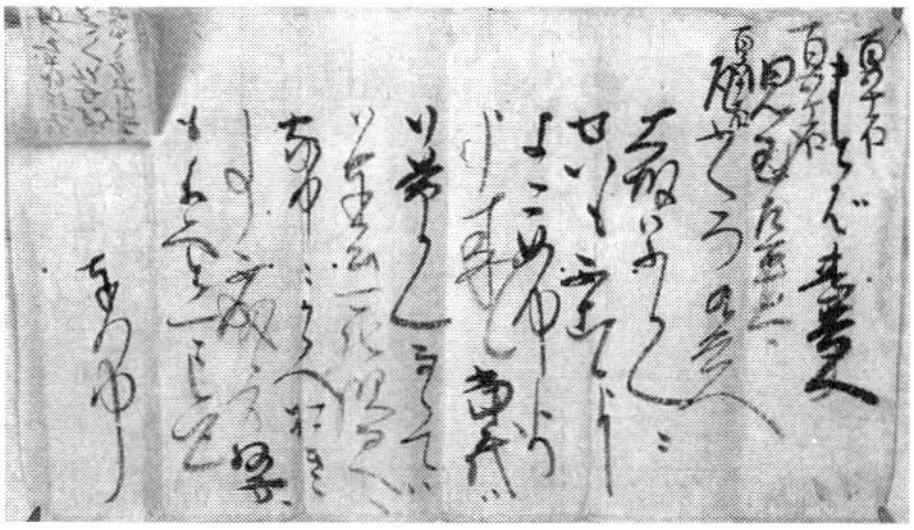

写真３　細川忠利自筆達書

忠利は、普請をサボった三人の家来について、「普請役を果たせない者を家中に抱え置くわけにはいかない。どこへでも出て行けと伝えよ」と、奉行たちに命じている。
出典：熊本大学文学部附属永青文庫研究センター編『永青文庫叢書 細川家文書 近世初期編』（吉川弘文館、2012年）76ページ

慶長一一年、江戸城普請の現場にあった肥後熊本の加藤清正は、伊豆石丁場で石材の調達を担当した家臣に何度も書状を発している（白峰、二〇一二）。その内容は、石垣普請の遅延をもたらす伊豆からの石材搬送の遅れに対する怒りと、伊豆駐在の家臣への厳しい叱責であった。同年四月一三日付の書状では、江戸に搬送されてきた石数が驚くほど少なかったとして、伊豆に派遣した家臣の責任を追及するとともに、「加藤家の石垣普請は、日本での外聞（面目）を失うものだ」と嘆いている。また、五月九日付の書状でも、調達を命じていた角石《すみいし》（石垣の出隅に積まれる石）が到着しないため、「石垣普請が遅延して、江戸滞在が長引き、加藤家は外聞を失った」と叱責している。

清正は、石材搬送の遅延の原因を、伊豆石丁場での家臣たちの怠慢に求めているが、他の大名家でも、公儀普請の現場における人事管理は大きな課題であった。寛永五（一六二八）年の大坂城普請の事例になるが、豊前小倉の細川忠利は、普請現場で作業をサボっていた家臣三人を家中から追放している。「いまの時代は普請役の務めこそが徳川将軍への御奉公である」とは、その際の忠利の言葉である（写真3）。忠利は、家臣たちの勤務状況の客観的な把握に努め、不良なものは厳しく処分する一方、良好なものには褒賞を与えた（稲

葉、二〇一八)。

さて、図1は、金子浩之氏が作成した伊豆石丁場跡の分布図である。これをみると、江戸城普請で切り出された安山岩系の石丁場跡は沿岸部に位置し、かつ湊に近接したものが多い。このように、石丁場の価値は、切り出される石材の質量とともに、湊への距離、さらに湊の規模や風向きなどにも左右された。当然、伊豆に参集した各大名家が、条件が良

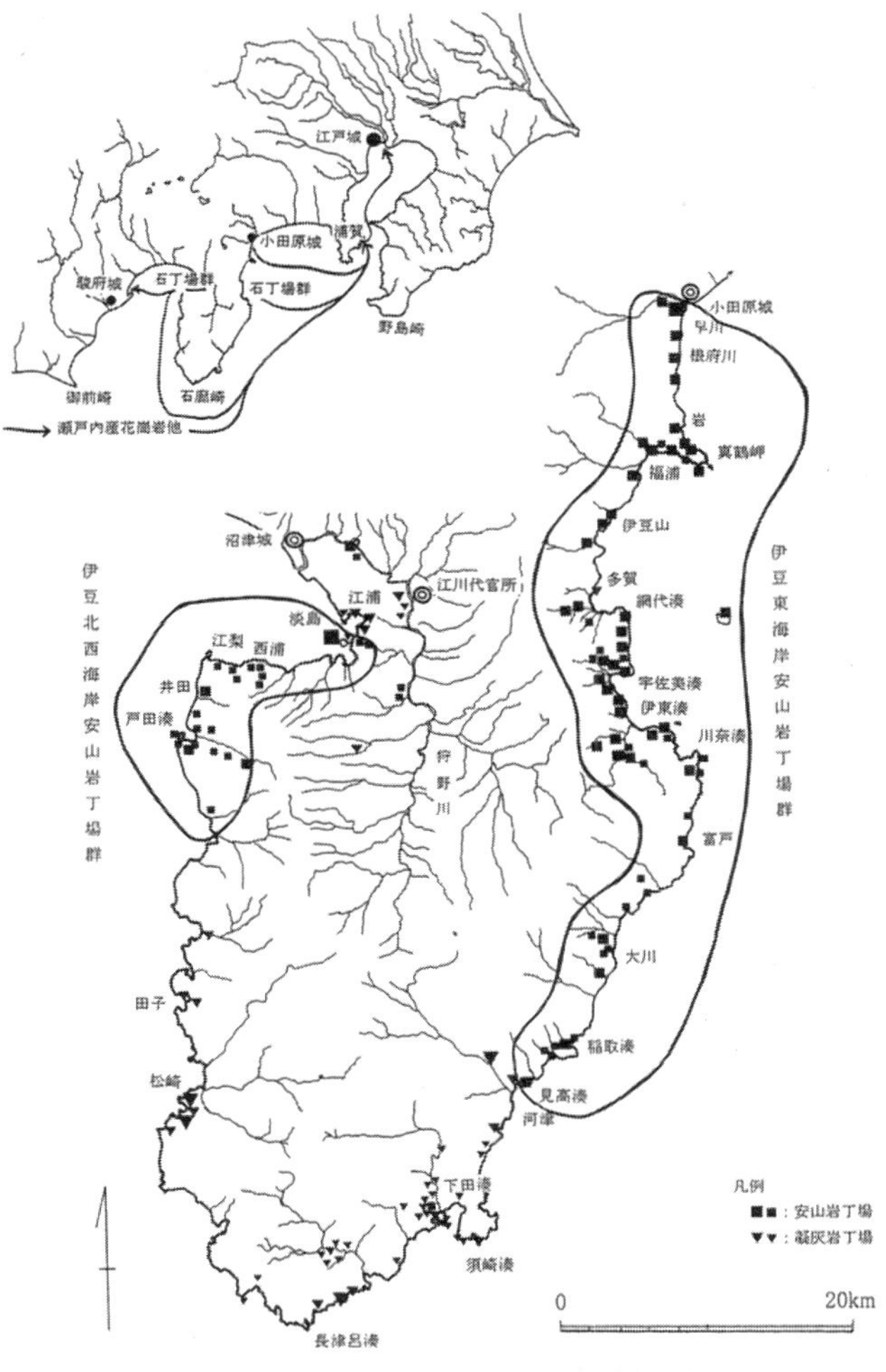

図1　伊豆石丁場跡分布図および関係要地図
出典：金子浩之「江戸城向け伊豆石丁場の現況」(『ヒストリア別冊 大坂城再築と東六甲の石切丁場』大坂歴史学会、2009年、161ページ)

写真４　下川久保丁場跡（伊東市）の標識石
「これより南　竹中伊豆守」と刻まれている。
出典：『静岡県伊東市 伊豆石丁場遺跡確認調査報告書』（伊東市教育委員会、2010年）

い石丁場での切り出し作業を望んだのは言うまでもない。

当時の伊豆は幕府直轄領であり、石丁場も幕府の管理・保護下に置かれていた。しかし、石丁場の実質的な管理は、現地の代官や名主たちの力によるところが大きかった。こうした現地との協力関係を周到に築いていたのが、前述の細川家である。近い将来の公儀普請を予想していた同家では、寛永一三年の江戸城普請の情報を入手する約一年前から、伊豆の代官と連絡を取り合い、結果的に現地の名主が管理する石丁場の事前確保に成功している（「元和八年より寛永年中迄 公義御普請」永青文庫蔵）。逆に、寛永五年七月の地震による江戸城石垣の崩壊後、幕府に石材を献上するため、伊豆に急きょ家臣を送り込んだ土佐山内家の場合、他の大名家と通じた現地の名主に石丁場を隠されるなど、丁場確保に苦労する羽目になった（『山内家史料 第二代忠義公紀 第二編』一九五―一九六頁）。

以上のような苦心の末に確保したこと、また丁場を近接する他大名家との紛争を防ぐ目的もあり、大名たちは自らの石丁場の境界を示す「標識石」を設けた。鎌田石丁場群（伊東市）の下川久保丁場跡には、「これより南　竹中伊豆守」と刻まれた標識石がある（写真4）。「竹中伊豆守」とは豊後府内の竹中重利であり、有名な竹中半兵衛重治の一族である。

写真５　ハナレ山丁場跡（伊東市）の刻印石
細川家の家紋（九曜紋）が刻まれている。
出典：前掲『静岡県伊東市 伊豆石丁場遺跡確認調査報告書』

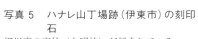

また、採石者を示すため、大名家の家紋などを石に刻み込んだ「刻印石」も、伊豆石丁場跡には数多く現存している。写真5は、宇佐美北石丁場群（伊東市）のハナレ山丁場跡における細川家の刻印石である。石には、同家の家紋である九曜紋がしっかりと刻まれている。

3 江戸城普請の負担と大名家

公儀普請に動員された各大名家は、財政的にも大きな負担を強いられた。寛永一三年の江戸城普請における肥後熊本の細川家の総支出は、銀一七五〇貫余である。米価を基準に現在の貨幣価値に換算すると、じつに五〇億円以上におよぶ。その支出項目の一位は石材の購入費で、二位は大工・日雇などの人件費であった（「元和寛永年間 公義御普請」永青文庫蔵）。石丁場で切り出すだけでは到底足りず、大名たちは市場で石材を購入していたのだ。

細川家の支出で、人件費も大きな位置を占める点には理由がある。同家は、大工とともに、普請現場での労働力として日雇（日用）を雇っていたためである。それでは、なぜ、彼らを雇う必要があったのか。当初、細川家の当主忠利は、江戸城普請の労働力として、肥後から百姓を動員することを視野に入れていた。忠利以前に肥後を統治していた加藤忠広（清正の子）は、国元から大勢の百姓を公儀普請に動員していたからだ。しかし、当時は洪水と旱魃の異常気象が相次ぎ、肥後の百姓は疲弊していた。国元では、農業基盤の整備である灌漑設備の普請（地方《じかた》普請）などの必要性にも直面していた。これを鑑みた忠利は、最終的に肥後からの百姓動員を止め、代わりに日雇を雇うことにしたのである（後藤、二〇一七、稲葉、二〇一八）。忠利は、江戸城普請による大名たちの重い負担を「日本之草臥」と表現し、これらが「天下之大病」であると将軍家光の側近に訴えていた（『大日本近世史料　細川家史料十八』三四四―三四八頁）。忠利は幕府から課された重い負担を、直接百姓へ転嫁することを避け、大名家（組織）として背負ったのである。

江戸城普請に参加した大名家にとって、伊豆の百姓との関係も重要であった。伊豆石丁場での作業に際し、細川家が定めた法度には、他の大名家の人物との接触や喧嘩の禁止とともに、現地の百姓や宿の主人たちとの紛争の禁止が明記されていた（前掲「元和寛永年間公義御普請」）。大名家の構成員が、現地の百姓たちに迷惑を及ぼすことは、大名家自体の評判を落とすことにつながる。石丁場での作業期間中、大名家は現地の世論にも配慮しなければならなかった。江戸時代の大名は、百姓に恣意的な負担を強いることなく、彼らと契約的な関係を維持することが求められており（朝尾、一九九四）、それこそが大名家存続の重要な条件の一つであった。国元の状況を顧みず、百姓たちを公儀普請に大動員した前述の加藤忠広は、じつに改易の憂き目にあっている。

将軍家光の側近に対する忠利の提言によるものかは不明であるが、家光への代替わり後初めての公儀普請となった寛永一三年の江戸城普請を最後に、幕府による大規模な城郭普請は終息する。これにより、伊豆石丁場も一つの歴史的役割を終えたと言える。

しかし、一七世紀前期の公儀普請を通じて整備された江戸は発展を続け、一八世紀初めには人口一〇〇万人の大都市へと成長した。これは、当時のロンドンやパリを越える世界一の規模であった。世界的な大都市江戸の形成過程において、一七世紀前期の大名家や伊豆石丁場が大きな足跡を残したことは、疑いのない事実である。

おわりに

江戸幕府によって一七世紀前期に相次いで行われた大規模な城郭普請は、長きにわたる戦国時代からの戦争状態が終結した当該期、徳川将軍と諸大名との主従関係を象徴するイベントとして重要な意味をもっていた。そのなかでも、江戸城普請は最大規模であり、多くの大名たちが石垣用の石材を調達するために伊豆石丁場に集結した。大名たちは、条件が良い石丁場の確保を求めるとともに、普請現場や石丁場での人事管理に心を砕いた。また、国元での普請や百姓の疲弊にも配慮した上で、江戸城普請を全うすることが求められていた。以上の背景のもとに、伊豆石丁場から江戸に向けた石材の大規模な搬出作業が行われていたのである。

二〇一六年三月一日、静岡県熱海市・伊東市および神奈川県小田原市に存在する江戸城石垣石丁場跡は、国史跡に指定された。もちろん、その他にも伊豆半島には多くの石丁場跡が現存する。標識石や刻印石など、石丁場跡に残る石たちの「声」に耳を傾けながら、大都市江戸を形成した往時に思いを馳せてもらえればと思う。

〔付記〕

本稿は、以下の論稿をもとに、その後の知見もふまえて再構成したものである。

今村直樹「近世初期大名家による公儀普請と伊豆石丁場」（『静岡県文化財調査報告書 第六六集 伊豆半島の石丁場遺跡』静岡県教育委員会、二〇一五年）。

〔付記二〕

本稿で取り上げた、細川家による江戸城普請および伊豆石丁場跡の現況は、ＮＨＫスペシャル「シリーズ大江戸 第一集」（二〇一八年四月二九日放送）で紹介された。

〔参考文献〕

朝尾直弘『将軍権力の創出』岩波書店、一九九四年

稲葉継陽『細川忠利』吉川弘文館、二〇一八年

金子浩之「江戸へ運ばれた石材と近世史上の位置」江戸遺跡研究会編『江戸築城と伊豆石』吉川弘文館、二〇一五年

北原糸子『江戸の城づくり』筑摩書房、二〇一二年

後藤典子『熊本城の被災修復と細川忠利』熊本日日新聞社、二〇一七年

白峰旬「慶長一一年の江戸城普請における加藤清正の石材調達指図について」『城郭石垣の技術と組織』石川県金沢城調査研究所、二〇一二年

東京大学史料編纂所編『大日本近世史料 細川家史料十八』東京大学出版会、二〇〇二年

福田千鶴「江戸幕府の成立と公儀」『岩波講座 日本歴史 第一〇巻 近世一』岩波書店、二〇一四年

善積美恵子「手伝普請一覧表」『研究年報』一五、学習院大学、一九六八年

山内家史料刊行委員会編『山内家史料 第二代 忠義公紀 第二編』山内神社宝物資料館、一九八一年

東伊豆町稲取の「畳石」（筆者撮影）

長さ３メートル余の角石で、「御進上 松平土左守 十内」と刻まれている。土佐山内家が、江戸幕府からの命令に備えて現地に取り置いたものと言われている。

column

静岡の生活を支えた茶生産

岡村龍男

静岡の茶と言えば、見渡す限りの台地に整然と並んだ牧之原の大茶園（現在の島田市・掛川市・菊川市・牧之原市・吉田町などにまたがる）をイメージするのではないか（写真1）。現在、日本の荒茶の半分近くがこの牧之原の茶園で生産されている。しかし、この風景は江戸時代以来のものではない。

現在、静岡県内で茶を特産としている地域はたくさんあるが、その多くは明治時代以降に茶生産を始めた地域である。幕末の横浜開港以降、茶が有力な輸出品となることが広く知られるようになり、全国的に茶生産を始める地域が増えたことに呼応し、茶生産を開始したのである。江戸時代の早くから茶製産が行われていたのは、現在の静岡市葵区・浜松市天竜区・島田市・川根本町のいずれも山間部の地域である。例えば、島田市の山間部である伊久美では、一五九三（文禄二）年に年貢の一部が茶で納められていたことがわかる古文書が残されている。江戸時代以来の茶産地は、米作に適さない山間地域で、年貢納入のための商品作物として茶を選んだ地域であった。年貢としての茶の現物納は、一八世紀の初めころには終了し、それ以降は茶を売り現金を得ることによる金納で納めていた。茶産地の各地に残る金子借用証文を見ると、借用金の返済期限が茶を現金化し終わる時期に設定されていることが多かった。

さて、一八世紀中頃までに、駿府（静岡市）には茶問屋が成立した。駿府茶問屋は、山間部の茶産地が必要とする生活必需物資を提供し、その見返りとして茶産地から独占的に茶を仕入れていた（この仕法を「仕合」という、明治時代後期まで一部地域では行われていた）。茶産地が生活をしていくためには、茶問屋と取引を続けなければならなかった。一九世紀に入ると、茶の流通独占を目指す江戸茶問屋・駿府茶問屋と茶産地の間で、「文

写真1　牧之原台地の茶園（島田市広報情報課提供）

政茶一件」・「嘉永茶一件」と呼ばれる訴願が発生した。現在の静岡市内で、この訴願に参加した村は、いずれも茶を売り渡して得た現金で年貢を金納していた村々であった。当然、この時期には他にも茶を作っている村は存在していたが、茶一件に関わった村々はそれだけ茶生産に依存して生活していた。言い換えれば、茶生産が生活を支えていた地域であったということである。

嘉永茶一件に関わった村々は、駿府茶問屋に変わる生活必需物資の確保、茶生産資本金確保先として、茶産地に隣接する村の豪農が運営する「茶会所」を設置した。嘉永茶一件が治まった時期は、ちょうど横浜からの茶輸出が始まった時期であった。全国各地の茶産地が、横浜開港後に「売れる産物」として茶生産を始めたのに対して、静岡の茶産地は「生活を支えるための茶生産」を行ったのであった。それ故、他の茶産地に先んじて横浜に茶を販売することができ、明治以降には「日本一の茶どころ」となったのである。

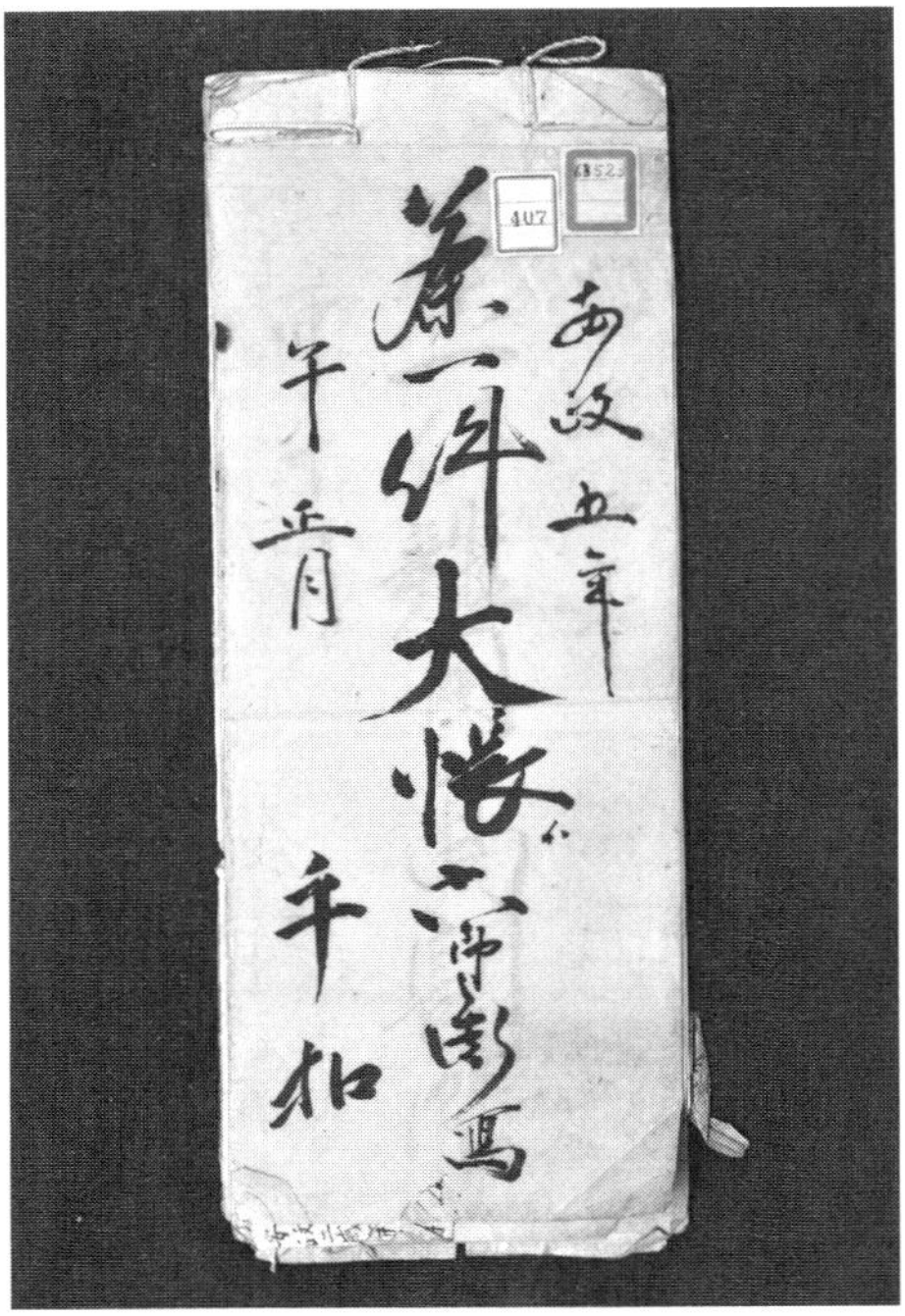

「茶一件大帳」(個人蔵)

古典文学に描かれた静岡

袴田光康（古代・中世）・小二田誠二（近世）

1　古代・中世

富士山と駿河湾に囲まれた静岡県は、古くから和歌や物語に描かれた古典文学の舞台であった。『古事記』や『日本書紀』は、焼津や草薙にまつわるヤマトタケルの神話を伝える。『万葉集』には山部赤人の「田子の浦ゆうち出でて見れば真白にぞ富士の高嶺に雪は降りける」（巻三・三一八番）の歌（写真1）や、田口益人の「廬原《いほはら》の清見の崎の三保の浦のゆたけき見つつ物思ひもなし」（巻三・二九六番）の歌（写真2）などが三〇首以上も収められている。平安時代の『竹取物語』は、帝が使者を富士山にまで遣わしたことを語り、あるいは、在原業平に擬せられた『伊勢物語』の昔男も、宇津谷峠や富士の麓で歌を詠んでいる。

その他にも、『日本霊異記』、『平家物語』、『曽我物語』、『太平記』等々、静岡は意外に多くの古典文学の中に描かれているのである。

こうした背景には、静岡県が富士山をはじめとする多くの名所を有し、そこがまた都と東国を結ぶ東海道の要所を占めていたということがある。実際に静岡の地（遠江・駿河・伊豆の三国に当たる）を行き来した旅人たちの旅日記も数多く残されている。平安中期に書かれた菅原孝標女の『更級日記』（一〇六〇年頃）がその嚆矢であるが、鎌倉に幕府が開か

写真 1　山部赤人歌碑（ふじのくに田子の浦みなと公園）

写真 2　田口益人歌碑（清見潟公園）

れると、東海道を往来する歌人や文化人が増え、静岡の旅を描く紀行文も急増した。『海道記』（一二二三年）、『信生法師日記』（一二二五年）、『東関日記』（一二四二年）、『十六夜日記』（一二七九年）、『春の深山路』（一二八〇年）など、枚挙に暇がないほどである。

それでは、彼らの静岡の旅とはどのようなものであったのだろうか。『更級日記』・『海道記』・『十六夜日記』に記された旅の行程を概観してみよう。

①『更級日記』（注：東から西へ、旅行日数不明、地理的順序に倒錯あり）

よこはしりの関（静岡県駿東郡小山町）→**富士の山**→**清見が関**（静岡市清水区）→**田子の浦**→大井川→富士川（ママ）→沼尻（未詳）→**さやの中山**（掛川市掛川町と島田市金谷町の境）→天ちう川（天竜川）→**浜名の橋**（湖西市新居町）

②『海道記』（注：西から東へ、旅行日数六日間、日付に錯誤あり）

〔一日目〕橋本の宿・**浜名の橋**（湖西市新居町）→〔二日目〕浜松の浦（浜松市西区）→廻沢《まひさわ》の宿（浜松市西区）→池田の宿（磐田市）→〔三日目〕天ちう川（天竜川）→上野の原（未詳）→山口（掛川市）→事任《ことのまま》神社（掛川市）→**さやの中山**→菊川の宿（島田市金谷町）→〔四日目〕妙水《しみず》（未詳）→播豆蔵《はづくら》の宿（島田市）→大井川→前嶋（藤枝市）→藤枝の市（藤枝市）→岡部（藤枝市）→**宇津の山**（静岡市駿河区）→手越の宿（静岡市駿河区）→〔五日目〕有度の浜（静岡市清水区）→久能寺（静岡市清水区）→江尻（静岡市清水区）→**清見が関**→興津（静岡市清水区）→岫《くき》が崎（静岡市清水区）→由比（静岡市清水区）→蒲原の宿（静岡市清水区）→〔六日目〕富士川→**浮嶋が原**（富士市）→**富士の山**→車返（沼津市）→木瀬川（沼津市）

③『十六夜日記』（注：西から東へ、旅行日数六日間）

〔一日目〕**浜名の橋**↓引馬の宿（浜松市）↓〔二日目〕天ちう川（天竜川）↓見附（磐田市）↓〔三日目〕**さやの中山**↓事任神社↓菊川↓〔四日目〕大井川↓**宇津の山**↓手越↓〔五日目〕藁科川（安倍川）↓興津↓**清見が関**↓**清見潟**（静岡市清水区）↓**富士の山**↓〔六日目〕富士川↓田子の浦↓伊豆の国府（三島市）↓三島大社（三島市）

写真3　蔦の細道（宇津谷峠西口）

上記①の旅行日数は不明だが、②と③はともに五泊六日で遠江・駿河・伊豆の三国を通過している。一日あたり三〇km前後も歩いた計算になるだろうか。『十六夜日記』の作者である阿仏尼（一二二二年頃～一二八三年）は、当時、既に五七歳くらいの女性であったと推定されるから、その気合いと健脚ぶりは驚異的である。

さて、②と③を比較してみると、一泊目は②橋本と③浜松とで異なるが、これは阿仏尼には浜松に旧知の人々がいたという事情の違いがある。二泊目は②池田と③見附で、ともに磐田の地である。三泊目は②③ともに菊川（島田）、四泊目は②③ともに手越（静岡）と全く同じ行程であった。五泊目は、②は蒲原であるのに対して、③は清見潟でその日の記述が終わっているが、六日目には②も③も富士川渡りから始まることからすると、③も実は富士川近くの蒲原辺りまで来ていた可能性がある。

どちらも東海道の同じルートなので、宿や山川などの地名が重なるのも当然であるが、宿や川を除いたその他の地名（上記の太字表記）、つまり、「浜名の橋」・「さやの中山」・「宇津の山」・「清見潟」・「田子の浦」「浮嶋が原」・「富士の山」などの地名は、歌枕として知られた名所であるということが注目される。①の地名もほとんどこれに重なることからすると、歌枕の地を辿る傾向は、既に平安時代から踏襲されてきたことが窺われる。

歌枕は旅の行程だけでなく、旅の記述にも影響を及ぼしたようである。例えば、「宇津の山」。「宇津の山」は、古く『伊勢物語』の「東くだり」の中にも詠まれた歌枕である（写真3、4）。蔦楓が生い茂った峠の暗い道を心細く歩く昔男。すると向うから旅の修行者が近づいてくる。よく見るとそれは都で顔見知りの修行者だった。昔男は都への言付けを頼み、「駿河なる宇津の山辺のうつつにも夢にも人に逢わぬなりけり」（九段）と歌を詠んだという。この歌物語を介して「宇津の山」は広く知られるところとなるが、興味深いことに、②の『海道記』でも、「修行者一両客、縄床そばにたてて又休す」とあるように、「宇津の山」で修行者と出逢っているのである。

この修行者との遭遇がたまたまの偶然に思えないのは、実は③の『十六夜日記』でも、「宇津の

写真４　在原業平歌碑（宇津谷峠山頂）

山超ゆる程にしも、阿闍梨の見知りたる山伏、行きあひたり。」と記しているからである。ちなみに、『信生法師（宇都宮朝業）日記』の「宇津の山」の段にも、「山中にて山伏の会ひて侍れば、かの『夢にも人の』といひけること、思い出でられて」と記されている。「宇津の山」にどれほど修行者がいたにしても、旅人が通る度に修行者と出くわすというのは、如何にも不自然であろう。これは、『伊勢物語』の有名な「宇津の山」の歌物語を踏まえながら、『伊勢物語』に引き付けた虚構の表現と見るのが妥当である。

中世の静岡を訪れた旅人たちは、歌枕をめぐりつつ、時には歌枕によって虚構をも織り交ぜながら紀行文を記した。紀行文とは言え、必ずしも事実のみが記述されるとは限らないのが古代の文学である。その和歌至上主義的な彼らの感覚は、文化的中心である都からの視線であった。その意味では、古代から中世を通じて静岡は都人の価値観によって切り取られた和歌的な風景を文学に提供してきたことも否めない。

しかしながら、彼らが静岡独自の伝承文学を掬いあげてくれたことも事実である。『更級日記』は、富士山で神々が全国の除目について相談し、その予定者名簿が富士川に流れて来るという地元の古老の話を伝えている。あるいは、『海道記』は、天女が舞い降りて伝えたという駿河舞の起源や、鶯の卵から生まれたという「駿河版かぐや姫」の伝承を記している。こうした静岡にまつわる伝承の神秘性や永遠性のイメージに旅人たちは、強く心惹かれて筆を割いたのであろう。その素朴な好奇心は、歌枕への憧れに勝るとも劣らないものであったに違いない。

2 近世

さて、ここで、前節の、「古代から中世を通じて静岡は都人の価値観によって切り取られた和歌的な風景を文学に提供してきた」という指摘をうけて、改めて「地域と文学」ということを整理してみよう。

日本、否、世界中がインターネットや様々な交通網で繋がっている現代でも、多くの「日本文学」は東京発、地方は「訪問地」という構図であることは否定できないだろう。古典文学の場合、基本的に作者も読者も、ほぼ都の人であるから、それは当然のことであった。したがって、旅先でも都を思う気持ちが書かれることになったし、地方は風光明媚で自然豊かだが文化的ではないという描かれ方が基本なのである。江戸時代になると、文化の中心は、京都から大坂、そして江戸へと徐々に移動し、これら三都は、それぞれの特徴的な文化を背景とする作品も生み出した。さらに、大きな城下町・門前町・宿場町などを中心に、各地で地方文化が形成され、地域文学と言うべきものも生まれてきた。また、誹諧に顕著なように、全国規模のネットワークによって中央と地方、或いは地方同士が繋がるのも、江戸時代の特徴と言える。

ところで、江戸時代の文芸が、それ以前と大きく異なるのは、町人階級の参加が多く見られる点にある。それは、印刷の普及、更に言えば、印刷物が出版物として商品化していったことによる。これは文学に限った話ではなく、芸能も美術も、大衆が対価を払って享受する「商品」になったのである。そこには、複製技術だけでなく、それらの製品を流通させる貨幣経済や交通機関の発達など、多くの社会的要因があるのだが、本書の趣旨から外れるので触れない。ただ、徳川家康が駿河府中（駿府・現静岡市葵区内）で行った金属活字鋳造事業である「駿河版」の印刷は、日本文化史上の象徴的な出来事として重要であり、記憶にとどめておくべきだろう。

さて静岡県域には、東海道五十三次のうち、実に二二の宿場があった。東海道は、新興都市江戸が発達するにつれて、最も重要な幹線道路になった。そして、街道の整備によって、旅は娯楽としても意味を持ち始め、いわゆる紀行文だけではなく、ガイドブック的な書物の出版や、道・旅を題材にしたフィクションもうまれてくる。

こうした「道中記」としては、早い時期の作品である浅井了意『東海道名所記』（寛文元（一六六一）年刊）が挙げられる。本書は、書名の示すとおり、名所案内的な性格を持ちながら、二人連れの旅、場面ごとに詠まれる狂歌と、後の「膝栗毛もの」の元型のひとつとも言える。

その、有名な『東海道中膝栗毛』（初編は『（浮世道中）膝栗毛』の名で享和二（一八〇二）年刊）の作者十返舎一九《じっぺんしゃいっく》は駿河府中出身の下級武士であった（写真5）。『膝栗毛』の主人公、弥次郎兵衛・喜多八は、はじめ江戸町人として登場するが、途中で府中に親戚があることになり、『東海道中膝栗毛』完結の後にあらためて刊行された「発端」で、府中と江尻（現在の静岡市清水区内）の生まれという設定が加えられている。当然のことながら、『東海道中膝栗毛』の中には当時の静岡県域の様子が多く描かれるが、一九は他にも、木枯らしの森、安倍川、二丁町遊郭、或いは舟山の五郎左衛門狐など、静岡所縁の地名や伝承を扱った作品を残している。

ところで、『膝栗毛』は、屈強な江戸町人男子という、同時代的にはもっとも「強い」立場の二人が「田舎」を歩きながら滑稽なことをしでかし続ける話である。そこでは、田舎者、女性、子ども、障害者、身分の低い人たち、さらには窮屈な武士までが弥次喜多に見下され、悪ふざけの対象になっている。それは、先に述べたような都中心の「上から目線」なのだが、実は、『膝栗毛』では、そうした悪ふざけのほとんどが失敗し、弱者と思っていた人たちの生活に根ざした知恵によって逆襲されているのである。それは、駿府の下級武士から、大坂を経て江戸で戯作者となった一九の境涯の反映であったろうし、それが江戸だけでなく、地方の読者にも歓迎されたのが一九世紀初頭という時代であった。

写真5　十返舎一九生家跡（静岡市葵区両替町）

二丁町遊郭という言葉が出たので少し補足しておこう。古来、街道の宿場に遊女は付き物であったが、駿府の安倍川町、通称二丁町遊郭は、徳川家康時代に整備され、日本で最初の公認遊郭と言われている。遊郭は売買春の場であり、現代からは評価しづらいが、同時代的には文化人の社交場でもあり、多くの芸術、文学作品を生み出していることは確認しておく必要がある。様々な紀行に登場するほか、細見（案内書）も何度か出版されており、『安倍川の流』という、駿府で作られた洒落本も存在する。二丁町細見のひとつを作った新通六丁目吉野屋吉兵衛は江戸の狂歌師・戯作者たちとも交流し、資金を提供して歌麿に描かれ、山東京伝によって『吉野屋《よしのや》酒楽《しゅらく》』という黄表紙に取り上げられるなどした。

さて、駿府は大名の居城ではなく、幕府が城代を置いて直接支配し、各地の武士が短期間に交替しながら番を勤めた。このため、様々な地方文化が交わる都市でもあった。駿府加番の武士が在番中に書き残した『日ごとの不二』は、必ずしも名文とは言いがたいが、文化年間の駿府周辺を生き生きと描いて捨てがたい小品と言える。本書を含め、江戸時代に駿府で書かれた記録の多くは戦災や大火で喪われているが、『駿国雑志《すんこくざつし》』などの地誌類をはじめ、戦前に復刻された書物、あるいは番士たちの国元に残された資料などにも駿府の様子が描かれているので探してみるとよいだろう。

駿府以外の町としては、東の三島、西の浜松が大きい。それぞれ宿場町であるが、三島は三島大社の門前町、浜松は城下町としての性格を持っている。と同時に、浜松は中京文化圏や信州との交流も多く、杉浦国頭《すぎうらくにあきら》、賀茂真淵《かものまぶち》らによって遠州国学の拠点となった。三島には地方暦の代表格三島暦があり、沼津からは名僧白隠が出た。庵原（静岡市清水区内）の山梨稲川《やまなしとうせん》、日坂（掛川市）の栗杖亭《りつじょうてい》鬼卯《きらん》など、それぞれの地域に学者や文人の存在も見えてくるので、その土地土地の文化的背景とともに検証してみるのも面白い。

さて、道に話を戻そう。東海道は上方と江戸とを結ぶ幹線道路であったが、静岡県域にはそれ以外にも重要な道が多く通っている。陸の孤島のような伊豆半島にも下田街道をはじめとした古道があり、西伊豆の港々は沼津から海上の交通もあり、山岳信仰の霊場や温泉場に多くの人が訪れ、紀行や誹諧作品などを残している。ほかにも、富士登山道、秋葉海道、或いは身延道など、東海道から分かれて北に延びる信仰の道があり、それらは塩や煙草など、生活物資を運ぶ重要な道路でもあった。もちろん、甲州と結ぶ富士川、信州に繋がる天竜川などの舟運も重要で、それぞれに港や宿場が形成され文化人の足跡が残っている。遠州では、浜名湖の北側を通る姫街道（この名称は幕末の命名と言われる）も重要で、信濃・三河を経由した文化が多く残っている。この地方では、今も地芝居を含む古い芸能が盛んに行われていることも注意したい。

静岡は、温暖な気候とともに、起伏に富んだ海岸線があり、山があり、半島がある。温泉も、有名な社寺も多い。しかも将軍の隠居地にもなった。そうした豊かな風土は、文化の中心にはならなかったが、各地の文化を吸収しながら土地土地に根ざした、様々な力強い表現を生み出している。それらは、中央の評価による文学全集などには収録されていない作品も多いので、県史（誌）、市町村史（誌）などにも目を通し、新しい魅力を発見して欲しい。

〔参考文献〕
唐木順三『あづまみちのく』中公文庫、一九七八年
新編日本古典文学全集『中世日記紀行集』小学館、一九九四年

column

東海道を旅した外国人

藤井真生

古来、都と東国をつなぐ東海道は、紀行文に描かれ、そして数多の芸術作品のモチーフとなってきた。東海道の風景に目を奪われて、その魅力を活写したのは日本の旅人だけではない。幕末から明治にかけて、欧米人の多くも、この街道と富士山について本国に報告している。

国際日本文化研究センターが所蔵する、海外で出版された日本関連書籍の写真や図像のうち、自然風景を写した画像の半数近くが富士山をテーマとしている（白幡洋三郎、劉建輝『異邦から／へのまなざし』思文閣出版、二〇一七年）。周知のように、初めて富士山に登ったのは幕末開国時のイギリス領事オールコックだが、彼の登山記はヨーロッパで広く読まれたらしい。一八九三年に箱根を訪れたヨゼフ・コジェンスキーは、富士山を目の前に仰ぎ見て、オールコックの富士山初登頂に言及している。また、外国人写真家の撮影した写真も「フジヤマ」のイメージを普及させたが、他の旅行者が自らの旅行記で彼らの写真を利用することにより、このイメージはさらに再生産された。

写真１　東海道から見た富士山（英訳版より）

さて、このコジェンスキーは、イザベラ・バードやゴードン・スミスほどには知られていないものの、詳細な日本旅行記を残している（J. Kořenský, *Cesta kolem světa*, Praha, 1895. 二巻本で出版されたが、日本は一巻の太平洋編に収録されている。また英訳版に、M. Jelínek (trans.), *In Japan* (1893-

94), Praha, 2013. 邦語訳に、鈴木文彦訳『ジャポンスコ』朝日文庫、二〇〇一年がある)。彼は富士山を箱根からのみ眺めたのではない。その後、東海道を下って静岡で一泊し、富士山と駿河湾の景色を堪能した。刊行された日記には、静岡の風景が全部で四枚掲載されているが、そのうち三枚は東海道から眺めた富士山であり、残りの一枚も富士山の伏流水が湧出する白糸の滝であった(写真1、2、3、4:すべて英訳版より)。

特徴的なのは翌日の訪問先である。彼は静岡師範学校を視察している。当時、コジェンスキーはオーストリア＝ハンガリー帝国のボヘミア教育総監だった(ボヘミアは現在のチェコ西部)。職業柄なのか、静岡に先立って旅行した日光でも小学校を訪問先に組み込んでいる。ここで彼の印象に残ったのは、ドイツ風の軍事教練に寮費、自然科学の標本や図画のモチーフ、そして日欧の女子の歩き方の違い、さらに日本人の弓術へのこだわりだった。

コジェンスキーが熱心に記録したのは教育制度だけではなかった。博物学的関心とともに、風俗や産業の情報もできるかぎり入手に努めている。静岡では長らく絹、茶、紙、陶器の生産が盛んであったこと、今も米、茶、綿、

写真 2　東海道から見た富士山(英訳版より)

写真 3　東海道から見た富士山(英訳版より)

写真 4　富士山の伏流水が湧出する白糸の滝(英訳版より)

藍の栽培地が広がっていることを報告している。静岡滞在中の彼が訪れたのは、実はもう一か所ある。漁業展示会である。コジェンスキーの生まれたチェコには海がないため、海藻などはとくに物珍しかったのだろう。ガイドに聞いたのだろうか、日本にとっての魚肉の重要性を仏教的肉食禁止の観点から説明している。

コジェンスキーの日本滞在は五週間とかなり短く、この後一気に名古屋まで移動したため、残念ながら県西部の情報はあまりない。たとえば、村民主導で農村改革を推進する報徳社の活動は、彼の目にどのように映っただろうか。もし滞在していたならば、教育者らしい観察記が読めたのではないかと惜しまれる。

幕末・明治期の静岡と学問

石井　潔

はじめに――旧幕臣の静岡移住

『氷川清話』のなかで、勝海舟は慶喜の政権返上後の旧幕臣の処遇について西郷に配慮を求め、静岡藩七〇万石が与えられることになったこと、しかし天領のみで四〇〇万石、旗本領も含めると七〇〇万石を越えた石高が大幅に縮減されるなかで、幕府が抱えていた多くの幕臣を短期間の間に移動させ、その能力にふさわしい処遇を与えることには大きな困難が伴ったことを紹介している。海舟自身も家族共々静岡に移った幕臣のうちの一人であり、現実には東京での活動が主であったとは言え、何かと静岡で暮らす幕臣たちのその後に気を配ることも多かった。幕臣とともに静岡に移住した慶喜自身が晩年東京に戻るま

写真1　旧徳川慶喜邸（1869-87・以後西草深に移り1897まで静岡在住／現・料亭「浮月楼」）

で三〇年間に滞在したことや（写真1）、新たに静岡に居を定めた旧幕臣のなかに、海舟に限らず当時の日本を代表するあるいはすぐに各方面で頭角を表すことになる優秀な人材が多く含まれていたことは、残念ながらあまり広く知られてはいない。

ペリー来航後の幕末期においては特に、徳川幕府は多くの面できわめて開明的な政策を取っていた。極端に言えば、武力に訴えてでも攘夷を実現すべきことを唱えていた倒幕派の「野蛮」に対して、国を開き海外との交流を積極的に進めようとした幕府の側こそが「文明」の立場を主導していたと見ても良いであろう。人材養成という点でも、「蕃書調所」（一八五六／後に開成所）、「長崎海軍伝習所」（一八五五／後に軍艦操練所）、「横浜語学所」（一八六五）などの西欧の先端的な思想や技術を学ぶことのできる教育機関を次々に設置し、そこに能力主義に基づいて藩を越えた人材を集めていたのは幕府であった。これらの機関で育てられた優れた人材の多くが静岡藩の設立と時期を同じくして開校された二つの学校「沼津兵学校」（現沼津市／一八六八～一八七一）と「静岡学問所」（現静岡市／一八六八～一八七一）に移動して来たのである。このなかには沼津兵学校の西周、赤松則良、静岡学問所の津田真道、中村正直、外山正一など当時はまだ珍しかった西欧留学組も多く含まれており、文字通り同時代の日本において最も高い知的水準を有する旧幕臣の知識人層が大挙してこの静岡の地に移って来たのである。

1　沼津兵学校と静岡学問所

沼津兵学校は、その名の示す通り静岡藩の陸軍士官養成所（ちなみに幕府海軍の主力が榎本武揚に率いられて箱館戦争に参戦したこともあり、海軍士官養成所の計画はあったが結局設置されなかった）として設置されたものであるが、狭い意味での兵学教育を越えた幅広い分野での基礎的な教育が行われた（写真2）。初代頭取の西周は、フィロソフィーに「哲学」という訳語を当てたことでも有名であるが、三年に渡るオランダ留学の間に法学、哲学、経済学等を深く学び、また帰国後は目付に任ぜられて慶喜の側近として活動した。慶喜が幕藩体制後の新たな近代的国家体制の構築を展望していたことはよく知られているが、まさに大政奉還の日の夕刻、慶喜は西周を呼んで英国の議会制について情報を求め、それに対して西は将軍を元首とし各藩主を中心とする上院と各藩藩士たちを中心と

写真２　沼津兵学校跡碑（城岡神社内）

する下院の二院制を備えた英国をモデルとする新しい国家のあり方を進言したと言われている。このような経歴を背景とする西には、沼津兵学校の既存の兵学科に加えて将来的には文学科を併設し、より総合的な学問の場とする構想もあった。仏語、英語等の洋学と昌平坂学問所の流れを汲む漢学を主な教育内容とするもう一つの藩教育機関であった静岡学問所との住み分けの必要もあり、この構想は最終的には実現しなかったが、明治前期の数学・数学教育界を担う多くの人材を輩出すると共に、後に触れる経済学者、ジャーナリスト、政治家として活躍した田口卯吉や同じく政治家やジャーナリズムの世界に足跡を残した島田三郎らが沼津兵学校から巣立ったことを見れば、ここでの人材養成の幅の広さを伺い知ることができる。

写真３　静岡学問所之碑（静岡地方合同庁舎前）

静岡学問所の方は、必ずしも静岡藩の文官養成を一元的に担うという役割を与えられておらず、沼津兵学校における兵学教育のような教育機関としての明確な人材養成目的を持ってはいなかった（写真3）。しかし学問所において中枢的な位置を占めた洋学者たちの高い外国語能力はその教育・研究の両面で大きく生かされ、歴史・経済から数学・物理学・農学に至る多様な分野での外国語の文献の翻訳が教員及び卒業生の手でなされた。そのなかでも最も有名なのは一等教授であった中村正直によるスマイルズの著書Self Helpの翻訳書『西国立志編』であった。この書物は、三〇〇人以上もの西欧の技術者、発明家、実業家等の成功物語集であり、繊維産業のカークライト、アークライト、陶磁器業のウェッジウッド、蒸気機関のワット、医学のジェンナーなどが多くの困難に直面しながらも、誰にも頼ることなく自らの努力と工夫のみによって道を切り開き成功をおさめる姿が、「天は自ら助くる者を助く」というよく知られたフレーズに象徴されるリズム感のある漢文調の文体を駆使して表現されていた。当時地位も特権も財産もなく、ただ自分の才能と才覚のみによって新たな時代の下で与えられたチャンスを生かして自らの成功をつかみ取ろうとしていた若者たちに、この一八七〇年に静岡学問所が出版した『西国立志編』は熱狂的に受け入れられ、福沢諭吉の『学問のすすめ』と並ぶ大ベストセラーとなった（写真４）。

これらの二つの教育機関が卓越した教員を揃え、当時最先端の教育内容を提供していたことは広く全国に知られており、藩外からも多くの留学生を迎え入れていた。西郷隆盛の座右の銘であった「敬天愛人」も元々は中村正直の造語であり、静岡学問所に留学していた鹿児島藩士が持ち帰ったとされていることからもわかるように、倒幕派の諸藩を含む全国各地から高度の教育を求める若者たちが集う場となっていたのである。また自前で人材養成をできるだけの指導者を持たない各藩からは、特に洋学分野に詳しい教員の派遣を求める声も多数寄せられ、逆に静岡藩の方は優れた人材にその能力にふさわしい待遇を与えるだけの十分な財力を持たなかったので要請に応じて「御貸人」として積極的に人材派遣

写真４　『西国立志編』静岡藩版（静岡県立中央図書館所蔵）

を行った。

一八七一年の廃藩置県に伴い、これらの二つの学校も閉校となり、そこに集った旧幕臣知識人たちも、多くは新政府の役職に登用されるなど新たな活躍の場を求めて静岡の地を離れた。しかしその知的遺産は様々な形でその後も展開し、引き継がれることとなったのである。

2 権力から解き放たれた「文明人」としての「静岡人士」

先にも述べたように、幕末期に政治的、文化的、社会的な意味での近代「文明」の担い手となりうる優れた人材を抱えていたのは徳川幕府の側であり、倒幕派諸藩の側ではなかった。慶喜が大政奉還という思い切った措置に踏み切ったのも、新たな日本を「文明」国家として運営できるのは徳川家とその家臣団をおいてないという自負に基づくものであった。しかし徳川家が権力を保持したままで日本の文明化を推し進めようという慶喜の当初の意図は、武力に依拠した薩長を中心とする倒幕運動の成功によって挫折することとなった。その結果として「文明」の担い手となりうる十分な能力を持ちながらも一切の国家権力から切り離された多くの有為な人材が沼津兵学校や静岡学問所を中心とする各所に所属することになったのである。このような事態は、一方では自らが当然占めるべき地位を倒幕派によって暴力的に簒奪されたという「怨恨（ルサンチマン）」の意識にもつながったが、他方ではむしろ権力をめぐる力ずくの闘争から解放された空間としての静岡の地で、純粋に理想としての文明を求めることに、この地に根ざす者としての積極的なアイデンティティを求めようとする態度を生むことにもなった。

例えば静岡に移住した旧幕臣の次の世代には、徳川幕府の下で形成された「文明」社会構築の構想を、明治維新以降の新たな状況を踏まえて別の形で展開して行くことを自らの使命と考えようとするはっきりとした傾向が見られる。歴史家、経済評論家、ジャーナリスト、政治家といった様々な顔を持つ人物として活躍し、その徹底した自由貿易主義から日本のアダム・スミスとも呼ばれた田口卯吉は、一五歳から一七歳までの足掛け三年間に渡って沼津兵学校及び静岡学問所に併設された静岡病院で学んだ。彼は、『日本開化小史』等の著作を通じて、徳川幕府から明治政府への時代的転換を幕府の政治的敗北という権力闘争と見るべきではなく、社会全体の「文明化」の進展と見るべきであり、政治的勝利者としての薩長よりも、むしろ旧幕臣をはじめとする権力から自由な在野にある者たちこそが、そのような普遍的な歴史的過程においては中心的役割を果たしうると主張した。卯吉はまた自らの静岡時代を「孤島之漂民」としてのロビンソン・クルーソーと重ね合わせ、その「独立独行」の生き方をスマイルズ的な自助の精神を備えた人間像と同一化していた。ここにも権力や係累に頼ることなく自らの信念に基づいて前進する者のみが時代の担い手たりうるという彼の基本姿勢を見て取ることができる。

卯吉の年少の友人であり、やはり歴史家、ジャーナリスト等の多様な顔を持つ山路愛山も同じく旧幕臣の家族の一員として四歳で静岡に移住して以降、二四歳までの青年期の大半をこの地で送ることとなった。彼もまた『西国立志編』の成功物語に大いに鼓舞された若者の一人であったが、さらに彼は政治的敗者として静岡にやって来た旧幕臣とその家族

写真 5　日本基督教団静岡教会（静岡市葵区西草深）

が、その悲惨と屈辱を耐え忍ばざるを得ない「軽蔑せられたる静岡人士」として特別な歴史的使命を負っていると主張した。「武」によって勝者となった薩長とは対照的に、「静岡人士」は政治的敗者であるが故に、かえって純粋に「文」の力にのみ依拠して明治政府が果たし得なかった「精神的革命」を達成すべく定められていると彼は言う。愛山はカナダ・メソジスト派の静岡教会（写真5）に赴任した平岩愃保《よしやす》牧師の導きによりキリスト教に入信したが、これもまた迫害の対象となる「予言者」「少数者」の信仰としてのキリスト教と「敗者」としての「静岡人士」の精神的親和性を示すものであるというのが彼の自己認識であった。

事実、明治期のキリスト教徒には、旧幕臣出身の信者が多かった。静岡においても、静岡学問所閉校後にこれを継承する私学として設立された賤機舎《しずはたしゃ》に海舟の紹介で赴任した外国人教師クラーク（札幌農学校のクラークとは別人）や平岩牧師らとの交流のなかから、民俗学者でもあった山中笑《えむ》、愛山、中村正直などを代表的人物とする「静岡バンド」と呼ばれる信者のグループが形成されたが、その主要なメンバーはいずれも旧幕臣ないしその家族であった。権力から解き放たれた政治的「敗者」こそが「精神的革命」の担い手たりうるという「静岡人士」的心情は、この「静岡バンド」形成にも大きな役割を果たしたのである。

また「静岡バンド」の関係者から、一八七五年に開学した東京女子師範学校（現お茶の水女子大学）の初代校長を務めた中村正直や当時の静岡県令関口隆吉《たかよし》の援助を得て一八八七年にキリスト教精神に基づく静岡女学校（現静岡英和学院大学）を設立した平岩牧師など日本の女子教育に先鞭をつけた人物が出たのも、このような「精神的革命」としての「文明化」への積極的関与というこのグループの基本姿勢の一つの表れであると言ってよいであろう。

3　初代静岡県知事関口隆吉とその子供たち

一八八四年に静岡県令となり、一八八六年に地方官制の改正で初代静岡県知事となった関口隆吉は、政権移行期に慶喜の側近として様々な事後処理にあたり、共に静岡に移った旧幕臣の一人であった。彼は父の出身地が牧之原台地の近隣であったこともあり、旧幕臣に新たな生活の糧を与えるため当地での茶畑の開墾に尽力した同僚の中条景昭や大草高重を全面的に支援し、廃藩置県に伴って静岡の地を離れるまでの間その元締としての役割を担った。その後山口県令をはじめとする様々な役職を経て静岡県に県令として戻り、一八八九年に事故死するまで様々な分野で静岡県に大きな足跡を残した。

静岡女学校の設立や牧之原開墾以外にも、流れ職人として来静した山葉寅楠《とらくす》に東京音楽学校を紹介し浜松の音楽産業の礎を築くなどの殖産興業、金原明善と連携した治水事業、報徳運動の支援、熱海梅園の造成、江戸時代の貴重な書籍の収集である久能文庫の設立（静

写真６　関口荘吉像（静岡大学浜松キャンパス図書館内）

岡県立中央図書館所蔵）など多くの業績を数え上げることができるが、ここでは彼の長男関口壮吉《そうきち》と次男新村出《いずる》と静岡との関わりについて述べておきたい。

壮吉は東京帝国大学卒業後、一九二二年に静岡大学工学部の前身である浜松高等工業学校の初代校長として赴任し、当時の大正デモクラシーの自由な雰囲気をこの新しい学校に持ち込み、「自由啓発」を教育理念とした学校運営を行った（写真６）。具体的には無試験・無採点・無賞罰の「三無主義」を掲げ、学生が何一つ強制されることのない環境で自らの意思に基づく自由な発想で学び考えることができるような条件を整えることによって、画一的になりがちな日本の教育の現状を打破しようというのが彼の基本的な考え方であった。一九二四年に新任教員として高柳健次郎が赴任し、テレビの実用化の夢を語った時に、そのあまりの突拍子のなさに驚きながらも、国から研究費を確保し、この夢見がちな若者への支援を惜しまなかったのは、このような荘吉の信念があればこそであった。ＮＨＫで放送が開始された８Ｋテレビの中核技術を支えている静岡大学電子工学研究所につながる研究の端緒には、いかにも「静岡人士」らしい彼の理想主義的姿勢があったのである。

荘吉の弟である新村出も、父の転任に伴ない一二歳から一七歳までの五年間を静岡の地で過ごし、静岡を第一の故郷であると考えていた。慶喜の側近の新村家に一四歳で養子に入り、慶喜邸の隣に住んだ彼は、よく慶喜邸に出入りして当家の子供たちと遊んだり家庭教師的役割を果たしたりもした。慶喜の八女国子は彼の初恋の人でもあったと言われ、彼の国文学についての知識は浅間神社宮司の『古事記』序文についての慶喜邸での講義を陪聴したことや、当家にあった古典の読書から得られた部分も多いと思われる。後に『広辞苑』の編集者として名をあげることになる出の一つの知的源にもこのような静岡における徳川文化の残照を見いだすことができるのである。

〔参考文献〕
太田愛人『明治キリスト教の流域』築地書館、一九七九年
勝海舟『氷川清話』角川文庫、一九七二年
河野有理『田口卯吉の夢』慶應義塾大学出版会、二〇一三年
坂本多加雄『山路愛山』吉川弘文館、一九八八年
清水多吉『西周』ミネルヴァ書房、二〇一〇年
新村恭『広辞苑はなぜ生まれたか—新村出の生きた軌跡』世界思想社、二〇一七年
高橋昌郎『中村敬宇』吉川弘文館、一九六六年
田口親『田口卯吉』吉川弘文館、二〇〇〇年
浜松工業会誌『佐鳴』第七五号「関口先生特集」、一九八七年
樋口雄彦『旧幕臣の明治維新—沼津兵学校とその群像』吉川弘文館、二〇〇五年
樋口雄彦『静岡学問所』静岡新聞社、二〇一〇年
前林孝一良『徳川慶喜　静岡の三〇年』静岡新聞社、一九九七年
三戸岡道夫『初代静岡県知事　関口隆吉の一生』静岡新聞社、二〇〇九年

column

韮山反射炉築造の準備過程——江川英龍の仕事——

橋本敬之

幕末は、欧米諸国が日本沿岸に接近、貿易、開国を迫っている時期であった。こうした中で、長崎の調役であった高島秋帆が海防のため、オランダから大砲、銃を輸入し西洋式の軍隊制度を取り入れようと、江戸の徳丸原（現東京都板橋区高島平）において、老中以下、幕府の主立った者に演練を行って見せた。

迫り来る欧米諸国に危機感を抱き、海防の提案をしていた韮山代官江川英龍は、秋帆の行った演練を見て、自分自身が高島流砲術の伝授者となれるよう幕府に働きかけた。そして、実際に伝授者として韮山に塾を作って大砲製造の研究と、西洋式軍隊制度の実地訓練を、一八四二（天保一三）年に開始した。

韮山の塾には正式な名前がないので、ここでは「韮山塾」と銘打って使うことにする。天保の改革で海防掛《かかり》となった松代藩（長野県）真田幸貫の家臣であった佐久間象山が最初の門人となり、次いで勘定奉行の川路聖謨《かわじとしあきら》が入門した。象山は免許皆伝にならず、退塾したので、一番はじめの門人は川路聖謨ということになる。

一八五五（安政二）年に英龍が没するまでの足かけ一三年の間に全国諸藩・旗本から若者を集めて、二八〇人の門人を教育した。まず、高島秋帆が江戸で演練をしてみせた大砲の研究と、全国から受けた注文に応じた青銅砲の製造を行った。特に、海防に関係する諸藩からの注文であった。小田原藩からは、下田海防を任され、そこの台場に設置する遠距離砲である三六ポンドカノン砲を注文してきた。しかし、各藩からの受注に間に合わず、製造するのに時間がかかることを伝えると、自前での製造に取り組むこととなった。自前といっても、技術者がいないので韮山塾の門人を派遣しての製造で、この時の製造過程を「大砲鋳造絵巻」として描き残した。この絵巻物の原本の持ち合わせはないが、江川文庫に写しを保管している（図1、2）。

図１　青銅砲製造（大砲鋳造絵巻、江川文庫所蔵）

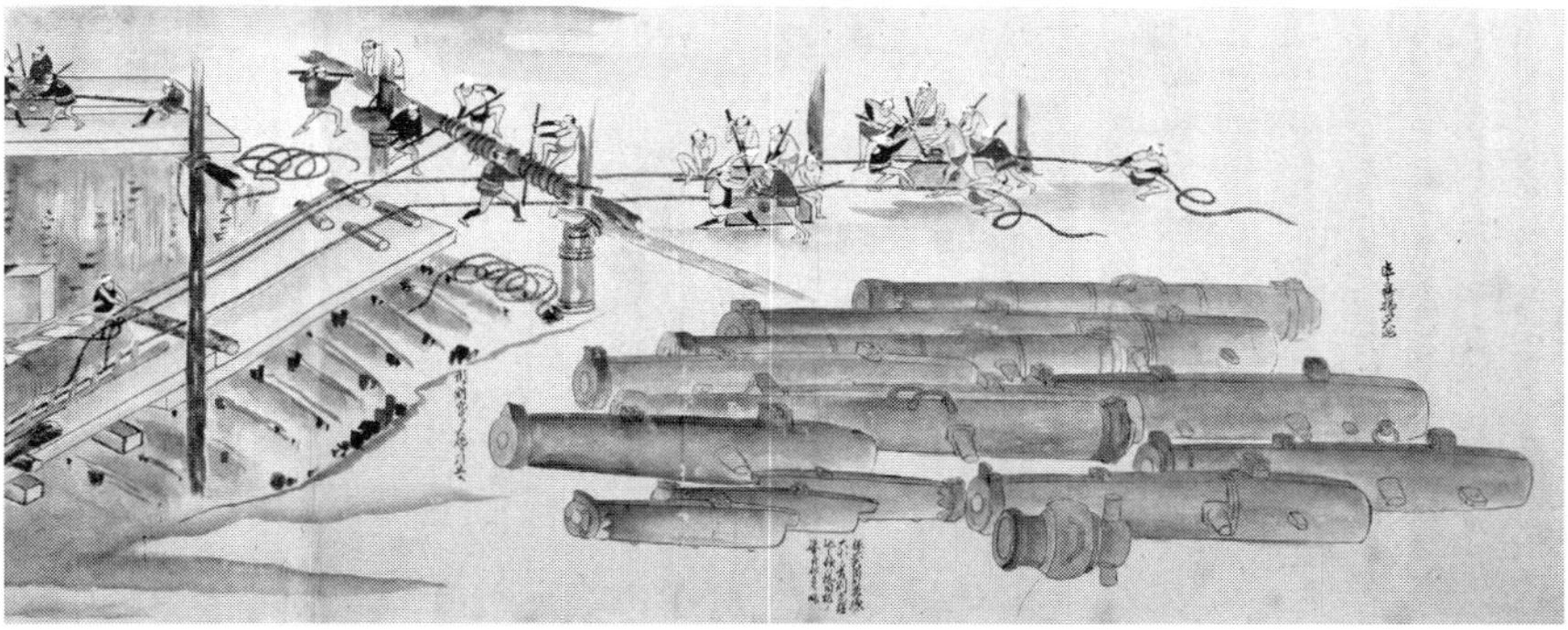

図２　完成した青銅砲（大砲鋳造絵巻、江川文庫所蔵）

大量に注文を受けて製造する一方、塾開始と同時に反射炉築造の建議を幕府に行った。当時、青銅砲を製造する銅の値段が高騰していたので、鉄の値段が低廉化している旨を訴えて鉄製砲の製造を建議した。この時の建議の可否についての史料の発見がない。反射炉築造建議を行い、海防のために台場を三浦半島から房総半島の富津岬の間に建設する計画を建議していた英龍は、一八五三（嘉永六）年のペリー浦賀来航によって、品川沖台場建設と反射炉建設を任されることになる。反射炉は当初、大砲を台場に設置する目的だったので、下田に建設予定であった。ペリーが回答を求めた二回目の来航で立ち寄った下田で建設途中のものを見つけられてしまったので、急遽韮山へ移転することとした。しかし、すでに開国が決まったにもかかわらず築造したのである。開国後の幕府の対外政策と技術検証のための実験炉としての意味合いが大きく、一八六〇（万延元）年廃炉となった。

近代静岡の代言人・弁護士群像

――橋本誠一

はじめに

いつの時代も一般市民が裁判所で裁判してもらうのは大変なこと。そこで現代社会ではそれを支援する専門職として弁護士が存在する。実は、弁護士制度が整備される以前から、それに類似する仕事をする者がいた。本章では、そんな人々を紹介したい。

一八六八（明治元）年五月、維新政府は、徳川亀之助（慶喜引退後の徳川宗家当主）を駿河国府中（静岡）城主とし、領知七〇万石（駿河・遠江両国）を授与した。静岡藩の成立である（実際に領内郷村人別の引渡しを受けたのは同年八月）。翌年八月からは藩庁に刑法掛と郡政掛を置き、それぞれに断獄（刑事事件）と聴訟（民事事件）を担当させた。また、赤坂（三河国）、浜松、中泉、掛川（遠江国）、島田、沼津（駿河国）に支局（郡政役所）を設け、管轄内の断獄と聴訟を処理させた。このうち断獄は、「微罪ハ支局ニテ直チニ断シ、杖以上ハ静岡ニ送致ス、静岡又之ヲ鞠《きく》シ死罪ニ該《あた》ル者ハ裁判ヲ刑部《ぎょうぶ》省ニ仰ギ、然《しか》ル後ニ之ヲ処決」（『府県史料』）したという。

領民は藩庁や支局にさまざまな願届・公事訴訟を持ち込んだ。当時、役所の受付時間は朝五ツ半時（午前九時）から八ツ時（午後二時）まで。訴願人はその時間内に役所内の腰掛《こしかけ》（控え所）で受付を済ませなければならなかった。

腰掛では郷宿《ごうやど》（宿屋）が毎日交代で当番を立て、訴願人の受付を行った。郷宿は江戸時代以来の伝統的な商売で、役所が関係者を呼出すときは当番の郷宿に命じて差紙《さしがみ》（召喚状）を送達させた。郷宿のおもな収入源は訴願人への宿泊・飲食の提供、諸願届書や訴状などの代筆であった。これ以外に役所の下請（前述の腰掛当番のほか、吟味中の者の宿預《やどあずけ》・手鎖《てぐさり》預《あずけ》など）を行った。また、ときには、役所から見たら宜しくないことだが、訴願人から役人への「内願」（内々のお願い）や贈物を取り次いだり、訴願人への腰押《こしおし》（訴訟行動の支援）などを行った（『在野「法曹」と地域社会』）。

一八七一（明治四）年七月、廃藩置県によって静岡藩は廃止され、新たに同年一一月静岡県（駿河国）と浜松県（遠江国）が置かれた（伊豆国は足柄県に編入）。しかし、これ以後も相変わらず訴願人は郷宿に宿泊し、諸願届書・訴状などの代筆を頼んだ。

1　裁判所・郷宿・代言人

一八七二（明治五）年八月に制定された司法職務定制（太政官）は、代言人《だいげんにん》（本人の代理人として法廷で訴えを陳述する者）、代書人（人民の訴状を作成する者）、証書人（不動産売買契約書等に「奥印」する者）という新しい職業を定め、それぞれ依頼人から料金を徴収することを認めた。それらは、就業の条件や資格が何も定められていなかったので、誰でも自由に就業することができた。一八七三年に訴状等の代書を代書人に依頼することが義務化されると（翌年、依頼は自由になったが）、代書人は郷宿の仕事を奪う存在となった。

写真1　宝台院

写真2　江川町交差点（伝馬町・新谷町方面を背に江川町方面（左手）、町奉行所方面（右手）を望む）

代言人や代書人のおもな職場は役所や裁判所であった。静岡県に初めて裁判所が設置されたのは一八七六（明治九）年一一月のこと。名刹として知られる宝台院に間借りする形で静岡裁判所（現在の静岡地方裁判所）が開庁した[1]（写真1）。区裁判所（現在の簡易裁判所）も同年一二月までに静岡、浜松、沼津、下田で順次開庁した。左の新聞記事（一八七六年一二月一五日付重新静岡新聞第六八号）を見ると、設置されたばかりの静岡裁判所には郷宿が出入りし、しかも腰掛で受付をしていたことが分かる。

「●静岡裁判所腰掛で郷宿手代が詰番をする異な名も有れば有もので、去る十三日裁判所の腰掛に居りますと、詰番とか言ふ郷宿の手代が大声辰《（振カ）》て平気な顔で大庭道益[2]（くりかえし）と呼でおりましたが、仙台騒動[3]の再発か知らんと思ひました、ハテあやしやなアと日記談正さんから報知」（読点は引用者）

一八七七（明治一〇）年当時、静岡では少なくとも左の人々がおもに伝馬町から新谷町、江川町に至る界隈――県庁のごく近所――で郷宿を営んでいた（写真2）。

田中富次郎（静岡伝馬町、一八七六年一二月の大火で消失、翌年一月に営業再開）
安田故太郎（静岡伝馬町、大火後しばらく馬場町柏屋長右衛門方で仮営業）
三田亦三郎（新谷町、大火前は静岡江川町元三階屋仁右衛門跡で営業）
宮村　謹一（静岡紺屋町、大火後一時休業を経て営業再開）
高山勝三郎（静岡江川町通往還より四、五間入る、一八七七年四月新規開業）
井田　嘉一（静岡下桶屋町、一八七七年五月新規開業）

このうち**安田故太郎**（一八五三〜?）は、郷宿を営むかたわら地方行政に大きく貢献し

（1）一八七八年六月、静岡裁判所と区裁判所は静岡追手町に新築移転した。

（2）仙台騒動（注3参照）を素材にした歌舞伎の通し狂言「裏表先代萩」の役名で、仙台藩の幼君暗殺のため毒薬を調合する町医者として登場する。

（3）一六七一（寛文一一）年に仙台伊達藩で起こった御家騒動。

た地元有力者であった。その略歴を紹介すると、一八七五（明治八）年第四大区五小区静岡町副戸長を皮切りに、戸長、学校幹事、小区会議員、静岡宿町会議員連合会議員、静岡宿衛生委員、県会議員などを歴任し、一八八九（明治二二）年静岡市制施行と同時に市会議員に当選、初代市会議長、初代市参事会員に就任した。一八九一年からは静岡市収入役を務めた（『嶽陽名士伝』）。

一八七六（明治九）年二月代言人規則が制定され、代言人になるには府県ごとに実施される試験に合格し司法省（現在の法務省）から代言免許を授与されねばならなくなった。同規則により静岡県人で最初に代言免許を取得したのが**前島豊太郎**（一八三五〜一九〇〇）である（図1）。前島は、駿河国有渡郡豊田村古庄（現静岡市葵区古庄）に生まれ、二二歳にして郷里の組頭となり、以後名主、府中宿助郷《すけごう》総代、同宿取締役を勤めた。一八六八（明治元）年、維新政府東征軍の東征に際し、駿府城代（田中藩本多紀伊守正納）に「将軍に代わってただちに号令を発し防禦の計をなすべし」と進言したという。一八七三年静岡県出仕となるが、翌年被免されたのを機に東京に遊学。一八七六年五月、東京で代言人試験を受験し合格、同年七月東京裁判所所属代言人となった。翌年静岡に帰郷し、静岡呉服町に事務所「択善社」を開設した。また、大江孝之（一八五七〜一九一六）、深浦藤太郎（後出）らとともに静陵社を結成し県下に政談演説を行った。また、一八七八年県

図1　前島豊太郎（前島顕『草莽の民権家前島豊太郎伝』表紙）

会議員、一八八一年新聞『東海暁鐘新報』を創刊するなど、代言人、自由民権活動家、新聞人としてめざましい活躍をみせた。ところが、同年一〇月、警察は政談演説を理由に前島を逮捕、同年一二月静岡裁判所は讒謗律《ざんぼう》（著作文書・図画肖像によって他人の名誉を毀損する行為などを処罰する法令）違反として禁獄三年・罰金九〇〇円の有罪判決を言渡した。前島はこれを不服として大審院に上告したが、一八八二年三月上告は棄却された。これにより前島は代言免許を失った。しかし、一八八九年二月明治憲法発布と同時に大赦令が出ると代言復業を請願し、同年八月代言人資格を回復した（『嶽陽名士伝』、『草莽の民権家前島豊太郎伝』）。

2　代言結社可進舎とその社員

ところで、当時、全国的に数多くの代言結社が結成された。静岡県で結成された代言結社に可進舎がある。可進舎は一八七八年七月に設立され、本社（本舎）を静岡市呉服町一丁目に、支社（支舎）を浜松駅伝馬町に置いた。同社には左のような社員（舎員）がいた。

畔柳時行（一八四七〜？）　京都大学町生まれの旧幕臣。一八六八（明治元）年一月鳥羽伏見の戦いに参戦。翌年東京に出て大学博士頼復（一八二三〜一八八九）に入門。一八七〇年刑部省出仕、翌年司法省出仕。同年の廃藩置県後に広島県に転任し、聴訟課長に就任。一八七四年一二月再び司法省出仕となり山梨裁判所に勤務。翌年三月二級判事補となり静岡裁判所に転勤。在職中とくに静岡では代言人の中に「健訟ヲ起シ愚民ヲ苦メ譎詐《けっさ》財ヲ掠《かすめ》テ靦然《てんぜん》愧《はじ》ルコトヲ知ラサルノ徒」（愚かな民衆をだまし訴訟を勧めて財産を掠め取りながら、それを全然恥ずかしいと思わない者）が多いと感じ、一八七八年判事補・静岡区裁判所長を辞職、同年七月可進舎を設立し自ら「仮舎長」（仮社長）となった（このとき畔柳はまだ代言免許を持っていなかった）。一八八〇年可進舎解散後は東京へ行き、同年一二月初めて代言免許を取得し、東京代言人組合に加入した（『高名代言人列伝』）。

高田敬義（?～一八九六）　京都寺町今出川生まれ。一八七二（明治五）年東京に出て儒学者・安井息軒（一七九九～一八七六）などに学ぶ。一八七六年一一月静岡裁判所創設に際し、司法省書記に任命される。高田は静岡の代言事務が萎縮し不振であったのを見て、自ら人民の権利伸張を謀ることを期し、一八七八年三月辞職、同年五月代言人試験合格、同年七月同志とともに可進舎を設立した。一八八一年一月静岡代言人組合会長に推選されるも、同年六月代言継続願の提出を失念し代言人資格を喪失した（代言免許は一年ごとに更新しなければならなかった）。翌年一月代言免許を再取得、同年再び代言人組合会長に推選（以後三年間継続）。一八八六年三度代言人組合会長に推選（以後三年間継続）。一八八一年頃はとくに自由民権運動の党派に加盟せずもっぱら事実に基づいて民権の伸張を図ったが、一八八九年には自ら進んで大同派（後藤象二郎・犬養毅・大井憲太郎らが主導する大同団結運動）に加盟し、同年秋静岡に大同倶楽部を設置した。翌年静岡市会議員に当選、さらに同年有志家の推薦によって第一区衆議院議員候補者となるも落選。その後、立憲自由党に加盟した（『嶽陽名士伝』ほか）。

若林好徳（一八四五～一九〇一）　旧幕臣。一八六九（明治二）年静岡藩小島奉行支配割付。一八七三年清水魚町で漢学塾を開く。同年庵原郡辻村小学校長。一八七八年静岡で代言免

許を取得、同年七月可進舎設立と同時に浜松支舎に所属。翌年六月可進舎を退舎し、代言結社「渉明社」社長に就任。一八八〇年代言結社「靖共社」社長となるも同年同社を廃し、静岡西草深の自宅で開業。一八八三年静岡裁判所本庁所属代言人組合会長。のち沼津上土町で開業した（『駿遠へ移住した徳川家臣団』第三編、樋口雄彦「山中笑・大橋兼久・若林好徳」）。

深浦藤太郎（一八五六〜？）　熊本市聲取坂町生まれ（写真3）。一八七六（明治九）年熊本県出仕。のち職を辞して東京に出る。翌年二月内務省警視官（旧東京警視庁）に禄仕。同年三月西南戦争が勃発すると、自ら従軍を希望し警視別働隊の一員として各地を転戦。同年八月復員後、文武学校助教となり漢学を授ける。一八七八年四月警視鎮撫隊の一員として宮崎県出張。その後辞職し、出京の途次静岡の地で友人に抑留され、当地で可進舎に入舎。一八八〇年代言免許を取得。自由民権運動に参加し、前島豊太郎、大江孝之らとともに静陵社を設け、各所で政談演説会を開いた。一八八一年掛川に転住、一八八五年再び静岡に帰り馬場町に居住。当時、深浦は刑事弁護人として勇名を馳せ、被告人が貧者であれば深浦自ら弁護費用を自弁し、無罪放免となれば旅費を与えて帰宅させた。一八八九、九〇年の両年で深浦の弁護によって無罪放免になった被告人は実に二〇余人に達したという（『嶽陽名士伝』）。一八九九年判事に任官、翌年検事に転じるも、同年辞職して再び弁護士

写真3　深浦藤太郎

になり、静岡市馬場町に事務所を設けた（『静岡民友新聞』一九二五年一一月二日付）。

3　代言人組合の設立と代人の存在

一八八〇（明治一三）年五月代言人規則が改正され、地方裁判所・支庁の管轄ごとに代言人組合（現在の弁護士会の前身）を設立することが義務づけられ、同時に代言人組合以外に代言人が私的な結社（代言結社）を作って営業することが禁止された。そのため、全国の代言結社はすべて解散に追い込まれた。

静岡県内では静岡と浜松に代言人組合が設置された。一八八三年七月現在、静岡では、若林好徳（前出）を会長に、平木希一郎、深浦藤太郎（前出）、吉川年朗、龍良策、勝田桂治、

写真4　大橋兼久

写真5　若林賛平

児玉松之助、大橋兼久（一八四五～？、写真4）、若林賛平（一八五六～？、写真5）、高田敬義（前出）、遠藤寅造（のち靖、一八五七～？、写真6）、鈴木音高の一二名（沼津で開業している者を含む）が代言人組合に加入していた。他方、浜松では、澤田寧（一八五二～一九三七）を会長に、澤田一朗、矢島喜作、金井善江（写真7）、三浦義禮（一八五三～？）、鈴木貫之（一八五五～？）、澤井庄蔵の七名が名を連ねた（『日本全国代言人姓名録』）。つまり、当時、静岡県内で開業していた代言人は一九名であった。

一八八四年一月現在、静岡県の総人口は約九九万八〇〇〇人。(4) そこにさまざまな法的紛争が発生し、裁判所に持ち込まれた。一八八二年、静岡県内の各治安裁判所（現在の簡易裁判所）と始審裁判所（現在の地方裁判所）が受理した民事訴訟は、年間約一万八三〇〇件弱であった(5)（旧受事件と新受事件の合計数、勧解も含む）。これほどの法的紛争をわずか一九名の代言人で処理するのはどうみても不可能である。当然、法的紛争にまきこまれても代

写真6　遠藤靖

写真7　金井善江

（4）ちなみに、二〇一八年七月現在、静岡県の推計人口は三六五万八四四四人である（しずおか統計センター「静岡県人口推計」https://toukei.pref.shizuoka.jp/chosa/02-030/index.html　最終閲覧日二〇一八年九月二七日）。

（5）ちなみに、二〇一六年の静岡県管内地方・簡易裁判所の新受・旧受件数は三万九三二四件である（裁判所「司法統計」http://www.courts.go.jp/app/sihotokei_jp/search　最終閲覧日二〇一八年九月二七日）。

言人の法的支援を受けられない人々が多数いたことだろう。

しかし、世の中うまくしたもので、そのような人たちの需要に応えてくれる者がいた。彼らは代言免許こそ持たないが、当事者の依頼を受けて代言人と同じように法廷に立ち、同じように訴訟行為を行った。そして依頼人から報酬を得た。彼らは「代人」（代理人）の肩書きで法廷に立ったのだが、このような行為は当時違法ではなかったのである（現在は弁護士法により禁止されている）。

おわりに

代人の肩書きで訴訟代理を商売とする人たちが静岡県内にどれほどいたのか、それを正確に知ることはできないが、代言人の数を大幅に上回っていたことは確実である。彼らはそれなりに社会に必要とされていたのである。しかし、残念ながら、その存在と活動はほとんど記録に残されていない。その意味で貴重な人物をつぎに紹介したい。

水谷亥之輔（?～?）　一八八三年に東京で出版された『代言人評判記』は、鳩山和夫（一八五六～一九一一、写真8）や星亨《とおる》（一八五〇～一九〇一、写真9）など全国的に著名な代言人と並んで、静岡から唯一人、水谷亥之輔という人物を「代言人」として紹介している。しかし、この水谷某は免許を有する代言人ではなかった。たしかに当時の裁判記録を見ると、水谷亥之輔（静岡安西五丁目居住）という人物が代人の肩書きで何度も法廷に登場する。しかも、その活動は静岡にとどまらず東京上等裁判所（控訴審）や大審院（上告審）にまで及

写真8　鳩山和夫（鳩山春子編『鳩山の一生』鳩山春子、1929年）

写真9　星亨（川越重治編『怪傑星亨』日東館、1901年）

んでいた。その活躍ぶりは東京人をして代言人と誤解させるほどめざましかったのであろう。

一八九三年三月、弁護士法が制定され[6]、以後、代言人は弁護士と呼ばれるようになった。それと相前後して、水谷のような人物（無資格で代言業務を行う者）は次第に法廷から消えていく。ただ、それは彼らの活動場所が法廷内から法廷外に変わっただけのことなのであるが。

〔参考文献〕
国立公文書館所蔵・内閣文庫『府県史料（静岡県）』、「県治紀事本末」巻一二
足立重吉『代言人評判記』秩山堂、一八八三年
山田耕造編『日本全国代言人姓名録』局外舎、一八八四年

（6）弁護士法制定に伴い新たに設立された静岡弁護士会には三一名の弁護士が所属した（磯野新著『帝国弁護士法及附属令』東洋社、一八九三年、二九頁以下）。なお、二〇一八年七月現在、静岡県弁護士会の会員数は四八二名である。

原口令成『高名代言人列伝』土屋忠兵衛、一八八六年
山田万作『嶽陽名士伝』山田万作、一八九一年
前島顕『草莽の民権家前島豊太郎伝・静岡自由民権運動の先駆者』三一書房、一九八七年
樋口雄彦「山中笑・大橋兼久・若林好徳」『沼津市明治史料館通信』一五、一九八八年
前田匡一郎『駿遠へ移住した徳川家臣団』第三編、前田匡一郎、一九九七年
拙著『在野「法曹」と地域社会』法律文化社、二〇〇五年
拙稿「再論・在野「法曹」と地域社会（特集 近代日本の弁護士と社会―法と民衆の関係を問う）」『民衆史研究』七八号 二〇〇九年一二月

column

二宮尊徳の思想と静岡県

貝嶋良晴

まきを背負って本を読みながら歩いている少年金次郎像は知っているが、彼が何をやった人なのかとなると知らない人が多い（写真1）。二宮金次郎（尊徳）は天明七（一七八七）年小田原栢山村に生まれ青少年時代は艱難辛苦の連続だった。成人して、全国六百余ケ所の農村復興、藩の財政や家政の再建に尽力して、そこで実践した手法を報徳仕法（思想）として確立した。没後、門人、子孫やそれを学んだ人達によって教えが伝承され今日に及んでいる。

幕末から明治時代に入り全国的に報徳思想が盛んになり、農村改革が村民主導で行われるようになった。静岡県も安居院庄七（神奈川県秦野市出身）によって遠州地方に報徳思想がもたらされ、下石田村（浜松市）の神谷與平治や倉真村（掛川市）の岡田佐平治らを指導し、庄屋や地主が主になり、村民で実行・組織する民主的な結社「報徳社」をつくった（図1）。自分達で実践励行する約束事を決め、資金を生み出し積み立てて共有財産を増やし、無利息貸付などで困っている仲間を助け、併せて報徳思想も啓発して行った。

嘉永六（一八五三）年八月に遠州報徳七人衆（岡田佐平治、神谷與平治、中村常蔵、山中里助、武田平佐衛門、松井藤太夫、内田啓介）が、日光仕法をしていた尊徳を訪問して直接指導を受け、遠州地方の報徳社を尊徳直伝の社として許しを受けた。さらに次代の後継者として佐平治の息子、良一郎を二宮塾に入門を願い出た。尊徳は良一郎を「遠州の小僧」と呼んでかわいがった。明治八（一八七五）年遠州地方の報徳社は数百社を数え、遠江国報徳社を創立し佐平治が初代社長に推された。良一郎は、父を助け報徳活動に尽力した。指導者達は豊になった村を見て我が村も報徳社をつくりたいと広がって行き、静岡県内には明治三七年までに遠州地方を中心に四四

図1　安居院義道庄七肖像画（大日本報徳社）

写真1　二宮尊徳像（二宮尊徳記念館 日光市）

二もの報徳社ができた。全国では一二〇〇社ほど設立されている。明治四四（一九一一）年には改組して「大日本報徳社」と改め大正一三（一九二四）年全国の報徳社が大同合併して大日本報徳社を本社とすることになり、現在も掛川市にある（公社）大日本報徳社が先人達の意思を引き継いで啓発に努めている。

静岡県内で尊徳や報徳思想に強く影響を受けた主な人として、韮山の代官・江川太郎左衛門は直接指導を受け、尊徳は「江川さんはさだめし伊豆支配所のために尽くされたことであろう」と褒めている。トヨタグループの始祖豊田佐吉の父伊吉は熱心な報徳社の社員で、親子共々報徳思想に強い影響を受けたことは知られている。森町出身の鈴木藤三郎は氷砂糖を発明し、その他数々の発明で日本の発明王と呼ばれた。報徳の教えを実践し、晩年には報徳文庫を二宮神社（日光市）へ寄贈した。尊徳の報徳の教えは「世のために尽くす」であり、疲弊した世の中・地域を立て直そうと多くの偉人達が輩出した。

大日本報徳社大講堂（掛川市）

戦時期静岡の景観変容

戸部　健

はじめに――二枚の写真の比較から

早速だが、ここに示した二枚の写真を見比べていただきたい。写真1は、筆者が勤務する静岡大学人文社会科学部の建物（静岡市駿河区大谷《おおや》）から、二〇一八年一月に筆者自身が撮影したものである。一方、写真2はその一㎞ほど南からほぼ同じ方向に向けて撮られたものであるが、撮影されたのは今から約八〇年前の一九三九年である。シャッターを切ったのは、当時大谷で商店を営んでいた神谷定吉で、戦中から戦後にかけて多くの写真を残した。そのうち大谷の写真を中心にまとめられたのが『写真とものでたどるある家族の記録　一九四二～一九六一　戦後の暮らし五〇年―静岡市大谷　神谷定吉のカメラアングル

写真 1　2018年の静岡平野

写真 2　1939年の静岡平野
（出典：『写真とものでたどるある家族の記録　一九四二～一九六一　戦後の暮らし五〇年—静岡市大谷神谷定吉のカメラアングル—』）

—』（一九四一年以前の写真も若干収録されている）で、写真2はそこから取ったものである。

一見して、八〇年ほどの間に景観が大きく変わったことが分かるだろう。かつて田んぼだったところにたくさんの建物が立っており、そこを東名高速道路が横切っている。今でも静岡大学の周辺には多くの田んぼが残っているが、その昔はまさしく一面田んぼだったのである。こうした変化はどのようにして生じたのだろうか。もちろん多くは戦後に起こったものだが、実はアジア・太平洋戦争時期にも無視できない変化があった。その片鱗は今も残っている。そこで以下では、同戦争が、静岡の都市近郊農村の景観にどのような影響を与えたのか、静岡大学周辺の状況を一例に見ていきたい。

1　静岡にもあった戦時期の空襲

戦時期、静岡市も国内の他の都市と同様、甚大な被害を受けた。なかでもよく知られているのが、戦争末期にアメリカ軍によって絶え間なく続けられた空襲による被害である。静岡市の戦時期を語る上で空襲を外すわけにはいかないし、実は本章の複線でもあるので、ここで状況を紹介する。静岡県編『静岡県史　通史編六　近現代二』によると、一九四四年一一月一日から四五年八月九日までの約九ヶ月の間に、静岡県では警戒警報が三七六回、空襲警報が九四回発せられたという。単純に計算すれば一日に一回以上県内のどこかで警戒警報が発せられたことになるわけだから、住民の疲労の度合いは察するに余りある。被害も巨大であった。不完全な調査ではあるが、経済安定本部総裁官房企画部調査課『太平洋戦争による我国の被害総合報告書』は静岡県内の空襲・艦砲射撃などによる死傷者を一万六三〇一人、死者を六四七三人と見積もっている。

なかでも静岡市の市街地を狙った四五年六月一九日の空襲は大きな被害を与えるものだった。駿河湾から飛来した一二〇機以上のB29によって一万発をこえる焼夷爆弾が投下され、大規模な火災が発生。爆心地である静岡銀行本店を中心に、その周辺が焼け野原となった。徳永やえは、その時の様子を次のように回顧している。

急いで顔をあげると、すぐ右手の陳列館がもえあがり、その庭も、道路も、城内東国民学校〔現〔旧：引用者〕青葉小学校〕運動場も、一面に火の花が咲いたようで、メラメラと炎をあげていた。逃げ道をふさがれて、一瞬、とまどったが、ぐずぐずしていてはと思い、敵機が去るのをみとどけ、思い切って燃える焼夷弾の炎をとびこえながら、いっきに走った。

（徳永やえ「地獄絵か、校庭一面、火の花」静岡新聞社編『大空襲　郷土燃ゆ―静岡県戦災の記録―』）

多くの市民が水を求めて安倍川を目指して急いだが、逃げ遅れて焼け死ぬ者も後を絶たなかった。結局、この一夜だけで一七〇〇人〜二〇〇〇人の死者があったと言われている。

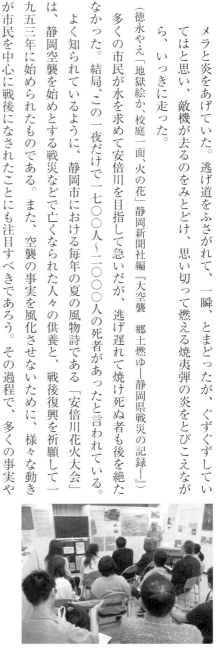

よく知られているように、静岡市における毎年の夏の風物詩である「安倍川花火大会」は、静岡空襲を始めとする戦災などで亡くなられた人々の供養と、戦後復興を祈願して一九五三年に始められたものである。また、空襲の事実を風化させないために、様々な動きが市民を中心に戦後になされたことにも注目すべきであろう。その過程で、多くの事実や記憶が書籍・論文・回顧録・史料集・写真・絵画などのかたちで記録された。葵区伝馬町にある静岡平和資料センターには、それらの多くが戦時期の遺物などとともに保存されている（写真3）。静岡空襲に関するビデオ放映もしているので、町歩きのついでにぜひ訪れてもらいたい。

写真３　静岡平和資料センターの様子

2　本格的な空襲を最初に受けたのは？

このように書くと静岡空襲の被害は都市中心部の商業地や住宅地ばかりであったように思われるかもしれない。実際には市の中心から離れた場所でも空襲があった。そもそも、アメリカ軍が静岡市で最初に本格的な空爆を実施した際の最初の目標は市の郊外にあった官設民営の工場などであった。代表的なのが、三菱重工業（駿河区小鹿《おしか》）や住友金属工業（同高松、登呂《とろ》など）の工場である（写真4）。

なぜ市街地を差し置いてこれらの工場が真っ先に狙われたのであろうか。それは、そうした工場において軍用のエンジンやプロペラが作られていたからである。静岡県近代史研究会編『史跡が語る静岡の十五年戦争』によると、例えば住友金属の工場では、八四五名の職員、二三〇〇名の工員、そして動員された学徒五〇〇〇名が日夜プロペラ製造に励んでいたという。アメリカ軍にとって、こうした軍需工場こそ日本の抗戦力を弱体化させるために最初に叩いておくべきものであった。静岡市空襲を記録する会編『静岡市空襲の記録』によると、一九四五年四月四日に三菱の工場を狙った二時間にも及ぶ激しい空爆があったという。ただ、爆弾は工場に命中せず、代わりに周辺地域の住民が大きな被害を受けた。その後、一二日に再度三菱に対する空爆が行われ、そして二四日には住友の工場に対する攻撃も行われた。その結果、両工場は壊滅的な打撃を受けたのである。

写真4　三菱重工業跡地の一部に現在立地する静岡競輪場

3　軍需工場の建設と地域景観の変容

ところで、以上で述べた三菱と住友の工場はそもそもいつ頃に設立されたものだったのだろうか。だいいち、先述した写真2に両工場は写っているだろうか。答えは、否である。一九三九年の時点では両工場はまだ建設されていない。後の建設用地には当時田んぼが広がっていた。しかし、しばらくして田んぼの埋立て工事が始まった。埋立てには莫大な量の土砂が必要となるが、その主な供給地となったのが建設予定地の東方にそびえる有度山《うどさん》（日本平がある丘陵地）の斜面であった。住友の工場建設予定地埋立ての場合は、大谷地区の、当時茶畑だった斜面の一部を国有地とし、そこから土砂を削り取った。建設予定地の高松まで土砂を運搬するためにトロッコの線路が敷かれ、そこを何両もの車両が往き来した（写真5）。伊東稔浩『大谷の里』によると、こうした作業には朝鮮人労働者も従事し、彼らが寝泊まりする飯場も沿線にあったという。

実は、この斜面に現在立地しているのが静岡大学静岡キャンパスである。一九六八年に駿府城北の大岩から移転してきた。キャンパスの内外には、戦時中に採土のためにえぐられたのではないかと思わせる場所がいくつもある。今から七〇年ほど前、そこで、アメリカと戦うために必要な工場をつくるべく、土砂を朝鮮人労働者が削りだしていたのだろうか。それを思い浮かべるならば、筆者にとって最も身近な場所は、まさに世界史とも繋がっていたと言える。

さらに、この場所は世紀の考古学的発見とも繋がっていた。なぜなら、削りだした土砂で田んぼを埋め立てる過程で一九四三年七月に偶然発見されたのが、かの有名な登呂遺跡だったからである（写真6）。戦時中にもかか

写真 6　1950 年代の登呂遺跡
（出典：前掲『写真とものでたどるある家族の記録』）

写真 5　土を運ぶトロッコ　（出典：伊東稔浩『大谷の里』）

わらず、地元研究者や市・県・文部省・工場の配慮により発掘調査が始められたが、戦況の悪化のため二ヶ月で中止となった。本格的な調査が開始されたのは四七年のことであった。

以上のような経緯を含みつつも、ともかく田んぼが埋め立てられ、工場は完成、一九四三年四月に操業を開始した。工場から見た有度山の斜面は以前のものとは一変していたことだろうが、それは空からも一目瞭然だった。写真7は三六年に日本陸軍によって撮られた空中写真、そして写真8は四六年に米軍によって撮影された空中写真である。戦時中にこの地域に起こった景観変化をまざまざと見せつけるものである。

最後に、景観変化の事例をもう一つだけ述べたい。

工場の建設に当たっては、排水の問題も考える必要がある。三菱や住友の工場の排水路として検討されたのが、付近を流れていた大谷川であった。しかし、当時の大谷川は河口の直前で激しく蛇行しており、スムーズな排水をする上で問題があった（写真9）。そこで河の流れを変える工事が急ピッチで進められた結果、河道は直線的になり、河口の位置ももともとの場所から西に二㎞ほど移動した（写真10）。

ちなみに、大谷川は、その約三〇年後の一九七四年に発生した七夕豪雨による巴川流域の大洪水を契機に、大改修が施された。すなわち、巴川の水の一部を受け入れるための河道を整備し、また、大量の水を円滑に流すために、川底をかなり深くまで掘削した。これを大谷川放水路といい、一九九九年に完成している。このあたりの経緯については、静岡市治水交流資料館（かわなび、大谷）でより深く学べる。

ただ、上述のように、大谷川の大規模な改修はすでに戦時中からなされていた。大谷川

写真 9　1939年時点での大谷川の流れ
（出典：国土地理院「地図・空中写真閲覧サービス」に筆者が加筆）

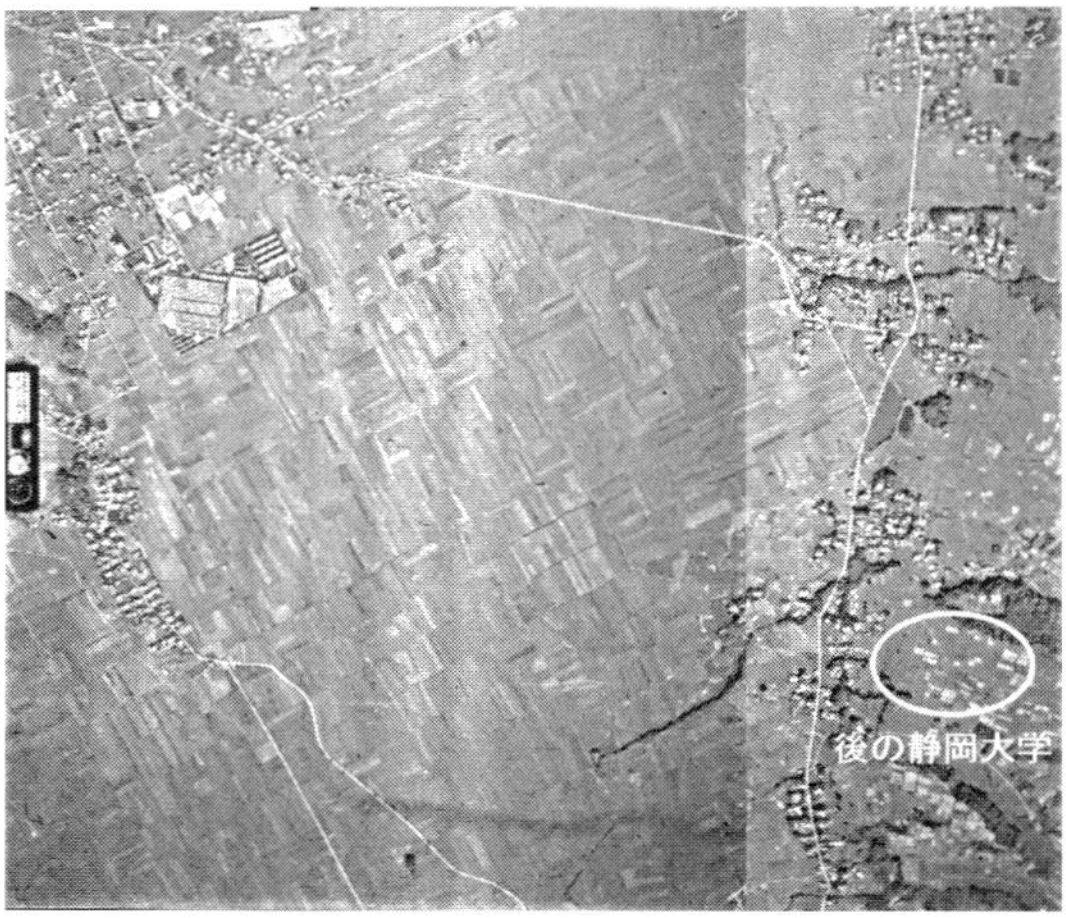

写真 7　1939年に日本陸軍が撮影した空中写真
（出典：国土地理院「地図・空中写真閲覧サービス」に筆者が加筆）

写真10　1946年時点での大谷川の流れ
（出典：国土地理院「地図・空中写真閲覧サービス」に筆者が加筆）

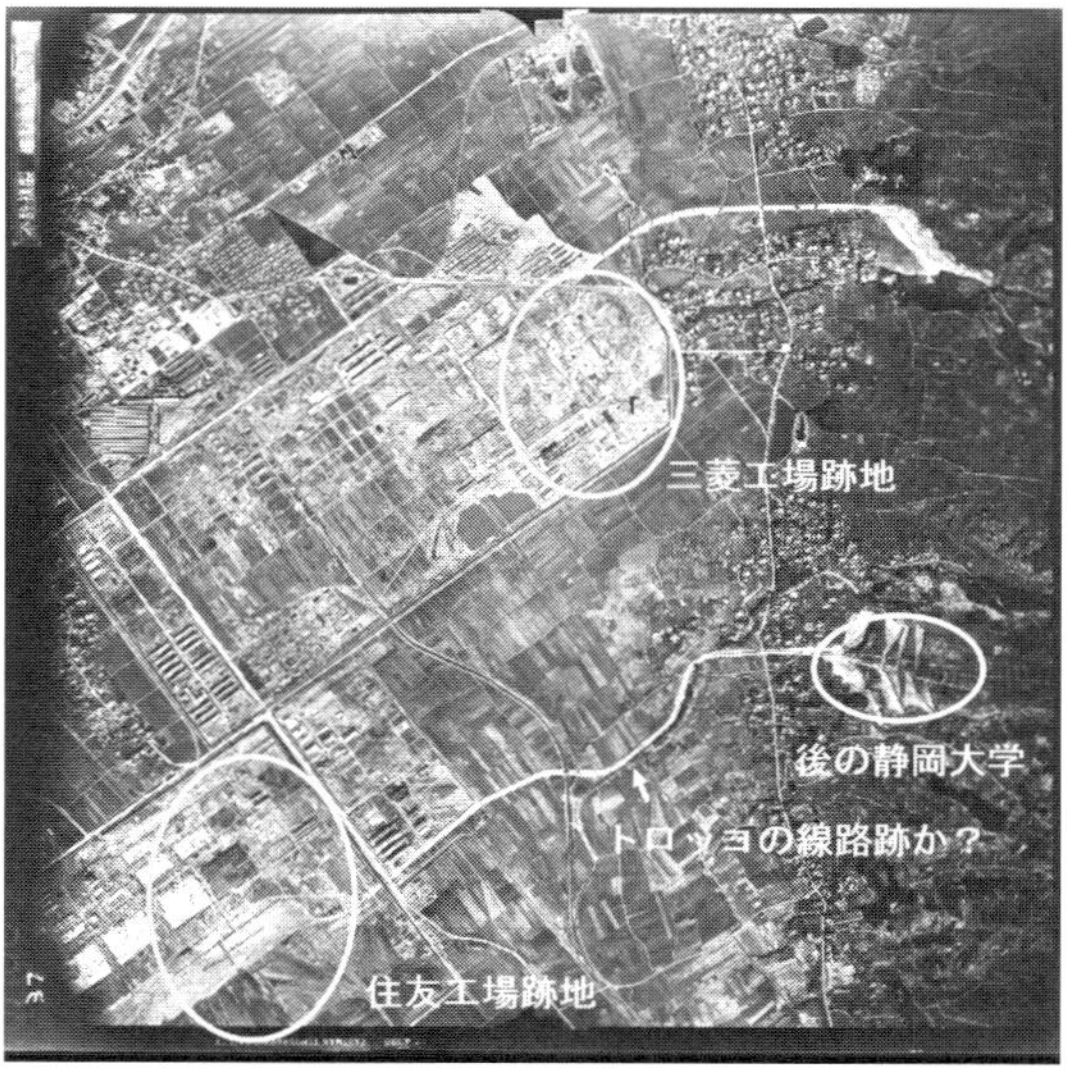

写真 8　1946年に米軍が撮影した空中写真
（出典：国土地理院「地図・空中写真閲覧サービス」に筆者が加筆）

放水路下流の流路は、まさに戦時中に作られたものをベースにしているのである。こうした点からも、戦争がこの地域のその後の歴史に与えた影響の大きさを知ることができよう。

おわりに―身近な地域の歴史を掘り下げる楽しみ

以上は、せいぜい静岡大学周辺約五kmの範囲内での景観変容であり、読者にはややマニアックに写ったかもしれない。ただ、そのような事例を通して本章で伝えたかったのは、身近な地域――たとえ郊外であったとしても――の景観にも実は戦争の痕跡が残っている可能性があるということである。総力戦の影響力の大きさを思わずにはいられない。静岡県内の他の地域でも同様の事例を見いだすことができるだろう。

筆者も大いに助けられたが、地域の歴史を学ぶための道具は豊富にある。県史・市史、郷土史、回顧録などオーソドックスなものから、航空写真や古地図のデータベースなどに至るまで、近年ますます充実してきている。読者諸氏にも、それらを利用して身近な地域の歴史を掘り下げる楽しみを感じてもらいたい。

〔参考文献・ウェブサイト〕
伊東稔浩『大谷の里』芝印刷所、一九九〇年
静岡県編『静岡県史　通史編六　近現代二』静岡県、一九九七年
静岡県近代史研究会編『史跡が語る静岡の十五年戦争』青木書店、一九九四年
静岡県戦争遺跡研究会『静岡県の戦争遺跡を歩く』静岡新聞社、二〇〇九年

静岡市空襲を記録する会編『静岡市空襲の記録』静岡市空襲を記録する会、一九七四年
静岡新聞社編『大空襲　郷土燃ゆ―静岡県戦災の記録―』静岡新聞社、一九七五年
安本博編『大谷誌』大谷誌編集委員会、一九七四年
『写真とものでたどるある家族の記録　一九四二～一九六一　戦後の暮らし五〇年―静岡市大谷　神谷定吉のカメラアングル―』静岡市立登呂博物館、一九九五年
地図・空中写真閲覧サービス（国土地理院）http://mapps.gsi.go.jp/maplibSearch.do#1（最終閲覧日：二〇一八年一一月二〇日）

静岡大学より静大片山バス停付近を望む（このあたりから土砂をトロッコで運んだものと推測される）。

column

静岡大学学生の運動と社会

山本義彦

静岡大学の学生運動が如何なるものであったのかを、比較的に良く残されている『静岡大学学生新聞』（『新聞』と略記）により、筆者の観点から捉えてみたい（写真1）。

1　草創期の静岡大学と学生運動

一九二二年八月、静岡高等学校、同年一〇月工業高等学校が浜松に創設された。これら高等学校格の二校を静岡大学とし、教育年限がより少なかった師範学校を独自の教育大学の設置へという動きも見られたが、戦後の財政不足もあり、旧制高等学校を、教養教育を含む文理学部、師範学校を教育学部、工業専門学校を工学部という構成になった。

靜岡大學新聞

格下げ問題表面化

東海地方教系大自協会結成

授業料

各地で値上げ反對

白熱化した学生大會

写真1　静岡大学学生新聞　第1号
（1953年 3 月 5 日付）

静岡大学創立期には鈴木安蔵氏のように、戦後憲法の要綱をいち早く起草し、聯合国軍に提案しその憲法草案の参考にすべく奔走した効果もあり、現憲法に生かされた実践を行なった人を、文理学部憲法学教授に、学生たちの働きかけで招くなどの、草創期ならではの動きがあった。

創立から六年目、一九五四年三月一日におきた国民に忘れがたい大事件であった、焼津を母港とする漁船第五福竜丸など約八五〇隻以上が、ビキニ環礁でのアメリカの水爆実験に被災するという痛ましい事態があった。これに対しては、教員でも文理学部塩川孝信教授が化学者として、船の「死の灰」の放射能測定に走り、工学部教員や学生たちもその専門性にあった地域調査を含め研究と報告を行う一方で、文系学生もその社会科学的調査を行ない『新聞』にふさわしい記事にまとめ、教師とともに社会にこの問題の意味をアピールした。

2　高度成長期と大学紛争

一九六〇年の日米新安保条約制定に対する反対運動が全国的に活発に展開されたが、静岡大学の教員、学生の運動は全国的にも際立った運動であった。しかもこのときの教員による研究成果が大いに活用されたことは『新聞』の掲載論稿に明らかである。

一九六八―六九年は東大闘争を頂点に全国的な学園闘争の時期であった。しかしすでに一九六四年、文部省が通知した学寮の炊夫（婦）の国家公務員身分から、寮生雇い方式への転換が全国的に迫られたこと（静岡大学での決着は一九八三年）もこの闘争の前提となった。またこの時期に全国的な地方国立大学キャンパス統合の政策展開の下で、工学部は浜松に、教育学部の浜松教場、農学部を、静岡地区に統合のプランが登場した。また静岡市大岩地区に併設されていた勤労者教育を目的とした法経短期大学部も大谷地区への移転統合が示され、これは勤労者にとって交通で不便であることを主な理由に、また文理学部の人文、理学への分離が一九五五年以降一九七三年石油危機に及ぶ高度成長に対応する資本の要請に従属しているとの批判を理由に大学紛争の季節が始まり一九七〇年までのおよそ五年に及ぶ。このほか六〇年代から、教育学部の学

靜岡大學學生新聞
学長改選迫る
學生の參加を拒否
規約最終決定さる
選考内規案決る
第十四回 学術会議終
新中国の表情
洋品の店 エビスヤ

写真2　静岡大学学生新聞　第9号
（1953年5月11日付）

生たちの教員採用をめぐる思想差別との戦いも持続し、これには教授会の応援も見られた。

この間、当初は静岡大学独自の学生運動であったことから全国的なセクト間闘争の色彩を帯びて行くのが他大学と同様に一九六八―六九年の時期であった。しかも運動目標も大学当局に向かうよりも文教政策全般や沖縄問題解決をめぐる佐藤栄作政権の批判などへと広がる。

3　学生運動の今昔

戦後から高度成長期の学生運動の中で、『新聞』は一九五二年三月五日の創刊以来、活発な時期には年八回程度の発行を行い、中断を含みつつも九〇年一一月二四九号まで継続し、かつ大学の学部等組織改革など比較的に行政面での報道やそれへの学生の批判的見解も登場した。そればかりか、学寮や学生生活の実情、専門的な研究を紹介する現職大学教員の論稿、また学生の研究の紹介記事など読み応えのある記事が多く掲載されていた。

一九六〇年代の学生運動の成果として、学長選挙に当たって、学生の意向投票制度が行なわれ、これは全学自治会が存続していた一九八〇年代後半から一九九〇年代当初までは続いた。また学長選挙を始め部局長選挙での助手層の投票権が行なわれるようになり、部局によっては学部長選挙への学生、職員の意向投票制度も継続した。その基本として静岡大学では長く学長、学部長が選考されるたびに、「三者（教員、職員、学生）自治」原則が確認されていた。実は学長選挙への学生参加は写真2の一九五三年五月一一日付の『新聞』が報道するとおり、大学発足間もない時期から始まっていたことが分る。

しかし自治会組織の消滅、その直前までに学生新聞の発刊停止が生じ、今日では職員の意向投票が残るのみとなっている。また焼津ビキニ事件による平和運動の流れは、その後、学生自治会、生活協同組合、教職員組合、日本科学者会議支部などの共闘を通じて継続され、学内平和集会へと引き継がれている。

第2部

静岡の今

静岡の大地の成り立ち

小山真人

はじめに──静岡の大地の特異性と多様性

静岡県の土台となっている大地は、日本の中でも際立って多様性に富んでいる。地球の表面をおおう岩板（プレート）の配置を見ると、静岡県内にはユーラシア・北米・フィリピン海の三プレートが直に接する三重点があり、これら三つのプレートは互いに異なる方向に運動している（図1）。こうした特異な場所は、日本列島の他の地域にない。また、これら三プレートの下へと太平洋プレートが沈み込み、富士山や伊豆半島の火山を誕生させたマグマの発生原因となっている。長期間にわたるこれら四つのプレートの相互作用の結果として、静岡の大地が造られた。

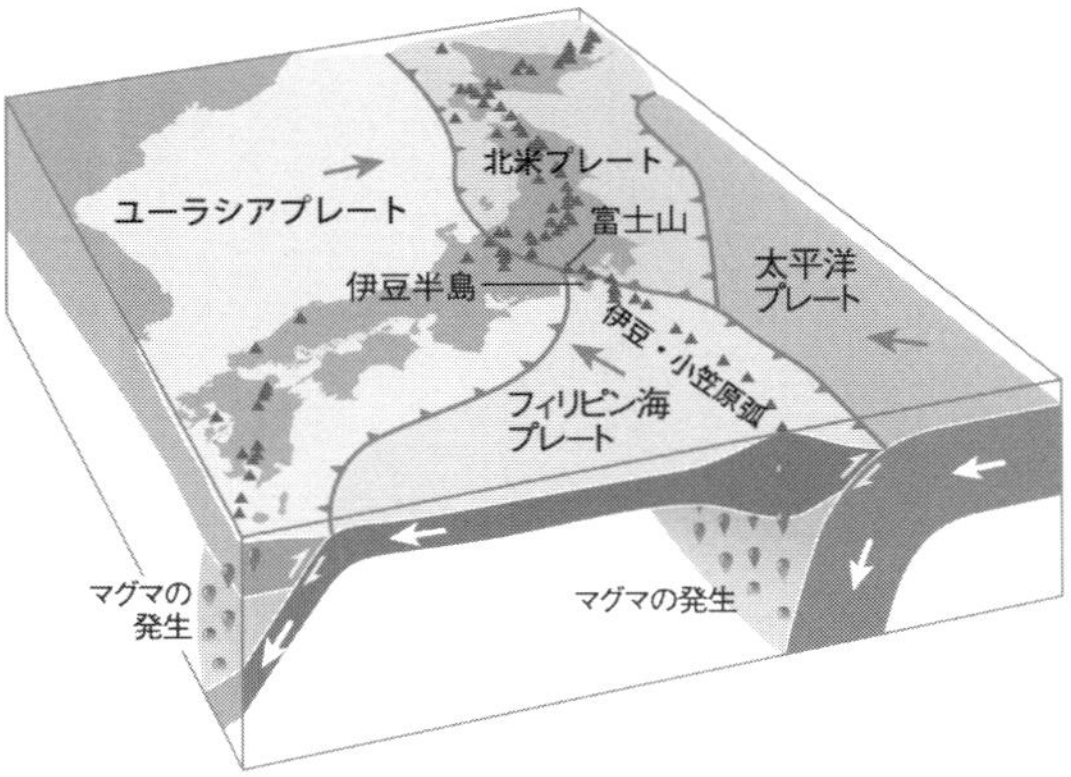

図 1　日本付近のプレート配置。矢印は北米プレートを固定した場合の各プレートの運動方向

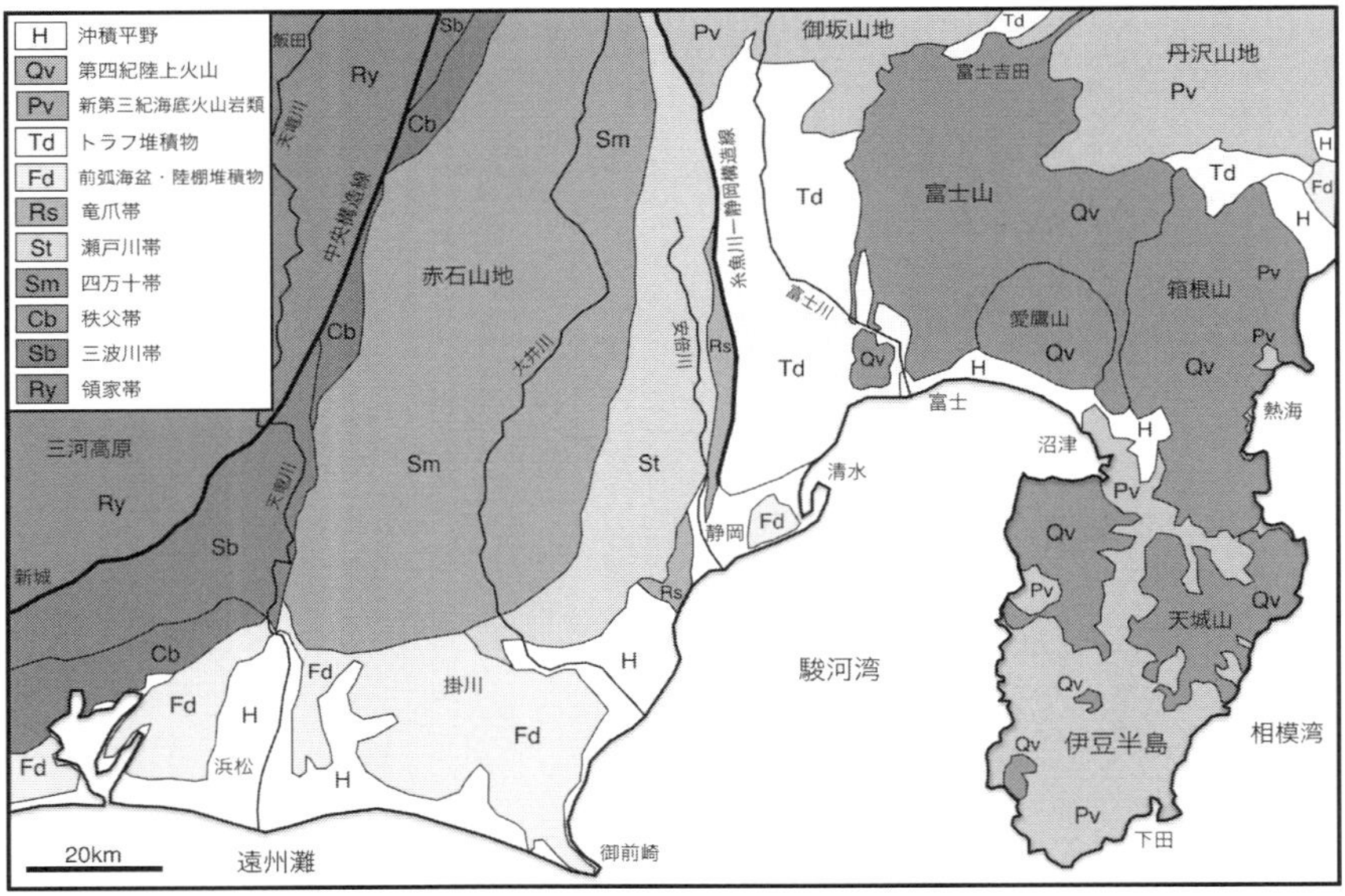

図 2　静岡県の地質の概略

静岡県の地質は、大きく分けて東部と中西部で異なる特徴をもつ（図2）。静岡県の東部は、火山の噴出物が主体を占め（図2のQvとPv）、富士山や伊豆東部火山群などの活火山も存在する。これらは過去二〇〇〇万年間にわたる太平洋プレートの沈み込みにともなうマグマ活動の産物である。さらに、足柄山地や富士川流域には、かつて本州と伊豆の間にあった海峡に堆積した砂利や砂泥を主体とする地層も分布する（図2のTd）。

これに対し、静岡県の中西部の山地（赤石山地など）には、およそ二億年前から二〇〇〇万年前までの太平洋プレート（およびそれ以前にあった古いプレート）の沈み込みによって生じた帯状の付加体が並んで分布しており、北西から南東に向かって領家《りょうけ》帯、三波川《さんばがわ》帯、秩父帯、四万十《しまんと》帯、瀬戸川帯などの名前で呼ばれている（図2のRy、Sb、Cb、Sm、St、Rs）。付加体とは、プレート上に堆積した砂泥・チャート・石灰岩などの地層やプレートの一部をなしていた玄武岩などの岩石が、プレート運動によって日本列島に掃き寄せられて折り重なったものである（写真1）。

さらに、領家帯と三波川帯をつくる地層や岩石は、地下深くに埋もれた際の高温や高圧によって変成岩と化している。領家帯と三波川帯の間（場所としては水窪から佐久間を経て豊橋付近に至るライン沿い）には、西南日本を縦断する大断層である「中央構造線」が通過する。

静岡県中西部の海側の丘陵地（掛川付近や日本平）には、二〇〇〇万年前以降の本州の前縁にあった陸棚や海盆に堆積した砂泥や砂利などの地層が分布している（図2のFd）。さらに、静岡県中西部と東部の間（富士川支流の早川沿いから静岡平野に至るライン沿い）には、本州中部を南北に横断する大断層である「糸魚川—静岡構造線」が通っている。

以上のような複雑かつ多様な静岡の大地全体をここで詳しく語るのは、紙数の関係で無

写真1　浜名湖東岸に見られるチャートの地層。陸から遠く離れた遠洋の海底に長い時間をかけて降り積もった微生物の殻の集合体。

理である。したがって、次節以降では、ユネスコによってそれぞれ世界文化遺産と世界ジオパークに認定された富士山と伊豆半島の二つに絞って、その特徴・価値・魅力などについて解説する。

1　富士山

生い立ち

富士山が誕生したのは、今から一〇万年ほど前である。この時生まれた「古富士火山」は、噴火のたびに噴出物をつみ重ねて成長を続けた。その後、一万数千年前を境にして山頂火口の位置がやや西に移動し、現在の富士山（新富士火山）ができた（図3）。

富士山で起きる噴火の場所や様式には時代別の特徴がある。たとえば、三五〇〇年前から二二〇〇年前にかけては山頂噴火が多く生じたが、二二〇〇年前以降、噴火は山腹や山麓でばかり起きるようになって現在に至っている。歴史時代には、確かなものだけを数えても一〇回の噴火が起きた。その中の二大噴火と言ってよい大規模なものが貞観《じょうがん》噴火と宝永《ほうえい》噴火である。どちらの噴火も富士山の山腹で生じた噴火である。

図3　南から見た3000年前頃の富士山の想像図（御殿場市作成、筆者監修）。新旧2つの峰が並び立っている。

平安時代の貞観六（八六四）年、富士山の北西山腹で大規模な割れ目噴火（貞観噴火）が起きた。この噴火によって流れ出た青木ヶ原溶岩（マグマ量に換算して一三億㎥）は、「せのうみ」と呼ばれた大きな湖を分断して西湖《さいこ》と精進湖《しょうじこ》を誕生させ、本栖湖《もとすこ》にも流れこんだ（写真2）。この溶岩流の上に育った森林が、有名な「青木ヶ原樹海」である。

宝永噴火は、江戸時代の宝永四（一七〇七）年に発生し、終了まで約一六日間に及んだ。宝永噴火は、富士山の噴火史上まれにみる大規模かつ激しい噴火であり、マグマ量に換算して七億㎥もの火山礫・火山灰を、東麓から関東地方に至る広い範囲に降りつもらせた（図4）。宝永噴火を起こした火口は、富士山南東山腹の六～七合目付近に現在も大きく口を開けている（写真3）。

写真 2　貞観噴火の際に本栖湖に流れ込んだ青木ヶ原溶岩

図 4　1707年富士山宝永噴火の再現画像（御殿場市作成、筆者監修）

写真 3　富士山の南東山腹に開いた宝永火口

崩れゆく山体

西麓から見た富士山には大きな特徴がある。富士山頂の西側に刻まれた深く大きな谷、大沢崩れである（写真4）。大沢崩れは、最大幅五〇〇m、最大深さ一五〇m、水平方向の長さ二一〇〇mにわたる。

大沢崩れは噴火や山体崩壊（後述）でできた跡ではなく、浸食によって少しずつ崩れ、その幅や深さを広げてきた。年平均一五万㎥の土石崩落が続いてはいるが、富士山の山体自体が巨大なため、現在の規模の谷になるまで二五〇〇年ほどかかっている。崩れた土砂は、いったん谷の中にたまった後、土石流によって麓に流される。このため、大沢崩れの下流の山麓には、流された土砂が積もって大きな扇状地ができた。

写真4　富士山頂の西側にある大沢崩れ

こうした定常的な崩壊を続ける一方で、富士山は「山体崩壊」と呼ばれる大規模な崩落現象を時おり起こし、大量の土石を「岩屑《がんせつ》なだれ」として山麓に向かって流してきた。このうち、二万年前に西麓で生じたものを「田貫《たぬき》湖岩屑なだれ」、二九〇〇年前に東麓で生じたものを「御殿場岩屑なだれ」と呼ぶ。図3に描かれた二つの峰のうち、東側の古い峰は二九〇〇年前の山体崩壊によって崩れたことがわかっている。この事件以降、富士山は現在見られる単一峰となった。

自然の恵みと保全

富士山がなかったら、今日みられる優美な地形や、そこに育まれた豊かな自然環境は生じなかった。富士山一帯のなだらかな裾を引く地形は、主に溶岩流と土石流によって形成されたものである。

富士山の南西麓には富士川河口断層帯があり、活断層が地震のたびに土地を盛り上げ、丘陵（星山丘陵や羽鮒《はぶな》丘陵）を作ってきた。その結果、かつて富士川に流れ込んでいた溶岩や土石流が、二つの丘陵によってせき止められるようになった。そのおかげで、現在の富士宮一帯が盆地となって、水がたくさん湧き出す自然環境が成立した。

冷え固まった溶岩流には割れ目やすき間が多いので、天然の水道管となって雪どけ水を運び、富士山麓の各地に大量の湧水をもたらしている。南西麓にある白糸の滝も、そうした湧水地のひとつである（写真5）。

世界文化遺産となった富士山の構成資産の多くは神社、遺跡、登山道などの人工物であるが、それらを取り巻く景観は自然が成り立たせたものである。また、構成資産には湖沼・溶岩樹型などの自然の造形も含まれており、前述した白糸の滝もそのひとつである。したがって、構成資産を末永く保全するための計画は、個々の資産ならびに周囲の自然環境の成り立ちや将来像を十分見越したものでなければならない。

写真 5　富士山南西麓にある白糸の滝

2 伊豆半島

衝突する大地

伊豆半島は、フィリピン海プレートの北端に位置するとともに、伊豆・小笠原弧の最北部に位置している（図1）。伊豆・小笠原弧は、太平洋プレートがフィリピン海プレートの下に沈み込むことによって生まれた島弧《とうこ》である。島弧とは、プレートの沈み込みにともなう火山活動や地殻変動によって生じた弧状の浅瀬や陸地のことである。日本列島も、伊豆・小笠原弧とは別の島弧である。

フィリピン海プレートとその東縁の伊豆・小笠原弧は、ユーラシアプレートと北米プレートにまたがる日本列島（本州）に対して北西に移動している。フィリピン海プレートは駿河・南海トラフではユーラシアプレートの下に、相模トラフでは北米プレートの下に、それぞれ沈み込んでいる。しかし、厚くて軽い地殻をもつ伊豆・小笠原弧は容易に沈み込めず、本州と衝突している。その衝突する伊豆・小笠原弧の先端部という特異な場所に、伊豆半島が位置している。

伊豆半島の北～北西側は本州との衝突境界にあたるため、現在も短縮と隆起が進行中である。そのため足柄・丹沢・赤石山地などの標高一〇〇〇～三〇〇〇ｍほどの山地がそびえ、富士川河口断層帯などの活断層帯も形成されている。

この衝突に伴う地殻内の歪みを解消するために、伊豆半島内にも多数の活断層が生まれた。その代表格である丹那断層は、伊豆半島北部にほぼ南北に伸びている（写真6）。丹那断層の最新活動は一九三〇年一一月二六日未明に起き、北伊豆地震（M七・三）を発生させ、周辺の村や町に大きな被害をもたらした。この地震で生じた横ずれは、丹那盆地の地下で当時掘り進められていた丹那トンネルの工事現場も直撃し、トンネルの先端部分を二・五mもずらした。その時の様子は、吉村昭の小説『闇を裂く道』によく描かれている。

大地をつくった火山噴火

フィリピン海プレートの北端に位置する伊豆半島は、かつて本州から遠く隔たる南洋に位置し、その後の北上によって本州に衝突・半島化したことが数々の研究から裏付けられている。半島内の地表には過去二〇〇〇万年間にわたるほぼ全時代の地層・岩石が分布し、はるか南方にあった頃からの克明な地質学的記録をたどることができる。

これらの地層・岩石は大きく二つに分けられる。下位（約二〇〇〇万〜二〇〇万年前）の仁科層群・湯ヶ島層群・白浜層群と、上位（約二〇〇万年前以降）の熱海層群である。前者は本州との衝突前の長い海底火山時代の地層、後者は衝突・陸化後の陸上火山時代の地層にほぼ相当する。

下位の三つの層群の大部分は、海底火山の噴出物や、マグマが地下で冷え固まってできた岩石からなる。かつて海底下にあったこれらの地層・岩石は、衝突の影響による隆起によって陸上に広く露出する（写真7）。これらの地層・岩石に記録された形成時の地磁気の方位や、含まれる海洋生物の化石は、当時の伊豆地域が現在よりも低緯度の亜熱帯にあったことを示している。

写真6　丹那断層に沿う直線状の谷間

その後、二〇〇万〜一〇〇万年前になると、本州への衝突と隆起に伴って、海底で堆積した地層が姿を消していき、一〇〇万年前頃には伊豆半島の全体が陸地となった。また、伊豆と本州の間にあって駿河トラフと相模トラフをつないでいた海峡は、本州側と伊豆側の両側から流れ込んだ土砂による埋積と隆起によって消滅し、現在見られる半島の原型がつくられたのが六〇万年前頃である。

陸化後も火山噴火が伊豆半島のほぼ全域で続き、二〇万年前頃までに天城山などの大型火山群が形成され、伊豆半島の現在見られる山容の原型が成立した。その後、約一五万年前頃から伊豆東部火山群の活動が始まり、伊豆半島の東半部とその沖合に小さな火山が次々と誕生した。伊豆東部火山群のマグマは時おり群発地震を起こし、一九八九年七月には約二七〇〇年ぶりとなる小規模な噴火が伊東市街地の三km沖合で生じた。

写真８　伊豆東部火山群の大室山

一五万年前という若い地質時代に噴火を始めた伊豆東部火山群は、陸上・海底を合わせて一〇〇余りにもなる小火山体と、それぞれの火山体から噴出した多数の溶岩流・火砕流・降下火砕物（火山灰や火山礫など）が重なり合い、まるで火山の野外博物館のような様相を呈している。そのうえ、それらの美しい火山体と噴出物の地形があまり浸食を受けずに完全に近い形で残っている。そのうちのひとつである大室山は、約四〇〇〇年前の噴火で作られた（写真8）。大室山の噴火で流れ出た大量の溶岩は、噴火前にあった地形の凹凸や浅い海を埋め立て、伊

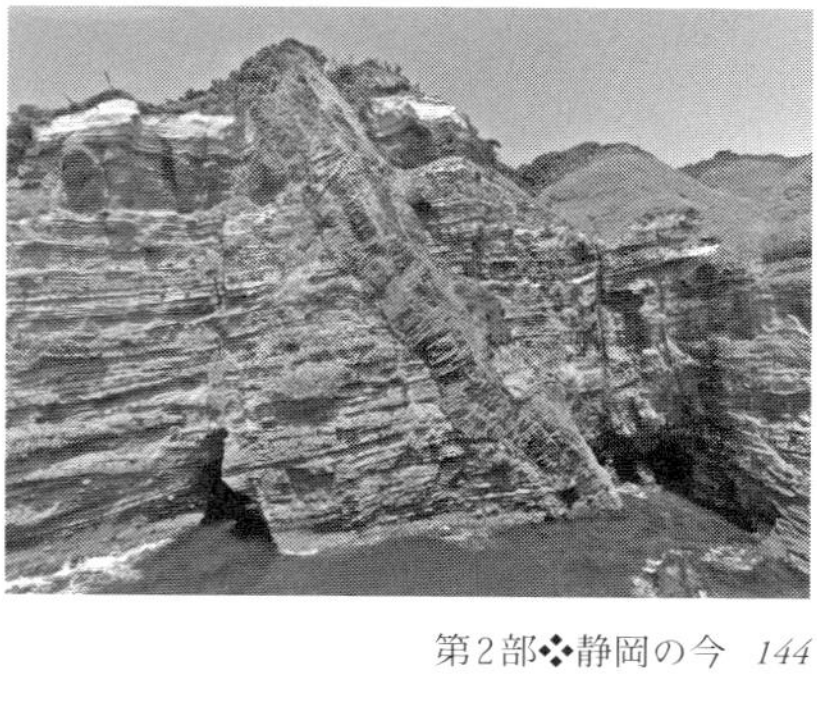

写真７　西伊豆の海岸に露出する海底火山の地層とそれを貫く岩脈（地下の割れ目にマグマが入り込んで冷え固まったもの）

豆高原や城ヶ崎海岸をつくり出した。

〔参考文献〕
小山真人『富士山大噴火が迫っている！　最新科学が明かす噴火シナリオと災害規模』技術評論社、二〇〇八年
小山真人『伊豆の大地の物語』静岡新聞社、二〇一〇年
小山真人『富士山　大自然への道案内』岩波新書、二〇一三年
小山真人『ドローンで迫る伊豆半島の衝突』岩波科学ライブラリー、二〇一七年

column

伊豆半島ジオパーク

小山真人

本章の第2節（143頁）で書いたように、一九三〇年に生じた北伊豆地震に伴って、場所によっては二mを越える横ずれが、丹那断層沿いに生じた。函南町の丹那断層公園に保存された横ずれは、国の天然記念物に指定されている。大室山（144頁の写真8）は、毎年行われてきた山焼きによって、お椀を伏せたような美しい山の形が保たれており、山全体が国の天然記念物に指定されている。大室山や丹那断層に限らず、伊豆半島の火山活動や地殻変動がつくった価値ある地形・地層・岩石のすべてと、それらに育まれた生態系、さらにそうした自然の資産をベースとした地域の社会資産が、ジオパークとしての認定を受けている。

ジオパークとは、大地が育んだ資産を保全・活用して地域の振興に活かしていく仕組みである。ジオパークの資産は、地層・岩石・地形・土壌・陸水・地下水・生態系などの自然物のほか、それらをベースとした地域の歴史・産業・経済・観光・教育・文化・防災・社会景観など広い範囲を含む。ジオパークは明瞭な境界をもつ範囲として定義され、通常は地元自治体が主体となった運営組織によって運営されている。

二〇〇四年にユネスコの支援を受けた世界ジオパークネットワーク（GGN）が設立され、世界各地のジオパークの審査・認定をおこなってきた。二〇一五年からはユネスコの直轄プログラムとなっている。現時点で、世界の三八ヶ国一四〇地域がユネスコ世界ジオパークとして認定されている。国内には九地域のユネスコ世界ジオパークのほか、日本ジオパーク委員会が認定する日本ジオパーク三五地域がある。静岡県では唯一、伊豆半島が二〇一二年に日本ジオパーク、さらに二〇一八年にユネスコ世界ジオパークとして認定を受けている。

二〇一一年三月、伊豆地域の一三市町（現在は一五市町）と静岡県、観光協会、国の出先機関、地元大学、N

ＰＯ法人などが協力して、伊豆半島ジオパーク推進協議会が設立された。伊豆半島ジオパークのテーマは、本文中で述べた伊豆半島の特異な成り立ちと地学的な現状を考慮して「南から来た火山の贈りもの」とし、その中に五つのサブテーマすなわち、(1)本州に衝突した南洋の火山島、(2)海底火山群としてのルーツ、(3)陸化後に並び立つ大型火山群、(4)生きている伊豆の大地、(5)変動する大地とともに生きてきた人々の知恵と文化、が設定された。

その後、このテーマ群に沿った伊豆半島各地の保全対象の洗い出しや解説看板の設置、ミュージアム機能を備えた中央拠点施設「ジオリア」の開設、ジオサイトの指定・整備作業などが進められた（写真1、2）。また、

写真１　伊豆半島ジオパークの拠点施設「ジオリア」内の展示

写真２　ジオサイトの説明看板の例

それらと並行して、多種多様な啓発行事やジオツアーの実施、Webサイトや出版物の作成、認定ジオガイドの計画的養成、学校におけるジオパーク教育、民間が主体となったジオ関連商品の開発と販売など、さまざまな活動が伊豆半島全体で盛んに実施されている。それらの全体像は、伊豆半島ジオパークのWebサイト（https://izugeopark.org）で把握できる。

全国を主導してきた静岡の防災

岩田孝仁

はじめに

日本列島は東から押し寄せる太平洋プレートと南から押し寄せるフィリッピン海プレートの力によって大きく弓なりに湾曲し、弧状列島と呼ばれる。静岡県は湾曲する列島のほぼ中央に位置している。プレートテクトニクス理論に基づき日本列島のダイナミックな動きや巨大地震の発生の仕組みを説明しようとした歴史はまだ浅く、一九六〇年代に入ってからである。静岡県の周辺でも、プレートの潜り込み境界で巨大地震が過去繰り返し発生していることが理解されるようになったのも、そのころからである。

静岡地域において防災対策が特に重視されるようになった大きな契機として、一九七六年の東海地震説の発表は切っても切り離せない。実はそれ以前の一九七〇年代初めに、静岡県庁では遠州灘沖で発生する大地震を警戒して地震対策基礎調査が行われていた。一八五四年に発生した安政東海地震の被害を記した古文書の収集をはじめ、地震対策を進めるために必要な地質や地盤に関する調査が進められていた。その一部は静岡県地震対策基礎資料として一九七二年から順次刊行されていた。

こうした中、一九七六年八月に県民に衝撃が走った。地震予知連絡会の席上で東京大学理学部助手（当時）をしていた石橋克彦氏が発表した駿河湾地震説（後に「東海地震説」と呼ばれる）である。この発表の翌日、地元紙「静岡新聞」の朝刊社会面トップ（一九七六年八月二四日）に「駿河湾巨大地震を予測　若手研究者ショッキング報告」と大きく報じられた。当時なぜこれほどまでの騒ぎになったのかを少し解説する。一八五四（安政元）年に安政東海地震が発生し、既に一二〇年が経過し、いずれ次の巨大地震が発生するという漠然とした心配はあった。ただし、想定していた震源域は遠州灘の沖合で、陸からは少し離れた場所である。そこに、一九四四年の東南海地震で破壊しきれず地下には歪を溜めたまま残った領域として、私たちの足元である静岡県中部の内陸を含む駿河湾が震源域と指摘され、いつ巨大地震が起きてもおかしくない状態にあるとの東海地震説がだされた。

東海地震説をきっかけに、行政機関として静岡県庁がけん引役となり、本腰を入れて大規模地震への備えをスタートさせ、今日、静岡県内各所で見られる防災の取り組みの基礎が築かれた。大規模地震への備え、とひとことで言うが、当時はお手本があるわけでもなく、全てが手探りの状態で始まった。直下で発生する巨大地震に対して、まずは建物など構造物の耐震化が必要である。目の前に拡がる駿河湾の海底直下が震源域になるため、大津波が数分で沿岸に達する。当時は、港や河口周辺の人口や産業が集積する市街地に津波の防御施設は無く、地震による激しい揺れや大津波により壊滅的な被害を受ける可能性があった。中山間地域での土砂災害による被害も深刻である。建築物などの耐震化や津波、土砂災害への防御施設の整備が急務であった。何よりも、静岡県という地域全体が壊滅的な被害を受けると、県や市町村などの関係機関がいくら頑張っても救助など災害応急活動にはおのずから限界がある。こうしたことから、地域の住民が自ら助け合える組織として、自主防災組織の結成の動きにつながっていった。

当時の静岡県知事、山本敬三郎氏（故人）は県職員に対して、「県民の命を守るためにはあらゆることに挑戦しなさい。制度は後で考えれば良い。」と、よくはっぱをかけていた。

1 自主防災活動

一九八〇年一月の静岡県防災会議において静岡県地域防災計画に東海地震対策がはじめて位置付けられた。防災計画には、発生が切迫する東海地震に対処するため、国や県、市町村などの行政機関、鉄道や高速道路、電力、ガス、水道などを供給する防災関係機関など様々な機関が総力をあげて対策を講じることが必要であるとする中で、住民の自主防災活動についても以下のように定められた。「住民一人ひとりが地震についての十分な防災意識を持ち、訓練を積み重ねることにより防災対策を体で覚え、これを家庭、地域、職域等で実施しなければならない。さらに、こうした防災対策は、地域住民が相互に協力し、消防団をはじめ、青年団体、婦人団体等と有機的連携を保ち、自発的に防災組織を作ることによって効果的なものになる。」

さらに県民の果たすべき役割として、「県民は自分たちの安全は、自らの手で守る意欲を持ち、平常時から地震発生後に至るまで、可能な防災対策を着実に実施する必要がある。」として、家屋の補強や家具その他の落下倒壊物の対策、飲料水、食料、日用品などの備蓄をあげ、食料は最低七日分、うち三日分は非常持ち出しと定めている。

自主防災組織については、「県や市町村と協力し、地域の防災は自らの手で担う意欲をもって次の活動をするものとする。」として、防災知識の学習や防災資機材の整備、情報収集・伝達、初期消火、避難、救出・救護、炊き出しなどの防災訓練の実施が書き込まれている。さらに、自主防災組織は、「組織員全員が協力して地域の防災活動を行うもの」とし、情報の収集・伝達、出火防止活動、防災資機材の配備又は活用、避難及び共同避難生活を自主防災組織の活動として位置付けている。

県民や自主防災組織が行政機関などと並んで重要な主体として地域防災計画に規定されることは、一九八〇年の当時としては、静岡県以外の自治体にはなかった計画であり、一九九五年の阪神・淡路大震災以降、ようやく全国的に広がっていった。地域防災計画の原案を作成した静岡県庁内部でも、防災会議の構成機関でない自主防災組織に義務的な役割を課すことに異論をはさむ意見もあった。一方で、東海地震が明日にでも起きる可能性を指摘され、県民挙げて総力で臨むためには、必要な取組みであるとの考えから成立した計画である。

今日、防災の基本としてよく示される「自助・共助・公助」の考えは、このあたりが原

写真1　自主防災組織の防災倉庫（小鹿一丁目新町自主防災会）

点になっている。

こうして現在、静岡県内には五一七〇を超える自主防災組織が結成され、その結成率はほぼ一〇〇％である。写真1は、自主防災組織で整備している防災資機材倉庫の一例である。救助用の機材から炊き出しの大釜、非常用の食料、非常電源、消火用の可搬型ポンプ、仮設トイレなど、災害直後に地域住民が共同して応急活動に当たれるよう必要な資材が備蓄され、静岡県内の自主防災組織ではごく当たり前の光景となっている。

写真2は、静岡県の防災啓発の拠点として一九八四年に静岡市内に整備された静岡県地震防災センターである。展示啓発の他、静岡県ふじのくに防災士の養成講座をはじめ様々な研修会が行われている。

2　耐震化の取り組み

一九七〇年頃の建築物の耐震設計基準では、現在の気象庁震度階に換算して震度五強レベルの揺れに耐えることがせいぜいであった。想定する東海地震では、震度六や七の揺れ

写真2　防災啓発の拠点、静岡県地震防災センター（静岡市葵区駒形通）

が想定され、建物の耐震化をどう進めていくかが大きな課題となった。特に、学校や病院、社会福祉施設などでは、児童・生徒や入所者の命を守ることは急務である。一方、多くの施設を震度七の揺れにも耐えられるように建替えることは、時間的にも財政的にも不可能である。このため既存施設を活用して耐震強度を高める耐震補強工事を進めることとなった。しかし、一九七〇年代頃までは建築物の耐震補強の事例はほとんど無く、専門家を交え静岡県が中心になって耐震補強工法の開発から行うこととなった。

当時は、ちょうど建築基準法の一九八〇年法改正に向け新耐震設計法の検討が進められているさなかであった。それに先行して、静岡の直下で起きる巨大地震に対し、静岡県内の建物に要求する耐震性のレベルを日本の他の地域の一・五倍程度とするという基本的な耐震レベルの目標を定め、鉄筋コンクリート造、鉄骨造、木造などの耐震基準が作られていった。

写真３　学校校舎の耐震補強（静岡県立清水南高校）

急務を要する学校校舎などの耐震補強は、夏休みの一か月間に工事を完了する必要から、その工法は試行錯誤の連続であった。耐震補強が始まった初期は、壁全体を鉄筋コンクリートの耐震壁でふさぐため窓も小さくなり、はなはだ不評であった。現在は、写真3に見られるような筋交い状の鉄骨ブレースで窓周辺の壁を補強し、同時に採光も確保する工法が主流となり、全国に普及していった。

地震から住民の命を守るためには木造住宅の耐震化

写真４　木造住宅の耐震補強工事例（静岡市駿河区の住宅）

も急務である。しかし、行政内部では個人資産である住宅の補強に税金を投入することに難色を示す意見が根強くあった。一九九五年の阪神・淡路大震災を契機に個人住宅の耐震化をどう進めるかを検討する中で、個人の住宅といえども、地震後も地域に健全に存在することが公共的な役割を担うものであるとの認識から、耐震補強に対して一定の支援をする方向で検討が進んだ。その結果、静岡県では二〇〇一年から独自に「ＴＯＵＫＡＩ・０（ゼロ）」と呼ぶ木造住宅の耐震化プロジェクトが立ち上がった。個人が所有する木造住宅に対して、耐震補強工事費の一部を補助する制度で、現在では静岡県内の全市町村が独自の上乗せ制度を設け、静岡県と協同して木造住宅の耐震補強の推進に取組んでいる。二〇一八年三月末現在、この制度で補強工事に取組んだ住宅は二万二〇〇〇棟に及ぶ。写真４は木造住宅の耐震補強工事例である。

3　津波対策

東海地震の被害は地震の揺れだけでなく津波による被害も大きいことが、例えば一八五四（安政元）年の安政東海地震の歴史資料からも推察される。地形的な要因や震源域に近いこともあり、襲来する津波の高さも大きく、何よりも地震発生から数分で大津波が襲来することが、沿岸にとっては大きな脅威である。

津波から街を守るためには海岸の防潮堤建設は急務であり、さらに河川を遡上する津波に対しては河口に水門を建設するなどの対策が講じられることとなった。一方で、当初か

写真５　津波対策耐震水門（焼津市の栃山川河口）

写真６　沼津港航路入口の大型津波水門「びゅうお」

ら意識されていたのが防潮堤だけに頼らず津波からまずは避難することの重要さである。防潮堤などの建設、いわゆるハード面での対策に加え、同時に住民避難というソフト面の対策を徹底することにより、犠牲者を無くすという津波対策の基本的な考えである。

ハード面での津波対策の代表に、河口や港の出入口の水門（写真5、写真6）が挙げられる。地震発生後数分で津波が襲来することを前提に津波対策耐震水門の設計が行われた。このため耐震性の確保だけでなく、地震時の水門の閉止についても、通常は三台の地震計を設置し、二五〇ガル（震度五強相当）以上の揺れを感知すると、水門のゲートが自動的に緊急降下し、三分以内に閉止が完了する。静岡県内の津波対策耐震水門の整備にあたっては、こうした津波襲来前に水門を自動閉止する工夫が徹底されてきた。二〇一一年の東日本大震災で水門閉止作業に向かった消防団員が津波に巻き込まれ多く犠牲になった。水門操作をする時間的余裕がない中で、こうした悲劇を回避する考えが当初から設計に盛り込まれている。

津波から避難するというソフト面での対策には、地震発生から時間的余裕が無い中での避難はとうてい困難であること。このため、東海地震対策が始まった当初は、土砂災害と同様に津波からの避難についても、大規模地震対策特別措置法（昭和五三年六月制定）により、地震発生前に内閣総理大臣が発する警戒宣言（いわゆる地震の直前予知）に頼り、あらかじめ避難できることに期待していた。しかし、一九八二年の日本海中部地震を契機に、東海地震も突然発生することも前提に静岡県地域防災計画の改定が行われた。これにより津波からの避難も、地震の突然発生を前提に、緊急避難場所として居住地近くの鉄筋コンクリートの建物などを津波避難ビルに指定する作業が行われた。

既存のビルが確保できない地域では津波避難ビルとして新たにコミュニティ防災センターの建設なども行われた。写真7は焼津市（旧　大井川町）が整備した津波避難ビル（一九八八年建設）である。二〇一一年の東日本大震災の津波の激甚さをみてさらに機能を強化しようと、屋上への避難階段の増設や緊急時には玄関ドアを破壊し屋内からも屋上に避難できるようドアの横にはガラス破壊用のハンマーも常備されている。

背後に斜面を抱える沿岸地域では急傾斜地の斜面を削って高台に避難場所を確保することも行われた。写真8は沼津市多比地区の急傾斜地崩壊防止工事で、斜面の安定化に併せて避難路としてのスロープや避難高台を整備した第一号である。

写真9は袋井市中新田に残る江戸時代に作られた人工の築山で、地元では「命山」と呼ばれている（二〇〇七年三月、静岡県指定文化財）。一六八〇年に遠州灘沿岸一帯を襲った高潮災害を受け、その後このような避難高台が作られた。袋井市内には同様の命山が大野地区にも残っている。津波対策として静岡県内の沿岸市町村ではこの命山をヒントに現代版

写真８　急傾斜崩壊防止工事を活用した津波避難高台「命山」（沼津市多比）

写真７　焼津市内の津波避難ビル　屋上階段や玄関ドア破壊用ハンマーを常備

写真10　現代版の「命山」（静岡市清水区三保）

写真９　袋井市中新田に残る「命山」

の命山が整備されつつあり、全国のモデルとなっている。写真10は静岡市清水区三保地区の住宅地の中に整備された命山で、地元の企業から工場わきの土地の提供を受け、官民協力で造られた。

4　地域の防災訓練

静岡県内の防災訓練の実施頻度や参加者数は全国的にも群を抜いている。毎年九月一日前後の防災週間には各市町村で比較的規模の大きな防災訓練が実施される。さらに、一二月の第一日曜日の地域防災の日（静岡県が一九八六年に独自に制定）には、静岡県内の五一七〇に及ぶ地域の自主防災組織が主体となった地域防災訓練が実施される。いずれの訓練も静岡県人口三六五万人の約二割に相当する六〇万人から七〇万人が参加する大きな取組みである。

写真11　地域防災訓練で救急搬送を担う中学生たち（焼津市清見田）

さらに、各地域で行われる防災訓練には、中学生や高校生の参加が目に付く。特に、一二月の地域防災訓練では顕著である。これにはある仕掛けが存在している。中学・高校の各学校では地域防災訓練の前に生徒に訓練出席カードが渡され、地区の防災訓練に出席して確認印をもらって学校に提出する。各学校は教育委員会に出席者数を報告し、毎年集計されている。二〇〇二年から静岡県内で続く取組みで、二〇一七年一二月の地域防災訓練での参加率は六〇%となっている。地域の防災訓練に参加するというだけの取組みであるが、生徒たちが実際に訓練に参加すると、大人たちにとって中学生、高校生が防災の大きな力になることが意識される（写真11）。さらに、中学生、高校性も地域の仕組みや災害時の役割を自覚する良い機会になっている。地域社会では急速に少子高齢化が進み地域の防災力が懸念される中ではあるが、自主防災組織など、従来から培ってきた地域の防災活動を活性化する一助にもなっている。

おわりに

東海地震説を契機に全国に先駆けて静岡県内で取組んできた防災対策の一端を紹介したが、こうした静岡で取組んできた対策が先例となり、現在では全国的に大きく展開されるようになってきた。今後は、いよいよその真価が問われる時期になる。

〔参考文献〕

『静岡県地域防災計画東海地震対策編』静岡県防災会議、一六〜一八頁、一九八〇年
『静岡県における建築物の東海地震対策のあゆみ』社団法人静岡県建築士事務所協会、二〇一二年

津波避難ビル　玄関ドア破壊用のハンマー　焼津市

column

GISによる防災情報の発信

杉本直也

「いつ起こってもおかしくない」と駿河湾域での大規模な地震発生の切迫性が指摘された「東海地震説」以降、静岡県ではハード対策とソフト対策の両面で地震対策に取り組んできた。

県民の防災意識の高い静岡県では、「リスクコミュニケーション」のツールとして、デジタル地図の画面上に様々な情報を重ねることができる「GIS(地理情報システム)」を通じて、南海トラフ地震の津波被害想定や土砂災害警戒区域、旧版地形図や地質情報マップなどの災害リスク情報を積極的に公開している。

写真1　電子版DIGの様子(焼津市)

二〇一八年七月の西日本豪雨災害で甚大な被害が発生した岡山県倉敷市真備町では、二〇一七年に倉敷市が作成した「洪水・土砂災害ハザードマップ」の浸水想定区域と実際に浸水被害が発生した区域がほぼ一致しており、災害リスクの高い土地に家を建てることの危険性や避難経路を予め確認しておくことの重要性が再認識された。

静岡県が公開しているGIS(https://www.gis.pref.shizuoka.jp)には、「みんなのハザードマップ」というオリジナルのハザードマップを作成できる機能がある。

お薦めの使い方は、自宅周辺のピンポイントハザードマップの作成である。自宅を地図の中心に据えて、各種災害リスク情報を重ねて表示すると、土地特有の注意すべき災害が一目瞭然になる。自宅から避難所ま

図1　電子版DIG作業画面（みんなのハザードマップ）（C）OpenStreetMap contributors

図3　QRコード読込後のスマートフォン画面（C）OpenStreetMap contributors

図2　電子版DIG(焼津市)のQRコード

で災害リスクを避けて安全に避難できる経路を探し、その経路を地図に書き込んだり、途中にある危険な場所を書き込んだりすることで、オリジナルハザードマップが完成する。さらに、作成したハザードマップは、QRコードを使って家族や地域で共有することも可能である。

二〇一七年に焼津市で行われた水害・土砂災害版図上訓練（DIG）では、従来の紙地図での訓練に加えて、「みんなのハザードマップ」を使用した電子版DIGを実施した（写真1、図1）。過去の災害時の状況や要注意箇所を紙地図に記入すると同時に、「みんなのハザードマップ」にも書き込み、作成した地図をQRコード（図2）で参加者に共有し、スマートフォンで確認した（図3）。

普段生活している場所にどのような災害リスクがあるかを平時から認識しておくことが重要であるため、皆さんも是非、オリジナルのハザードマップ作成にチャレンジしていただきたい。

静岡における里山の自然とその保全・利用

小南陽亮

はじめに―里山とは

里山は、多様な自然のネットワークである。住宅地や農地に隣接する丘陵地の環境である里山には、子どもがセミやカブトムシを採集できるような雑木林、神社や寺で古くから守られた森、人工林や竹林、みかん畑や茶畑などの農地、飼料や萱を採取していた草地、ため池や小河川など、様々な自然がみられる。生物が里山の自然を利用する様子も様々であり、例えば、雑木林に棲むタヌキは、農地や小河川なども利用している。生物に必要な様々な物質も、大気や水、そして生物自らの動きによって、いくつもの自然を移動してゆく。このように、里山とは、複数の自然（生態系）が構成する景観（ランドスケープ）と呼ばれる環境であり、そこでは生物や物質が行き交う複雑なネットワークが形成されている。

日本の国土のおよそ二割を占める里山は、人が暮らす場に接する身近な自然であり、古来より様々な用途で人に利用されてきた。しかし、高度経済成長期以降の生活様式や産業の変化により、里山の利用は衰退し、その自然の姿も変化しつつある。東海道沿いの平野に都市が並ぶ静岡県では、平野部の丘陵や山沿いに里山が広がっており、市街地と里山がしばしば隣接している。そのため、静岡県の自然を保全する上でも、人々の生活の豊かさや快適さを維持する上でも、里山の今後を考えることは大切なことであるといえる。

1　里山の自然―里山二次林の変化

里山の二次林とは、一般に雑木林という言葉でイメージされるものであり、人によって伐採された後、自然の推移で再生してきた森林を意味する。日本の里山二次林では、薪や炭を生産するために伐採した後、その切り株からでる新たな芽（萌芽）を成長させることで森を再生し、適度な大きさになるとまた伐採するという繰り返しが、よく行われてきた。二次林が再生する途中では、落ち葉を集めて農業用の堆肥をつくることも多かった。里山二次林では、持続可能な利用が昔から行われていたということである。

静岡県では、森林は六割余りの面積を占めており、そのおよそ六分の一が里山二次林である。すなわち、県全体の面積に占める里山二次林の割合は、一割程度となる。静岡県の里山二次林では、コナラやクリなどの落葉広葉樹が優占する二次林が七割以上と最も多く、次いでシイ類などの常緑広葉樹が優占する二次林が一六%程度を占める。

ここでは、静岡県の里山二次林を代表する落葉広葉樹が多い森の様子を、観光地の日本平で知られる静岡市内の有度山にある二つの里山二次林でみてみよう。

静岡大学の静岡キャンパスは、有度山が平野部に接する場所にあり、キャンパス内には里山二次林が残存している。静岡大学が現在の場所に移転する前の一九六一年の航空写真をみてみると、移転前の丘陵地には茶畑や果樹園が広がっており、里山二次林も随所に分布していた。一九七〇年に大学の敷地が造成された後は、伐採された後に再生した二次林や、斜面で伐採されなかった二次林がキャンパス内に残り、それらはほとんど利用されないまま現在に至っている。このように五〇年近く人手が加わらなかった里山二次林は、現在では少しずつ変わりつつある。この里山二次林で樹木の太さや高さを一本ずつ測る観測を行った結果、樹高一〇m以上の高木では、今でもクリなどの落葉広葉樹が優占しているが、樹高が数mの小高木ではヒサカキやイヌマキなどの常緑樹が多くなっていた（図1の静岡キャンパス内）。つまり、落葉広葉樹はまだ主役の座は譲ってはいないが、優占種であるクリの後継ぎとなる若い木（後継樹）がほとんど育っておらず、近い将来には常緑樹が高木でも主役になると予想される。森の下層に目を向けると、チャノキがそこかしこにみられ、晩秋の殺風景になった林内にツバキの仲間らしい白い花を咲かせる。これらのチャノキは、おそらくは大学移転前に広がっていた茶畑に由来するものであろう。また、人が植栽したものと思われるカキノキが、今でも秋には果実をつけ、この二次林に棲む動物の大切な食べ物となっている。このように、里山二次林は、見かけ上は自然の森にみえるが、人が利用していたころの痕跡をいろいろ残している。里山を散策する際には、このような

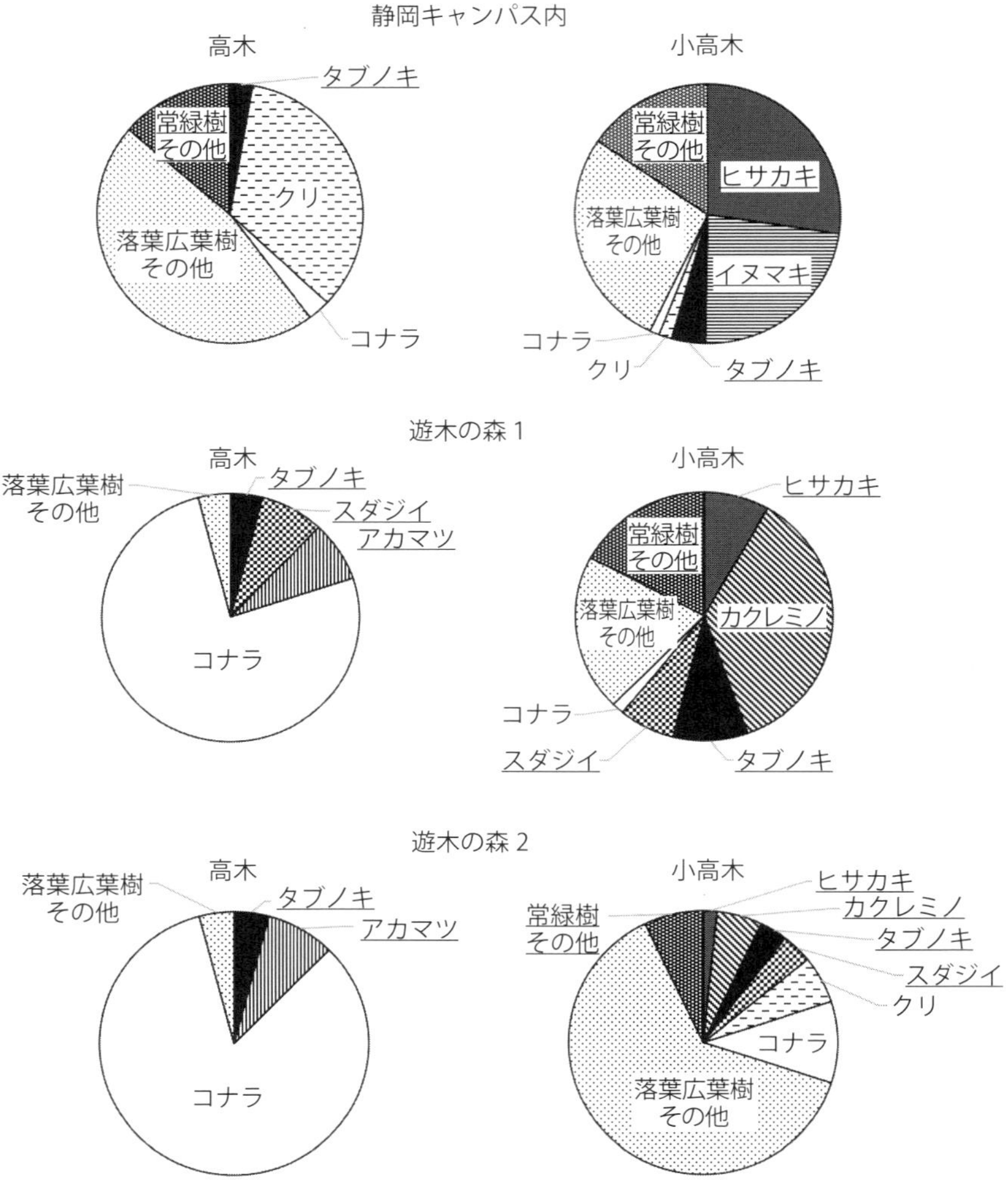

図 1　静岡キャンパスと遊木の森にみられる里山二次林の樹木構成（本数の割合）
高木は樹高10m以上、小高木は樹高 2 ～10mの樹木
種名に下線がある樹種は常緑樹、無い種は落葉広葉樹

写真１　コナラの大木

写真２　「遊木の森」の人手が加わっていない二次林

人による利用の履歴がわかるような痕跡を探してみると興味深い。

　有度山の中腹にある「しずおか里山体験学習施設遊木の森」でも、里山二次林の様子を観察できる。一九六一年の航空写真にみられる遊木の森では、斜面の上下方向に短冊状に区分された土地利用がみられ、様々な林齢の二次林や農地が短冊に配置されている。一九七五年の航空写真では、遊木の森のほぼ全域が伐採されて、いわゆるハゲ山状態になっていた。その後、斜面には落葉広葉樹が優占する二次林が再生し、現在にいたっている。ほとんど人手が加わっていない里山二次林は、静岡大学キャンパスの二次林と同じよう

写真３　「遊木の森」の手入れされた二次林

な状況にある（図1の遊木の森1）。高木では、落葉広葉樹のコナラ（写真1）が優占しているが、以前は相当数あったと思われるアカマツはわずかに残存するだけとなり、また、小高木ではカクレミノやヒサカキなどの常緑広葉樹がすでに優占している（写真2）。一方、遊木の森には台風の被害木を整理するなどの手入れが行われている二次林があり、高木のほとんどをコナラが占め、小高木でも落葉広葉樹が多い明るい森になっている（図1の遊木の森2、写真3）。このような二次林は、見かけ上は人がよく利用していた頃の姿に近いと考えられる。しかし、伐採されたコナラの切り株から萌芽がでることがほとんど無く、コナラの後継樹の数は十分ではない。人が利用しなくなって高齢化したコナラやクリでは、切り株からの萌芽によって森を再生させることが難しくなるため、昔ながらの管理方法では二次林を維持できなくなっている。

このように、静岡大学キャンパスでも遊木の森でも、人の利用がほとんど無くなった里山二次林では、元々優占していたコナラやクリ、アカマツなどの高木がまだ残ってはいるが、それらの後継樹はわずかしかなく、このまま推移させると常緑広葉樹が優占する森に変わってゆくと考えられる。

2　里山と人とのかかわり

里山二次林では、前述のように、よく観察すると人が利用してきた痕跡がみつかる。静岡県内でもやや奥地の二次林では、簡易な石組みで作られた炭焼き窯の痕跡が残っていることがある（写真４）。このような二次林では、遊木の森でみられたのと同様な区画を設け、それらを順番に伐採して炭焼きの材料を得ていたのであろう。静岡大学キャンパス内にみられるチャノキやカキノキのように、今でも生育している植物が過去の人の利用を物語ることもある。他にも、例えばハゼノキやミツマタがたくさん生育している二次林では、それぞれの林やその近くで蝋や和紙の材料を得ていたことが想像できる。伐採のされ方も、上述のようにローテーションで伐採される場合もあれば、遊木の森のように何らかの事情で一斉に伐採されることもあった。

このように人が里山二次林を利用する様子は様々であるが、高度経済成長期以降はほとんど利用されなくなり、人手が入らないまま数十年が経過している点では、多くの二次林が同じような状態にある。有度山の二次林の様子から、里山二次林に人手をかけなければ、コナラやクリなどが優占する姿は失われ、別の樹種が優占する森に移行することは明らかである。静岡県の平野から丘陵地の気候は温暖なため、照葉樹林と呼ばれる常緑広葉樹林が原生的な自然である。ならば、人に使われなくなった里山二次林が原生的な照葉樹林になるかというと、そうとは限らない。静岡大学キャンパスや遊木の森には、タブノキやスダジイなど照葉樹林を構成する高木の樹種が残っており（図１）、それらが母樹となって照葉樹林に近い状態の森になるかもしれない。しかし、タブノキやスダジイ

写真４　炭焼き窯の痕跡

の本数は現状では少ないため、それらが優占するには、数十年あるいは一〇〇年以上の長い時間が必要であろう。他の里山二次林の中には、照葉樹林の高木樹種がほとんどみられないものもあり、それらの二次林が照葉樹林に移行できるかは全くわからない。いずれにせよ、人とのかかわりが無くなった里山二次林が、すぐに原生的な森になってゆくことは考えにくい。

3　里山の今後―保全と管理

人の利用によって長く維持されてきた里山二次林の保全・管理は、利用が少なくなっても人が責任を持って行うべきである。里山のような身近な環境の状態は、人の生活にも影響する。実際、イノシシやサルなどの野生動物が市街地にも出没して、人との軋轢が生じるケースが静岡県でも多くなっており、里山に人手が入らなくなったことがその原因のひとつといわれている。里山二次林をどのように保全・管理するかについては、いろいろな考え方があるが、概ね三つの選択肢に整理できる。

ひとつは、二次林の状態を維持するという選択肢である。これが実現できれば、昔ながらの明るい雑木林を身近な自然として維持でき、人とかかわって里山に棲息してきた生物の保全にもなる。また、奥地に棲む野生動物が市街地まで出没することをある程度防ぐ効果があるともいわれている。ただし、この選択肢では、先に例示したように、手入れを止めると里山二次林は別の姿に変わるため、その保全・利用をずっと続けなければならない。

ここで紹介した遊木の森では、静岡県とＮＰＯが協力して、里山二次林の維持と森を活用した環境教育プログラムの実践を行っている。このように県内でも里山二次林の利用・保全に取り組んでいる事例は少なくないが、その長期的な継続には相当な知恵と工夫が必要となる。保全だけではそれは難しく、何らかの持続的な利用を探ることが必要であろう。

人が利用しなくなったのだから原生の自然に戻すという考え方もある。この選択肢でも、単に自然の推移にまかせればよいわけではない。「はじめに」で述べたような自然のネットワークは極めて複雑であるため、一度大きく改変すると、原生の自然に完全に復元することは不可能であり、それに近づけるだけでもかなり難しくなる。静岡の里山二次林の場合、照葉樹林の高木樹種が残っていれば、それらを母樹にして原生に近い森にできるかもしれない。しかし、先述のように、そのような二次林でも、照葉樹林への移行には相当長い時間が必要である。照葉樹林の樹種を人為的に導入する方法もあるが、遺伝的な多様性を保全するために地域の系統に由来する苗木を用意し、植栽した苗木を樹種ごとの生態に応じて世話をする必要がある。このように、里山二次林を原生に近い森にするためには、自然への支援として、保全・管理にかなりの手間をかけなければならない。

保全・管理にコストをかけることができない場合には、何もせずに自然の推移にまかせる選択肢もある。長く利用してきたあげくに使わなくなった後は放置するという選択は、無責任のようにも思える。しかし、県全体の一割という広大な面積を占める里山二次林の全てに保全・管理を行うことは困難であり、ほとんどの二次林では「何もしない」のが現実であろう。この選択肢の大きな問題点は、何もしないとどうなるかが予測できないことである。繰り返し述べたように、昔ながらの里山二次林は維持されず、原生に近い森にもすぐには移行しないため、そのどちらでもない「何かの森」に変わることになる。その森の姿は、地形や気候、人とのかかわりの履歴などによっておそらく千差万別である。また、人による里山の利用・改変は数百年あるいは千年以上も続いてきたものであり、急激に里山を利用しなくなったという状態は、日本の自然と日本人が初めて体験することである。そのため、「何かの森」の姿を一律に予測することは難しく、それが人の生活や生物の多様性にどのように影響するのかも明確にはわからない。とりあえず心配されるのは、すでに多発している野生動物との軋轢である。また、現在の里山二次林ではまだ目立った問題にはなっていないが、「何かの森」では外来種が優占してしまって生物多様性が劣化する可能性も否定できない。

このように、人がどのように里山二次林とかかわってゆくかは難題である。これに対しては、順応的態度と呼ばれる姿勢が必要である。すなわち、自然の変化には予測できない要素が多いために、生じる変化に対応して、保全・管理の仕方を柔軟に変更してゆくことが大切である。この順応的態度をとるためには、どの選択肢でも、里山の変化を定期的に把握すること（モニタリング）が必要となる。どの選択肢を選ぶかについては、広域的な環境保全の視点も必要であるが、地域の人々が身近な里山をどのような姿にしたいと考えるかも大切である。人の生活空間に接する森として、古くからある鎮守の森にイメージされるような大木が生い茂る森が良いのか、子どもが安心して遊べるような見通しの良い明るい森が良いのかは、地域によって異なるであろう。その点では、里山という景観への人々の理解を深めることも必要になる。

おわりに

人が里山とどのようにかかわっていくにせよ、新たな利用を考えることが様々な課題の解決に結びつくと思われる。古来よりの薪や炭、堆肥の生産については、それらへのニーズを少しは高めることはできるかもしれないが、日常的に使用していた頃の需要は到底望めない。しかし、樹木が空気中の二酸化炭素を固定することに由来する資源の活用は、気候変動に対応する上で大きな意義がある。また、環境中に拡散するプラスチックのゴミが大きな問題になる中、里山の樹木から得られる資源を代わりに活用することも、一石二鳥のメリットがあるだろう。

さらに、学校教育で里山を活用することも、大きな可能性を秘めている。里山は身近な自然における生物の生活や環境とのかかわりを学ぶことできる教材であり、地域の社会や文化と自然との関係を含めた探求の題材にもなりうる。そのような教育によって里山への理解を深めておくことは、地域の人々が里山の将来の姿を描き、その保全・管理にかかわるようになる上で鍵となるはずである。

〔参考文献〕
武内和彦・鷲谷いづみ・恒川篤史『里山の環境学』東京大学出版会、二〇〇一年
環境省自然環境局『日本の植生Ⅱ』自然環境研究センター、二〇〇〇四年
根本正之『身近な自然の保全生態学』培風館、二〇一〇年

column

天城山の植物と植生

徳岡 徹

天城山は深田久弥の日本百名山にも選ばれ、静岡県伊豆半島の中央部に東西に広がる連山の総称である。その最高峰は万三郎岳の標高一四〇六ｍであり、万二郎岳（標高一二九九ｍ）、遠笠山（標高一一九七ｍ）などの山々からなっている。天城山の麓にはアカガシ、スダジイ、タブノキなどからなる照葉樹林が広がっているが、標高が八〇〇ｍを越える辺りからブナ林へと変化する。太平洋側の地域では珍しく、天城山では比較的大規模なブナ林が広がっている。天城山のブナ林にはブナが優占しているが、それ以外にヒメシャラ、オオモミジやイタヤカエデなどの種も多く生育している。

ブナ林に関しては多くの研究が行われているが、多くの研究者が一致しているのは太平洋側のブナ林は今後衰退していくであろうという見解である。実際に、天城山のブナ林の環境は最近になって大きく変化している。筆者が学生であった十数年前はブナ林の林床には背丈ほどのササが生い茂り、登山道以外は全く歩けなかった。しかし、現在は林床にはほとんど植物が無く、それはそれで見通しが良いのだが、過去のブナ林を知っている者にとっては異質な環境に見えてしまう。林床のササが無いので、大木の種子は発芽しやすいが、よくよく探してみてもブナの芽生えはなかなか見つからない。これはおそらく日本各地で問題となっているニホンジカによる食害であろう。若木が育たないのであればブナ林のブナが衰退するのは当然の帰結だ。

数年前、台風の影響でブナの大木が周辺の低木を巻き込みながら倒れた。上空を見ると森にポッカリと穴が空いたようだ。日光が届くようになった林床には多くの芽生えが出始めた。何の芽生えだろうかと調べてみるのだが、よく分からない。芽生えの葉と成長した木の葉のかたちが違うことはよくあることだ。仕方がないのでDN

Aを調べてみるとヒメシャラであった。それはそうだ、ブナの次にたくさんある木だ。さらに数年注意して見てみると、倒れたブナの木の周りのヒメシャラはすくすくと大きくなり、背丈ほどの大きさになり密集して茂り始めた。どうやらニホンジカはヒメシャラの実生は食べないようだ。そう思えば天城山にはブナよりもヒメシャラの方が優占する場所が多くあることを思い出した。

天城峠付近のヒメシャラ群落、右下ヒメシャラの花

天城山ではブナが優占するブナ林が広がっているが、万三郎岳の下部や皮子平、天城峠付近ではむしろヒメシャラ林と呼んだほうが良い森林が広がっている。ヒメシャラは中央構造線よりも南側に分布する植物で、奈良県と三重県の県境にある大台ケ原でも多く見られるが、おそらく天城山が日本で一番多く見られるだろう。ヒメシャラは木の幹が赤褐色でとても滑らかなため、これが純林になると特異な景観だ。ただし、天城山では標高が九〇〇m以上になるとヒメシャラとは別種だが非常によく似たヒコサンヒメシャラも混在するようになる。ヒメシャラとヒコサンヒメシャラは花の大きさ、冬芽の形態、樹皮に線状の模様が有るのか無いのか、で区別できるが、植物分類に慣れている人でないと区別できないだろう。この二種の分布を調べてみたが、標高九〇〇m以上では混在していた。天城山ではどうやらヒメシャラ・ヒコサンヒメシャラの連合軍がブナとの勢力争いに勝利しそうだが、ヒメシャラとヒコサンヒメシャラの勢力争いはどうなるのか、さらに研究してみたいと考えている。

column

自然と調和したわさび生産

鈴木克己

古来より日本人は山に生えていたわさびを利用してきた。わさびは名を*Utrema Japonicum*（エウトレマ・ジャポニカム）といい、和食には欠かせない香辛料となっている。英語でもＷＡＳＡＢＩと呼ばれ、お寿司など日本食で使用され、世界的にも人気がある。わさびは抗菌作用や抗酸化作用を有しており、健康食材としても注目されている。

静岡県ではわさびを利用した様々な商品が販売されている。静岡駅、サービスエリア、道の駅などの売店では、チューブ入りのわさび、ドレッシング、マヨネーズ、わさび塩、わさび海苔、わさび茶漬け、わさび入りスナックなど多種多様な製品を購入することができる。その中でも特に人気が高いのが、わさびの葉や茎、根茎を酒粕に付け込んだわさび漬である。そのまま食べても美味しいが、ちくわやかまぼこなどの練りものと一緒に食べると絶品である。駿府城跡地のお堀

写真１　駿府城跡地のお堀の前にあるわさび漬発祥の地の碑

写真２　静岡市有東木にあるわさび栽培発祥の地の碑

写真3　伊豆市筏場のわさび田の4月下旬（左）と11月下旬（右）の様子
春から夏はハンノキの葉が強い日差しを和らげ、秋から冬は落葉し温かい日差しがわさび田にふりそそぐ。

の前にわさび漬発祥の地の碑があり、二百年の歴史があることが示されている（写真1）。大手の会社が作るいつでも手軽に手に買える製品から、地域の商店や生産者自身が作る手作り感満載なものまで様々なものがある。静岡県を訪れた際には、色々なわさび漬を味わい自分好みのものを見つけるのも楽しみの一つになる。

現在、わさびは畑とわさび田で栽培され、前者を畑わさびと呼び主に加工品の原料として、後者を水わさびと呼び主に生食用として使われる。静岡県は水わさびの栽培面積、出荷額ともに日本一である。水わさびの栽培は今から約四〇〇年前、静岡市の市街地から車で北へ一時間ほどかかる山間部の有東木《うとうぎ》地区で、湧水地を利用し始まったと言われている。有東木には、わさび栽培発祥の碑（写真2）が建っており、今でもわさび田でわさびを栽培している。その近くには地場産品販売施設もあり、特産の鰹節に生わさびをのせ醤油をかけるわさび丼、わさび葉天ぷら、そばを味わうことができる。

国内でも有名な産地が、伊豆地方である。天城越えの歌にも登場し、なじみ深い。伊豆は温泉旅館も多く、宿泊すると、わさびを使った、色々な料理を食べることができる。世界最大規模を誇るわさび田は天城山北側の筏場地区にあり、広さは約一五haである。山と森と清流を利用し、自然の中で「畳石式」と呼ばれる昔ながらの方法で栽培されている（写真3）。

畳石式でのわさび栽培では農薬は使用できず、肥料も山からの栄養分だけで栽培を行っている。わさび田ではハンノキが植えられ、夏は葉が茂り遮光してわさびを守り（写真3左）、冬は落葉して温かい日差しがわさびに注ぐようになる（写真3右）。まさに自然と調和した中で栽培が行われている。

静岡県のわさび栽培は、自然の中での伝統的な栽培が評価され、二〇一八年に世界農業遺産に登録された。清流が流れる山の中のわさび田は訪れた人に感動を与え、圧巻である。しかし、世界農業遺産に登録されたことで、わさび田を訪れる観光客も増え、決してアクセスが良くない道路が混むなど、生産者の活動にも影響を与えることがある。伊豆の温泉に行く途中の幹線道路わきからでも綺麗なわさび田は見ることができるので、伊豆市観光協会では無理して奥地まで行くことを推奨していない。決められたマナーを守り、観光を楽しみたい。

時間と手間をかけ自然の中で生産される水わさびの価値を認め、わさび田で生産されたわさびを高値で購入することが、伝統的なわさび栽培を守ることにつながる。ぜひ、静岡で生産される高級品のわさびを購入し、専用のおろしで卸して、色々な料理とともに食していただきたいと思う。豊かな芳香と美味に感動し、日本食のすばらしさを再発見できる。

浜松経済の発展とその特色

山本義彦

はじめに

ここでは、浜松市の戦後から現代までの歴史を主に地域発展史として概説してみたい。浜松市は面積で全国最大規模の政令指定都市であり、山村部分の過疎と都市部の人口集中地帯、多様性、また一九八〇年代から著しく増加した日系ブラジル人の労働の場として、さらにはその教育など、もともとの市民と同様な課題に直面している現実、少子高齢化の波はこの大都市にも間違いなく押し寄せてきていることなどにいかに立ち向かうかという点がある。さらに人々の生活を支える産業面では多様な商品作物で特徴を持つ農業、人口過疎で継承者が希少となった山林経営の困難があり、他方でモノづくりの面では全国に誇る有力な産業を創出してきたことはいうまでもない。さらに一九八〇年代には全国一九地域の一つのテクノポリス指定を受けた浜松が、基本的に市内の手狭となった企業体の都田地区への移転による、いわば内発的で、しかも後に見るような歴史的自生的に創出してきた企業を基盤とした内容を持つ点で、他の追随を許さないものがあった。現に二〇〇一年三月二六日の経団連「国内地域都市産業集積調査結果」報告でも浜松地区の力強い発展を高く評価しており、加えて地域に存在する静岡大学工学部の長い歴史が技術陣を支えてきたこと、さらに浜松医科大学の存在が、医用工学発展の条件を生み出したなどを挙げることもできよう。

1　近代織物業産地としての浜松の戦後

戦争直後の廃墟から立ち上がった産業として、先ず大きな力を持ったのは、戦時下の一時的な軍事産業転換による後退と衰退を経て、とくに朝鮮戦争期のアメリカ軍需対応の綿製品需要拡大を通じてガチャマン景気（織機が、がちゃんと一回動けば一万円が獲得されたという）による復興再建を経て主要な産業として綿織物業が大いに発展した。その発展にはこの地の独特の産元商社の企業経営形態があげられる。それは仲買商人（産元商社）が販売によって得た売れ筋情報を織屋に指示して生産させるものであった。一九五〇年代前半まで、アメリカ向け「ワンダラーワイシャツ」で地域が潤った。しかも戦前以来の産地としての特性から、浜松地域に綿糸紡績の日清紡を始め大企業経営が進出しており、地元との緊密な連携を濃厚にしていた。一九七〇年代初期、全国産地の多くは当時の通商産業省の「指導」を受けて回転速度の大きい新鋭ジェット機を採用していったが、遠州は伝統的織機を活用することで、むしろ苦境を安定的に乗り切った事実がある。

しかも明治期に発祥した近代織機メーカーではとくに、一九〇〇年の鉄道院浜松工場の設置により多くの技術・技能者が輩出された。彼らは鉄道院からスピンアウトして浜松の機械金属下請として有数の地域産業を形成していたことも大きい。だが特に一九八五年プラザ合意以降、アメリカからの圧迫とともに、日本メーカーの円高による苦戦の中で、アジア近隣諸国が世界市場でのシェア拡大を可能にしていったことも遠州織物業地帯の衰退の決定的な要因となった。そればかりか今や国内消費衣料品の過半はアジアからの輸入製品となっており、それだけ日本の織物業はペイしない産業となってしまったし、浜松の産業として長年誇っていた地位は見えなくなり、ほぼ一九九〇年頃には凋落したといえよう。

2　楽器製造業の発展

浜松のもう一つの産業として長年その地位を占めてきた楽器製造業について振り返っておこう。楽器製造業の発祥は明治期、和歌山県生れの山葉寅楠が時計職人として長崎で腕を磨き、浜松に移り住んだことであった(写真1)。しかし彼は時計職人であったので、楽器製造とは無縁であった。偶然にも、浜松町の元城小学校校長から、オルガンの調整をしてほしいと依頼を受け、補修したが自信を持てない山葉は、東京音楽学校に持ち込んで、

写真１　山葉寅楠（写真提供：ヤマハ株式会社）

伊沢修校長に点検をしてもらったところ、合格とされた。それを契機に山葉は山葉手風琴製作所を設立した。さらに一八八七年山葉はアメリカ製のオルガンの修理をきっかけにオルガン製作に成功した。一八九九年には山葉の下で働いていた河合小市がピアノアクションを発明した。山葉のピアノ製造の第一号は一九〇〇年、さらに一九〇二年には初の国産電子オルガンを開発した。これがその後の楽器製造業への跳躍のきっかけであった。山葉の楽器製造所が山葉日本楽器となり、ピアノ製造で先駆的となった。これは大正期である。しかも重要なのは、一九二〇年前後にはアメリカにまで輸出することに取り組んだ。スタインウエイという今日に至る世界的な優れたピアノメーカーに張り合って、当初は同社の社名を騙って、シカゴ方面に販路を広げるなどの事態もおき、アメリカ当局から摘発された。筆者はこれを、他の案件の調査中、シカゴ総領事館報告によって偶然に知ることが出来た。またこのメーカーから、河合小市がスピンアウトして河合楽器が誕生するほか、戦後には数十社がひしめき合ったが、競争の結果、この二社が実質的な全国的独占メーカーとなっていった。

ではどうしてそれが可能だったのか？　一番大きな要因は日本の高度成長期に、メーカーは単なる製造販売に徹するのではなく、販路確保のために、子供音楽教室を全国に開設し、時にはインドネシアなどのアジア諸国にまでそれを展開した。しかもこの教室は発表会を行なうことで、親たちに競争心を生み出したし（経済学でいうデモンストレーション効果）、子供たちには発表の機会を提供して、音楽を社会の教養の一つ、また親にとってのステータスシンボルとして定着させる効果もあった。このことによって、需要を掘り起こしたのである。しかしその後画期的変化が生じたのは特に一九七〇年代に入って電子ピアノ、エレクトーンの技術開発が進んだことである。これらは、ピアノと異なって比較的安価に販売されたばかりか、日本の住居の狭さからくる近隣へのピアノ騒音を解消する上に効果的であった。その後はピアノも電子化部分を装備するようになる。エレクトーンも教室を組織して需要発掘が進められた。

しかし一九九〇年代の消費低迷と長期の不安定経済化の進展、及び少子化の下で、需要の限界が起き、以前に購入されたピアノなどが、実は多くその後利用されなくなることで、中古市場が形成された。国内では限界が生じたが、中国、ベトナム、インドネシアなどで子供のピアノ需要の拡大が進み、中古の販売も伸びたが、もはやピアノ、エレクトーン製造に限定していては、限界が生じていた。そこで楽器製造メーカー各社は、その他の電子楽器製造にウイングを伸ばすが、それは新興メーカーの参入可能性を一挙に広げる道となった。

一九八〇年代に大阪の日本ローランドが拠点を浜松に移して、本格的な電子楽器製造に入った。もはや、電子部門ではヤマハとカワイの二社独占体制は崩れた。ヤマハなどはそこでピアノの高級化を進め、スタインウエイと並ぶ力量を発揮し、海外の演奏家なども選択対象にする状況を生み出している。

3　二輪車と軽四輪製造業

浜松地域の地場産業と読んでもよい三つ目の産業は、二輪車製造業であろう。特筆すべきは、本田宗一郎が自転車に小型発動機を加えることで、遠州の空っ風を突破する乗り物の開発を行ったことであろう（一九三七年宗一郎がピストンリングの試作に成功した前提で、一九四六年、自転車用補助エンジン開発に成功、写真2）。彼の父親も優秀な技術者というよりも技能者であった。本田は戦争直後、海軍の払い下げ小型発動機を自転車に装備するというアイデアを、現実化させた（写真3）。宗一郎も父親譲りの技術能力の高い人物であったが、大正期から浜北地区で、自転車修理業を経営していた実績が大きい。だがもしも本田一人でこの新規事業をトップダウン式で行ったとしても、技術者にありがちな、採算を無視した経営に陥っただろう。本田は探求心が強く浜松工業専門学校の夜学にも通ったほどである。

ここに経営手腕のある藤沢武夫の参画が、一九五四年の主力商品ドリーム４Ｅの相次ぐトラブルによる経営危機を乗り越えて、堅実かつ着実な本田の技術経営を支えた。現代風に言えばＭＯＴ（management of technology）

写真２　本田宗一郎（『財界』財界研究社、1964年新年特大号より）

写真３　Honda「Dream D型」1949年製（写真提供：Honda）

写真４　鈴木道雄像（写真提供：スズキ歴史館）

を具備するのは並大抵なことではない。この二輪車部門への地域の事業家の参入は激しく、この分野でも一九五〇年代には五〇社を超えたという。しかしこれも一九六〇年代、高度成長の本格化を通じて、ホンダ、ヤマハ発動機（一九五五年オートバイを開発）、鈴木（スズキ、一九五五年軽四輪を製作販売）に集約されていった（写真４）。二輪車の経営には自動車工業の立ち上げほどの投資を要しなかったことも多数の起業を可能にした。二輪車というあの小さなボディーには、自動車の全ての技術が埋め込まれており、自動車工業への転換は技術的に容易であるということである。まさにホンダもスズキも当初は軽四輪に参入し、ホンダはいち早く小型自動車製造へと転身していったのである。同社は今日、浜北地区に持分法適用会社エフ・シー・シーが部品製造のみを行っている。他方、スズキは、いわばニッチ産業的に軽四輪車に特化して、今日に至っている。しかしホンダは一九九〇年代浜松の拠点工場を閉鎖し、県外に移転している。

トヨタは、創業者の山口村（湖西市）出身の豊田佐吉が織機製造をもっぱら経営し、遂に一九二九年には世界最高の名ブランドであったイギリスのメーカー・プラット社が、その高い技術水準を認め、逆に技術輸入と契約を行う程に達した。しかし一九三九年に創業された第二代の豊田章一郎による自動車工業への転身は、佐吉が一九一七年当時アメリカを訪問し、すでにハイウェーを自動車が走っていることを知り、息子の章一郎に「織機は俺がやるので、自動車工業に挑戦せよ」と指示したことが転機となった。織機技術と自動車工業には必ずしも継承性がないことを意味している。浜松で容易に二輪車を産業化できた背景には先に述べた鉄道院浜松工場から輩出した機械金属技術者の起業によって生み出された地域の産業土壌による下請制の形成が大きかった。しかし豊田はすでに明治期に、愛知県二川に、そして名古屋に拠点を移していた。

4 テレビ事業の展開

第四の特筆すべき産業の形成は、テレビ製造事業への着手であろう。これは、浜松高等工業学校（後の静岡大学工学部）が創立して間もない時期に、着任した高柳健次郎助教授の貢献が決定的であった（写真5）。彼は、ちょうど日本放送協会が東京愛宕山からラジオ放送を開始したことから、では画像が電波で放送できないだろうかと着想した。彼は浜松の出身で、しかも浜松師範を卒業後、蔵前の高等工業学校（後の東京工業大学）工業教員養成課程に進学し、偶々故郷の浜松工業高等学校からの採用の機会を得て、工業科教師として着任した。この着想を育てるうえで関口壮吉校長が文部省に直接かけあって、多額の資金を援助されたことにより、開発にはずみがついたといってよい。一九二六年にブラウン管で画像の写出に成功した。「イ」の文字だった（写真6）。

写真5　高柳健次郎（『アサヒグラフ』1953年2月11日号）

高柳の回想によると、当時、フランスなどでもテレビ技術開発の動きがあったのを知り、東京に出向いて専門書を取り寄せて大いに学んだ。この取り組みは一人で開発するよりも組織的に取り組む方が改善のサイクルが回りやすいと見たのである。欧米のトップダウン的経営とは異質である。そこで研究室の生徒達と共に、開発を行い、遂に一九三〇年、昭和天皇の静岡県行幸に際して、その基本を見せて、研究は加速し、一九三五年段階では、全電子方式によるテレビ製造に成功した。その時期前後に、高柳は日本放送協会に招かれ、今日の放送技術研究所の立ち上げに動き、その際、浜松高等工業学校の彼の教え子たちを参加させた。さらに彼は、日本ビクターにも移り、戦時下は海軍電波兵器開発などにも協力させられた。戦後、引き続きテレビ技術開発で日本放送協会に協力し、ついに一九五三年に、全国放送を可能にした。

彼の多数の教え子たちの中から、大阪出身の晝馬輝夫が、浜松高等工業学校電子技術部門の堀内平八郎助教授たちと協力して立ち上げたのが、一九五六年、光電子増倍管の製作に成功した浜松テレビである。この技術開発を端緒として、後にベトナム戦争の時期、ジャングルの中を駆け巡るベトナム解放戦線兵士たちを攻撃するのに、映像を取ることができずに困っていた米軍からの依頼を受けたことで弾みがついたという。この技術開発で興味深いのは、確かにハイテクノロジーであるが、実は倍増管のためのガラスの研磨と、弯曲に満ちた形状を形成できるのは、長年培ってきたガラス職人の技能と勘であって、決して高度技術者の仕事ではないということであった。これはのちにフォトン技術を組み込んだ浜松ホトニクスと名称を変えて今日に至る。まさに電子工業と光技術の組み合わせによるこの地域ならではのブランド会社となっている。この光技術と電子工業の結合の契機と

写真６　イの字高柳式テレビ
「復元模型」
（写真提供：NHK）

なったのは、同社を有名にさせた暗視カメラ、光電子増倍管開発の成功が大きい。朝永振一郎に学んだ小柴昌俊、梶田隆章東大教授のノーベル賞受賞にも大きく貢献した技術である。

5　浜松工業界の今日的課題と〝やらまいか〟精神の今昔

以上、浜松を代表する企業体の歴史と現状を見て感じることは次のことである。自動車工業でスズキは浜松に残ってきたが、トヨタは明治期に、ホンダは一九八〇年代には浜松拠点から離脱している。綿織物業を支えた紡績業も一九七〇年代から八〇年代を通じて、浜松の工場拠点を捨てている。こうした背景こそが、二〇〇九年のリーマンショック以降の浜松工業界の低迷を引き起こした要因であり、その後の浮揚力に陰りが出て、遂に二〇一五年には静岡市の工業出荷額等が浜松市を超越した。この状況が短期的か長期的か、今後どのように展望すべきかの問題は残る。しかし、これを、地域産業のバラエティーの度合いが、地域を支える力だと認識できよう。もっといえば特定のモノづくり産業依存度が大きければ大きいほど、その分野の低迷が直ちに、地域経済の停滞を呼び起こす。浜松市の場合には先の産地工業としての性格を持つ分野の事業体が県外へ流出するとともに、一九八五年プラザ合意以降顕著となった円高を背景に地域の中小産業ですら、アジアを含め世界に流出していることも大きい。静岡市をこれと対比的に述べれば、消費財の依存度も高く、消費型工業である電気機械、食品工業等人々の直接消費に依拠する分野へのバラエ

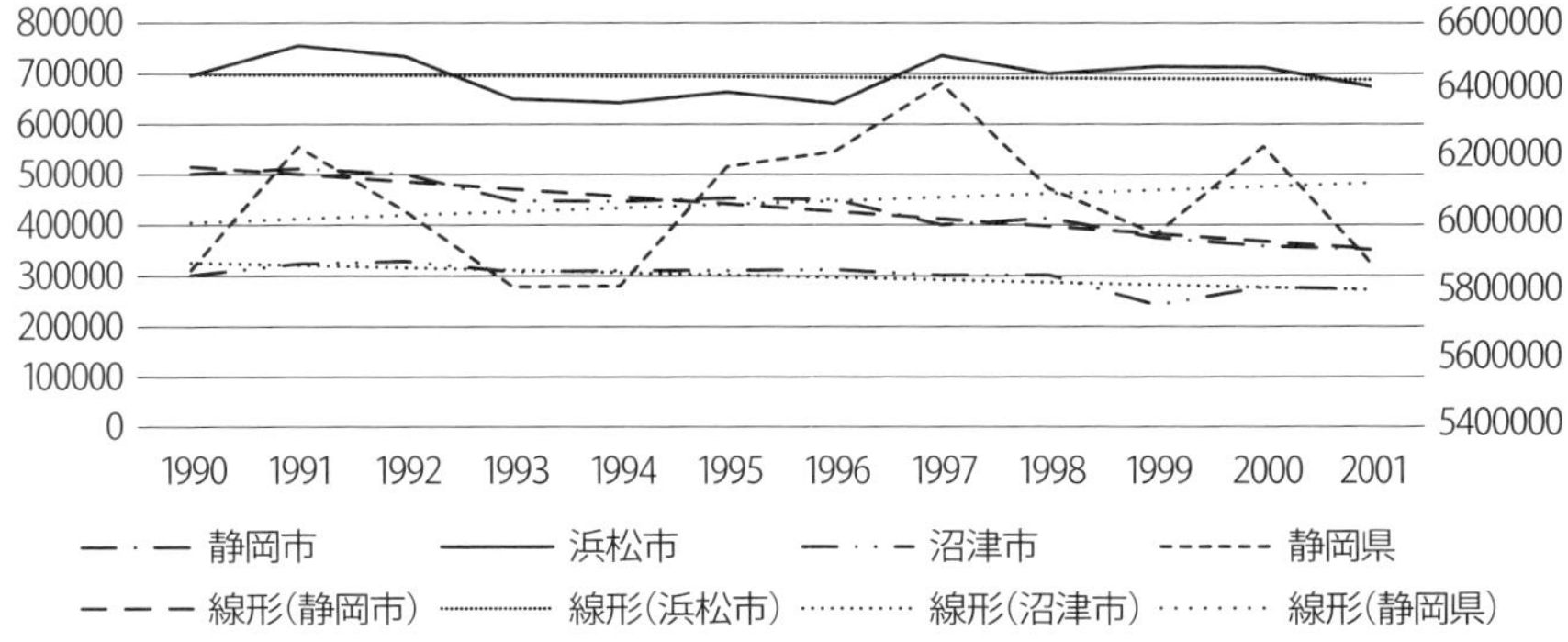

図１　静岡県（右）、3市（左）製造業付加価値額の推移（単位：100万円）

出典：経済産業省「工業統計」より作成

※線形は趨勢をとらえられる

ティがあれば、特定産業の停滞が即地域経済の停滞を招く圧力とはなりにくいことを意味していよう。以下、具体的に点検しておこう。

一九九〇年代静岡県、東中西の拠点三市を付加価値額の推移で見ると（経済産業省「工業統計表」により算出）、県は上昇傾向、三市は何れも下降傾向にある（図1）。浜松市はやや逓減、静岡、沼津が大きく低下。製造業出荷額等では静岡県の低下があったにもかかわらず、生産性が上がったことが推定される。この時期には浜松は相当大きな生産力を維持していたと見られる。しかし二〇〇〇年代に突入すると、とくにリーマンショック以降の静岡市の堅調に対して浜松市の低迷は明確である。県で見ると一九九七年以降の下降局面が二一世紀に引き継がれてきたのだろう。

卸売、小売業の売上高を捉えると（経済産業省「商業統計」により作成）、静岡市が浜松市を上回る商業都市であり、しかも二〇一二年に対して二〇一六年の伸びが大きい（図2）。

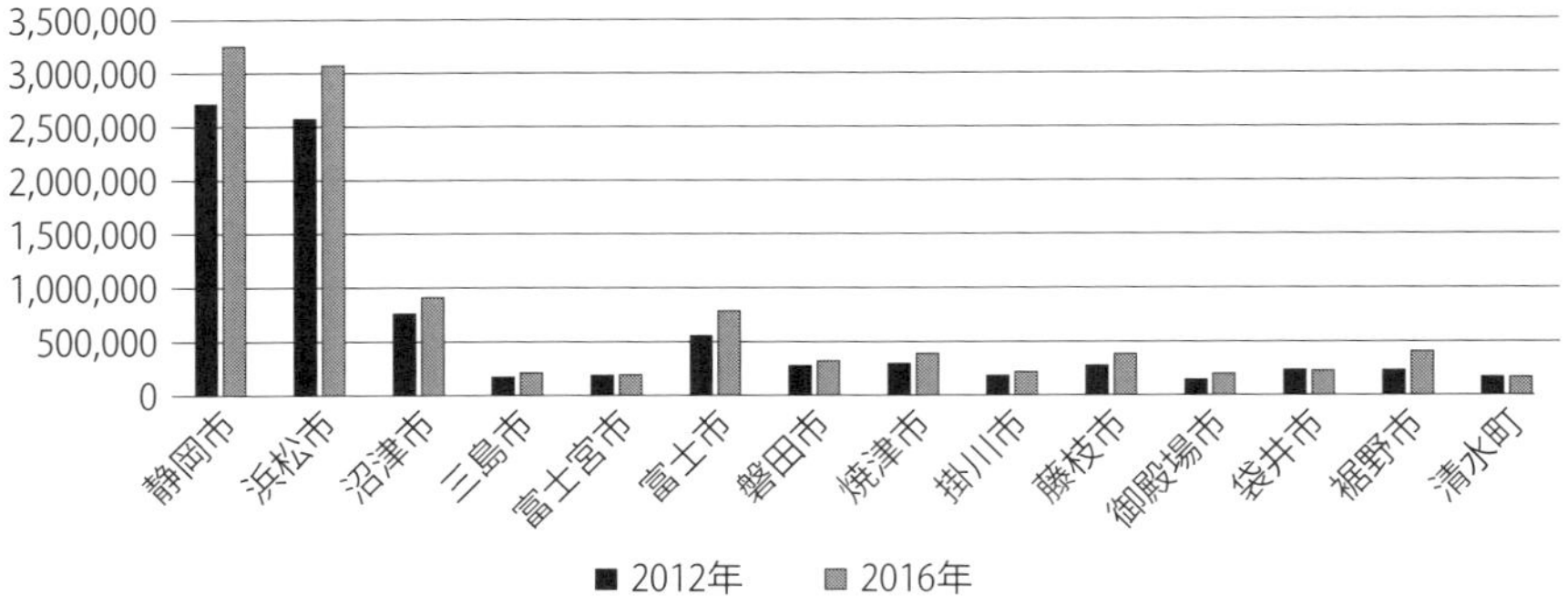

図２　卸売業・小売業売上高（単位：100万円）

出典：経済産業省「工業統計」より作成

その分、焼津市、藤枝市など近隣地域の地位はきわめて低い。浜松市も近隣の商圏を吸収してきたことから、近隣都市の地位はきわめて低い。沼津市は東部の商都であるはずが、確かに富士市より高いものの、静岡、浜松に次ぐには余りにも地位が低い。

この浜松の活発な産業の状況を説明するのがこれまで〝やらまいか精神〟といわれてきた。正確には一九八〇年代の浜松地域テクノポリス指定を受けるのに合わせて主張されるようになった。というのは現に浜松商工会議所の一九六〇年代以降のほぼ毎月の月報等に登場していないし、登場してもテクノポリスとの関係で一度程度に過ぎない。実際、戦前、戦後の一九六〇年代中葉までは静岡県内の工業出荷額一つをとっても沼津市の後塵を拝していたのが実情であったからである。むしろ注目したいのは浜松地域の自然環境、特に天竜川を始め洪水が毎年度重ねて起きる状況のもとで、人々はおのずと生きるすべを考えて様々の事業に取り組んできたのであろう。ただしこの苦闘の時代を通じて人々は自己を〝やらまいか精神〟の発露と認識していたわけでもなさそうである。棉作の崩壊後はタバコ、蔬菜、メロン栽培など果物、花き、などに取り組んだ。これ等種々の取り組みの要因は風水害への備えでもあった。この地の古典的な地場産業とも呼ぶべき綿織物業に発する様々な産業へのチャレンジは、先ずは自然環境、そして豊田佐吉を先輩と仰ぐ気風が底流にあったのはその後の人々の回想に見えるところであり、高柳健次郎もそのことを自伝的作品で記している。

〔参考文献・資料等〕

上原信博編著『地域開発と高度成長』御茶の水書房、一九七七年
上原信博編著『先端技術産業と浜松テクノポリス』御茶の水書房、一九八八年
上原信博編著『構造転換期の地域経済と国際化』御茶の水書房、一九九二年
湖西市教育委員会編『豊田佐吉：湖西の生んだ偉人』一九九〇年
静岡県近代史研究会編『近代静岡の先駆者』静岡新聞社、一九九九年
静岡県総合研究機構『静岡県　起業家を生み出す風土』静岡新聞社、一九九九年
鈴木自動車工業社史編集委員会『50年史　鈴木自動車』一九七〇年
高柳健次郎『テレビ事始：イの字が映った日』有斐閣、一九八六年
豊田佐吉翁正伝編纂所『豊田佐吉傳』一九三三年
日本楽器製造株式会社・岡村芳太郎輯『日本楽器製造株式会社の現況：山葉寅楠翁：山葉の繋り』一九三六年
ＮＨＫ静岡放送局「発明の大地：遠州」一九九六年二月一日放映
「やらまいかをたどって」朝日新聞夕刊、二〇一五年五月一二日～二六日連載

column

人口今昔物語——静岡の過去・現在——

上藤一郎

静岡県の人口は、相対的な規模では戦前・戦後を通じてほぼ変化がない、というのが大きな特徴である。二〇一五（平成二七）年に実施された直近の国勢調査によれば、静岡県の人口数は三七〇万三〇五人で日本の総人口に占める人口比は約二・九％であった。これは全国第九位の規模である。それに対して、一九二〇（大正九）年に実施された第一回国勢調査では、人口数が一五五万三八七人、人口比が約二・八％、順位が第一〇位となっており、全国に対する静岡県の相対的な人口規模はほとんど変化していない。

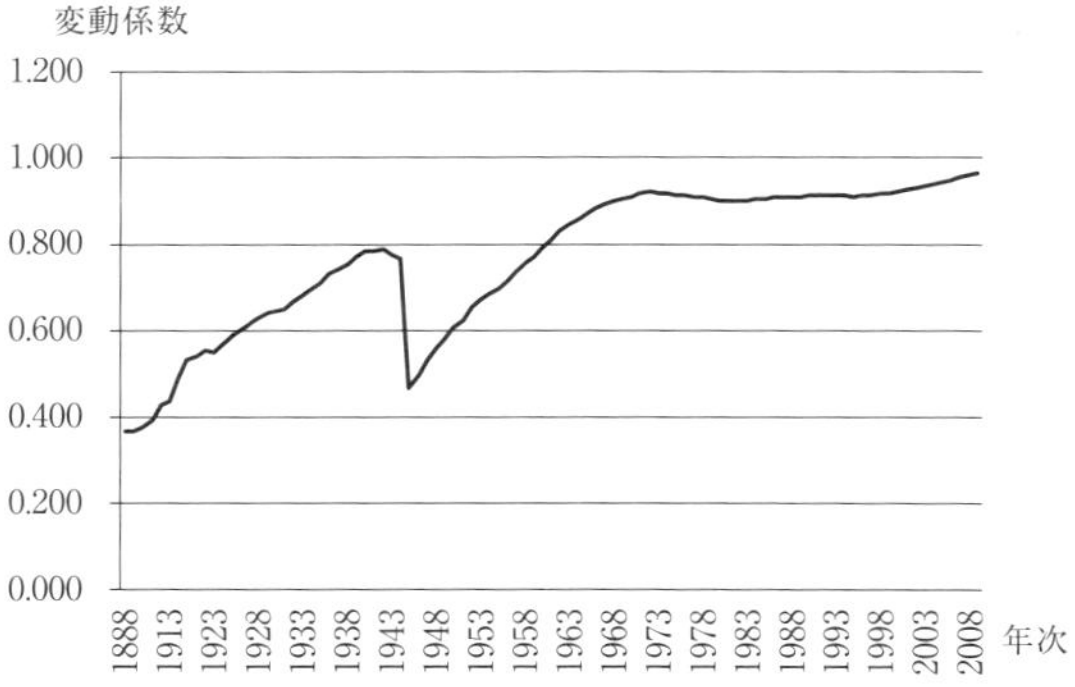

図1　人口の都道府県格差の推移

出典　総務省統計局「長期統計系列」を基に筆者が計算・作成

　総務省統計局が公表している長期統計系列によると、一八八八（明治二一）年の静岡県の場合、人口比が二・六％、順位が第一一位となっており、明治期と比較しても人口比の変動は小さい。参考までに、この年、最も人口規模が大きかったのは東京府ではなく新潟県で、最も小さかったのが北海道である。東京府は人口比が三・四％で全国第四位、新潟県は人口比が四・二％で第一位、北海道は人口比が〇・八％で第四七位であった。直近の国勢調査では、新潟県の人口比が一・八％で第一五位、北海道の人口比が四・二％で第八位であることを考えると、静岡県の人口規模は他府県に比べても比較的安定している。

　なお付言すれば、第一回国勢調査の以前と以降では、人口の把握方

県人口 30年後 最大68万人減

県が独自集計

県総合計画の次期基本計画（2014年度から4年間）の策定に反映するため、県が将来人口を独自推計した結果、現状の出生率や社会移動率（地域の転入超過数が人口に占める割合）が続くと、30年後に県の人口が最大約68万人減る見通しになった。

出生・転入増なら32万減

出生率や社会移動率が上がれば、減少幅は約32万人にまで緩和されると試算した。県統計利用課は、人口減は全国的な傾向で経済環境や社会情勢にも左右されるとしながらも「少子化対策など行政施策で改善する努力が必要になる」と指摘する。次期計画での関連施策の実効性があらためて問われそうだ。

国立社会保障・人口問題研究所（社人研）が今春に公表した「日本の地域別将来推計人口」を基に、2010～40年の期間で推計した。県が独自に設定した合計特殊出生率（女性1人が生涯に産む子どもの推定人数）と社人研が示す社会移動率を主な仮定値に用いて算出した。

その結果、出生率が10年の1・54に近い水準で今後も推移し、移動率も現在の減少基調が続けば、10年に376万5千人だった県内人口は40年に308万8千人に激減する。移動率ゼロでは322万8千人。

一方、20年までに出生率が総合計画の目標に掲げる2・0に達した場合は、40年に移動率が減少で323万9千人、移動率ゼロで339万4千人。本県と産業構造が似る滋賀県の値を使って移動率が増加に転じると仮定した例では344万3千人になった。

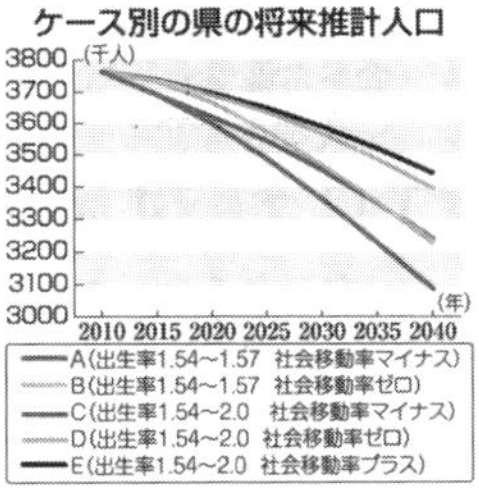

県次期基本計画
子育てや雇用支援策に重点

人口減少の要因となる少子化や雇用対策について、県は次期基本計画の重点項目に位置付ける。先に示した計画素案にも関連する施策や数値目標を数多く盛り込んだ。

子育て施策では「夢を持ち安心して家庭を築ける環境整備」「待機児童ゼロ実現」「子どもや母親の健康保持、増進」などを柱に据え、結婚機運の醸成、ニーズに応じた保育サービスの提供、周産期医療や小児医療の充実などを明記する。

地域経済の活性化では新産業の創出などとともに、「産業成長を担う人づくり」「就労支援体制の強化による雇用促進」「ワーク・ライフ・バランス（仕事と生活の調和）の実現」といった就業環境整備を重視する姿勢を鮮明にした。

県企画課は今回の推計人口に「強い危機感がある。計画に施策を並べるだけでなく、全庁挙げてどう実行するかが重要になる」と話している。

図2　静岡新聞記事（2013年10月27日）

法が異なっているため比較するには注意を要する。そこで、第一回国勢調査のデータに着目すると、すでに東京府の人口比が六・六％で全国第一位となっており、以降今日に至るまで、東京府（都）は最も人口規模の大きい都道府県であり続けている。

図1は、変動係数という統計指標を示した折れ線グラフである。これは、各都道府県間の人口規模について「格差の大きさ」を示す指標であり、数値が大きいほど都道府県間の人口格差が大きいことを示している。このグラフを見ると、戦後直後の一九四五（昭和二〇）年を除き、人口格差が拡大し続けていることがわかる。これには、いわゆる東京（首都圏）の一極集中が大きく影響している。また、戦前期までは格差が急激に拡大しているが、戦後は高度経済成長期が終了した時期以降、ほぼ横ばいで推移している。しかしここ近年、再び格差上昇の兆しがあることも認められる。

昨今、東京一極集中が話題になることが多い。

しかし、国勢調査のデータを見る限り、少なくとも大正期にはその兆候が現れていた。そうした状況下にあっても、静岡県は東京一極集中の影響が小さく、一定の人口規模を維持してきた地域であるといえるだろう（図2）。

静岡のまちづくりと市民運動・市民活動

――日詰一幸

はじめに――市民の思いの詰まった運動と活動の展開

戦後、静岡県には多彩な市民運動や市民活動が登場した。その中には、公害反対運動として、日本の戦後史の中でも先駆的な「沼津市・三島市・清水町石油化学コンビナート建設反対運動」など、静岡県の「豊かな自然と人の命を守る」ために闘った運動がある。そして、その運動の延長線上には、環境保全や環境教育から都市環境の創造に至るまで、様々な活動の展開が見られる。

ところで、一九八〇年代から九〇年代にかけて、静岡県内における市民によるまちづくりの動きは、それまでの環境破壊に対して抵抗する「運動」から、行政や企業と連携しながら継続的にまちづくりを進めて行く「活動」へと、その性格が変化していった。しかも、その活動の範囲は、一九九八年一二月に施行された「特定非営利活動促進法」（NPO法）を媒介に活動範囲が広がり、現在はまちづくりの活動だけではなく、保健・医療・福祉や文化・芸術・スポーツ、環境保全、防災活動等まで広範な活動領域を含むものとなっている。NPO法人格を持って活動する団体は、日本全体では五万団体をはるかに越え、静岡県でも一二六九団体（二〇一八年一一月末）に達している。このように多彩な市民活動が、県民の暮らしやすさに一役買っていることは間違いのないことである。本章では、一九六〇年代以降の静岡県に焦点をあて、日本に知れ渡った公害反対運動とその後今日までの市民活動の動きについて紹介することにする。

1　日本の経済成長と静岡県の状況

一九五〇年代半ばからオイルショックが起こった一九七三年まで、日本は未曾有の経済成長を経験した。しかし、その経済成長の陰で、自然環境の破壊や人間の体をむしばむ公害問題が各地で発生したのであった。そのような中で、公害反対運動が各地で起こったが、その中でも、静岡県において取り組まれた公害反対運動は、その後の日本の運動に大きな影響をもたらすものとなった。それが、沼津市、三島市、清水町に計画された石油コンビナート建設反対運動であった。

日本の経済成長が本格的に進み始めた一九六〇年代初頭のこと。池田内閣の時代に「国民所得倍増計画」（一九六〇年）が策定され、日本経済を牽引するため太平洋沿岸地域での重化学工業を主体とした「太平洋ベルト地帯構想」が明らかにされた。この構想は、太平洋沿岸地域での重化学工業を主体とした経済発展を指向するものであったため、それ以外の地域から批判が沸き起こった。そこで、政府は日本の国土の均衡ある発展をめざし、「全国総合開発計画」（一九六二年）を策定した。この計画では、開発効果が高いと見込める地域を選び、その地域を拠点に開発を進める＝「拠点開発方式」を採用するというものであった。そのため、新産業都市建設促進法や工業整備特別地域整備促進法が制定され、一九六三年七月には新産業都市（当初一三地域、その後二地域追加）と工業整備特別地域（六地域）の指定が閣議決定された。

静岡県内では、東駿河湾地域が工業整備特別地域に指定され、静岡県が主体となって東部地域での開発計画を進めることになった。

2　静岡県東部地域での動き

静岡県は、一九六一年頃より沼津市に東部開発推進事務所を置いて、石油コンビナート誘致・建設に向けての取り組みを進めていたが、自治体間の調整が進まず、加えて利害関係者の反対等により計画が頓挫していた。そのような中での、東駿河湾地域の工業整備特別地域への指定。県は一九六三年一一月に、当時の駿東郡清水村に町制を施行して、沼津市、三島市、清水町に二市一町による東部地域広域都市行政連絡協議会を発足させ、翌一

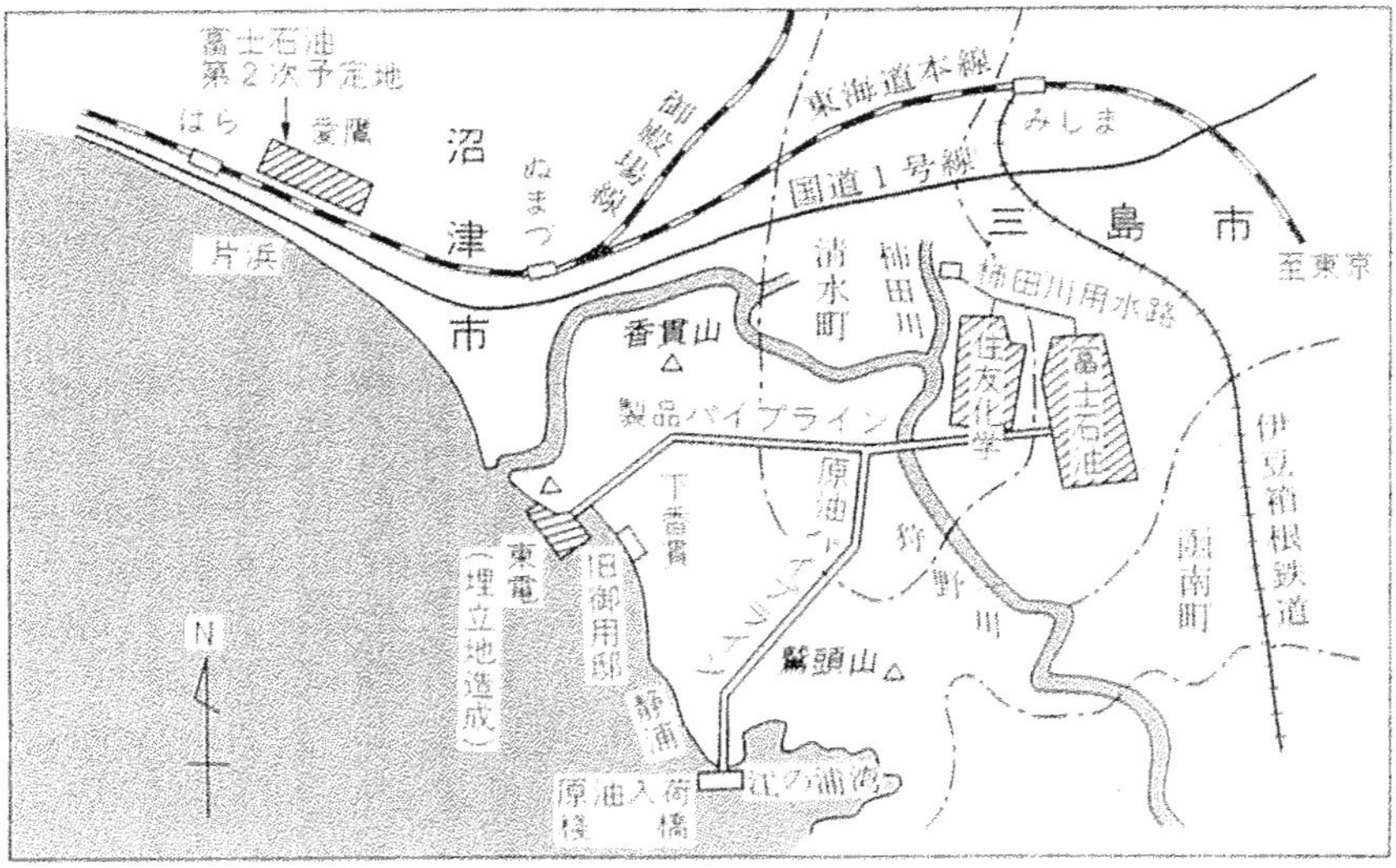

図1　石油コンビナート計画図
（出典：宮本憲一編『沼津住民運動の歩み』26頁）

二月に新たな石油化学コンビナート計画を発表し、年が改まった六四年早々には、石油コンビナート計画を推進する富士石油、住友化学、東京電力の基幹三社がその計画を明らかにした。この石油化学コンビナートの計画は図1に示したように、沼津市、三島市、清水町の二市一町にまたがるものであった。

その当時、三重県四日市市では、石油化学コンビナートからの排煙による大気汚染とそれに伴う人体への被害（「四日市ぜんそく」）が明らかになっていた。静岡県や関連企業による石油化学コンビナート建設計画の発表は、その後またたく間に地域の人々の関心を呼び起こし、二市一町の住民が中心となった激し

写真1　沼津市民総決起大会に参加した車両隊〔三島市中部農民の耕運機隊〕（写真提供：静岡県歴史文化情報センター）

写真2　沼津市民総決起大会に参加した車両隊〔消防車隊〕（写真提供：静岡県歴史文化情報センター）

い反対運動が巻き起こった。結局、反対運動は六四年一〇月まで続いたが、最終的には計画を推進しようとした静岡県と基幹三社は計画を断念することになった。こうして、沼津市・三島市・清水町への石油化学コンビナート建設計画は取り止められたのであった。明らかに二市一町の住民側の勝利である。

当時の激しい反対運動のクライマックスとなった一九六四年九月一三日の石油コンビナート進出反対沼津市民総決起大会の様子を、『静岡県史』は次のように伝えている。少し長くなるが、当時の反対運動の息吹を感じるため引用してみたい。

> 一九六四（昭和三九）年九月一三日、漁民と水産加工業者のデモは早朝五時に始まった。「反対」の幕を張った消防車が加わった。午前中、海と陸は反対の船と車で埋まった。四〇〇台の車両隊は沼津市立第一小学校に集合、市内デモに向かった。午後は同じ会場で石油コンビナート進出反対沼津市民総決起大会が二万五〇〇〇人の住民により開かれた。三島市中里農民耕運

機隊三〇台に三島市・清水町住民も加わり、二市一町総決起大会の観を呈した。「みんなの力で公害に反対し美しい郷土沼津を守ろう」のキャッチフレーズに、「子供の生命と老人の健康を守るためがんばろう」「農民・漁民の生活権を守り闘いをさらに発展させよう」等六つのスローガンが大書された演壇上で読み上げられた決議文は「まだ立ち上がっていない町内の皆さんに訴える。一緒に闘いましょう」等五つの項目の訴えと命、暮らし、愛鷹の緑、駿河湾の青さ、柿田川の水、澄み切った空を守る宣言に続き「もし強行するなら身体を張って阻止する。この闘いは正義の闘いである。われわれは必ず勝利する」の決意が述べられ、住民の団結をたたえ、「公害と闘う日本中の皆さん、手を取り合ってがんばりましょう」との呼び掛けで結ばれている。

（『静岡県史通史編六 近現代二』八六二〜八六三頁）

この反対運動は、公害を生む可能性のあるコンビナート建設計画を、地域の住民が主体となって阻止したものであった。反対運動の成功は、その後の日本の公害反対運動にとって、大きな影響をもたらすものになったということは想像に難くない。公害問題研究の第一人者であった宇井純も、「三島沼津の運動の成功が、政府に公害対策基本法を作らせることになり、……三島沼津は日本国の公害対策まで変えたのである」と述べている（井手敏彦選集刊行会編『地域を変える市民自治』六六頁、緑風出版、二〇〇六年）。

3 石油コンビナート建設反対運動から学ぶこと

それでは、この反対運動から私たちはどのようなことを学ぶことができるだろうか。

第一に指摘しておきたいことは、地元の住民が石油化学コンビナートから排出される亜硫酸ガスによって大きな被害を被っていた四日市市を訪れ、実際に現地をつぶさに観察したことや、現地の人々と対話をしたことを持ち帰って、住民を巻き込んだ勉強会を熱心に行ったことである。反対運動の中で指導的役割を果たした一人、井手敏彦（後に沼津市長）はこの点を次のように指摘している。「公害勉強会、公害研究会という名の集会が繰り返され、やがてそれが反対集会、反対同盟となり、一町内から他町内へ、町内から地域へ、さらに他地域をも巻き込んで、またたく間に壮大な住民運動の形を成していった。すべては自主的な行動の展開であり、思い思いの運動の形がとられた」（前掲同書七〇頁）。

第二は、このような地元住民主体の勉強会や地元での調査活動に、地元に在住する研究者や沼津工業高校の教諭、さらには地元の医師たちや静岡大学の教員も積極的に協力したことである。一九六四年三島市長（長谷川泰三）の依頼を受けて、三島市にある国立遺伝学研究所（遺伝研）の松村清二変異遺伝部長を代表とする調査団（松村調査団）が組織されたが、そこには遺伝研の研究者や沼津工業高校の教諭五名が加わり、少ない予算の中にあっても高校生や住民らとともに自前で気象観測や水理調査を実施した。その結果、「農業、水産および公衆衛生に対する公害の恐れは充分にある」という報告をまとめ上げた。そして、その報告をもとに、政府の調査団（黒川真武団長）が提出した「黒川報告書」の矛盾や誤判断、さらには現地調査不足を指摘することになり、「黒川報告書」の信ぴょう性が大きく揺らぐことになった。これも、学術面での地元の専門家の協力があったからこそなしえたことであった。

第三は、勉強会や報告会等において、現地視察調査で撮影したスライドや関係者からの聞き取りを行った録音テープ等を効果的に活用したことが挙げられる。このような当時における情報伝達手段の効果的活用は、住民運動にとって大きな武器になることを証明した。

以上のように、当事者である住民が立ち上がり、様々な工夫と努力を傾けて反対運動を成功させたのであった。このような運動の成果を現代に引き寄せてみても、学ぶことが大きいのではないかと感じる。

4　三島におけるまちづくりと水辺の空間の再生

これまで、六〇年代初頭における石油コンビナート建設反対運動のことを紹介したが、その後三島市では、住民主体のとても素晴らしいまちづくり活動が展開し、今も継続している。

三島市の市街地には源兵衛川が流れているが、かつては水遊びもできた市民にとっての憩いの場であった。ところが六〇年代から八〇年代にかけて、その川も家庭からの生活雑排水の流入により汚れてしまい、かつての輝きを失ってしまった。しかし、三島市にはま

写真３　源兵衛川（写真提供：三島市）

ちづくりに関心をもち、様々な活動を行う市民団体がいくつも存在していたので、それらの団体が集まり、源兵衛川再生のための活動を始めた。それが、今日のＮＰＯ法人グラウンドワーク三島の活動につながっている。

　グラウンドワークという活動は、もともとイギリスにおいて、行政・企業・市民活動団体の三者による環境改善運動として発展してきた。三島の市民活動団体はそれを三島でも実現しようという活動を始めたのであった。その活動の成果は、実に見事な仕上がりとなっている。このような水辺の空間の創造は、グラウンドワークの手法にならい、市民・ＮＰＯ、行政、企業が連携して相互に力を出し合うことによって成しえたものである。こうして三島のまちの中心部に、市民の手によって憩いの空間が再生され、三島の魅力の発信に大きく貢献している（写真３）。そして、この活動の成果が認められ、二〇一一年には第一回地域再生大賞（共同通信社主催）を受賞し、さらに一八年にはブラジルで開催された「世界水フォーラム」において、「世界水遺産」と「世界かんがい施設遺産」の双方で登録がなされ、今や世界に名の知れた存在となっている。

5　ボランティアによるまちづくりの取り組み

日本において、「ボランティア」活動が社会に定着していくのは一九七〇年代以降と考えられるが、静岡県では一九七七年に「静岡県ボランティア協会」（現在、NPO法人静岡県ボランティア協会）が設立され、市民が主体的に取り組むボランティア活動や市民活動推進の支援を広範囲に行っている。

市民がボランティアでまちづくりに関わる事例は、近年静岡県内でも各地でみられるようになったが、静岡市で一九九二年から始まった取り組みは、今日まで息の長い活動として日本だけではなく、世界にも知られるようになった。それが、「大道芸ワールドカップ」である（写真4）。毎年一一月初旬に、静岡市内のあちこちで大道芸が披露され、多くのボランティアによって支えられたこのイベントは、今や静岡市を代表する取り組みの一つに成長した。市民と行政が連携したこの取り組みは、静岡市の活性化に大きく貢献するものとなっている。

おわりに——これからの静岡県内の市民活動への期待

これまで、地域の環境を守る運動やまちづくりの活動を通じて新たな価値を生み出す活動を紹介してきたが、静岡県内には、その他にも様々な市民活動が存在している。

一九九九年四月二八日に、県内で最初のＮＰＯ法人五団体が誕生した。福祉関係が三団体（静岡市・活き生きネットワーク、沼津市・ユートピア、函南町・芽ぶき）、文化関係が二団体（静岡市・静岡市民劇場、清水町・ウオータービジョン）であった。これらの団体の多くは今でも活動を継続しており、静岡県内における市民活動の先駆的な取り組みとなっている。

そして現在では、静岡県内の各地で多数のＮＰＯ法人が誕生し、様々な領域で活動を展開している。これらの団体が織り出す多彩な活動が、私たちの日常生活の豊かさにつながっていることは言うまでもないことである。最近は、非営利型の一般社団法人も加わり、ＮＰＯ法人と共に地域がかかえている課題解決に貢献している。

今後も、市民活動はまちづくりに大きく貢献するものと考えられ、その活動から生み出される魅力づくりに一層期待を寄せていきたい。

〔参考文献〕

井手俊彦選集刊行会編『地域を変える市民自治―井手俊彦の実践と思想』緑風出版、二〇〇六年
静岡県『静岡県史通史編六 近現代二』一九九七年
宮本憲一編『沼津住民運動の歩み』日本放送出版協会、一九七九年
ＮＰＯ法人グラウンドワーク三島ウエブサイト（http://www.gwmishima.jp/：最終閲覧日二〇一八年九月一五日）
大道芸ワールドカップウエブサイト（http://www.daidogei.com：最終閲覧日二〇一八年九月一五日）

写真４　大道芸ワールドカップ（写真提供：大道芸ワールドカップ実行委員会）

column

地域に学ぶ
―地域創造学環フィールドワークの取り組み――

皆田 潔

静岡大学の全学学士課程横断型教育プログラム「地域創造学環」は地域社会に貢献できる人材の育成を目的として二〇一六年に誕生した。カリキュラムにおいて、地域志向を高めるための基軸となるフィールドワークは、一年生から三年生に設定され、約一五〇名の学生が履修し、座学では修得し難い、地域づくりの手法や課題を肌で感じとり、将来、地域運営の即戦力として活躍するためのノウハウを学んでいる。

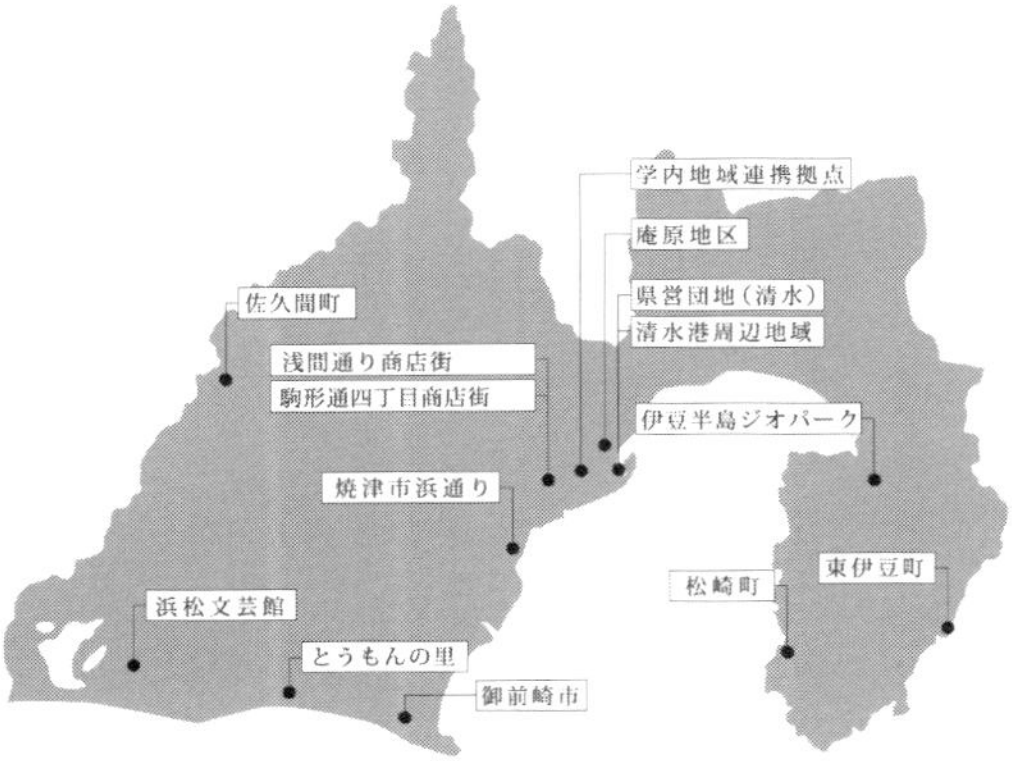

図1　フィールドワーク実施地域

フィールドワークは現在、静岡県下七市町（静岡市、浜松市、焼津市、伊豆市、掛川市、東伊豆町、松崎町）の自治体、NPO、社団・財団などの多様な主体による協力の下で展開している（図1）。そして、地域創造学環の五つのコース（地域経営、地域共生、地域環境・防災、アート&マネジメント、スポーツプロモーション）の学生を混在させ、様々な地域課題に対して、各コースの専門性を発揮することを狙いとした横のつながりと、一年生から三年生までが縦につながり、上級生が蓄積した経験を下級生に教え伝え、持続的に地域との関わりを築く「縦と横の仕組み」になっている。静岡大学全体としても、従来から取り組んできた生涯学習の推進や地域連携の拡充のため、地域創造教育センターを設立し、また、キャリア教育としてのインターンシップなどで地元企業と連動させるなど、オール静大で取り組んでいる。

地域創造学環には地域づくりの手法や技術、地元の良さを学び、それを地域に還元したい意欲に満ちた学生が多く在籍する傾向にある。しかし、フィールドワークを行うと手法や技術のみでは、地域づくりは進まないことに気付き壁に直面する。そのような中で松崎町のフィールドで起きたエピソードを紹介したい。

フィールドワークを開始して一年が経過した頃の活動は住民にヒアリングを行ったり、地域の祭りに参加するなど住民とふれあう機会は少なくなかったものの、地域住民との関係が深まらず、活動に行き詰まりを感じる時期があった。その距離感が一転したのは、松崎町の有志が集う団体「松崎ポートクラブ」が夏期の海水浴シーズンに毎朝五時から実施している海岸清掃活動に学生が自主的に参加した行動にあった。清掃活動を通じて住民と共に汗を流し、お互いのことを話し、顔と名前を覚えてもらった。作業終了後には「お昼ご飯、食べにおいでよ」と誘われた。そこには住民の環に学生が交じり、双方笑顔があふれる光景があった（写真1）。これを契機に住民から「毎週でも関わりを持ちたい」、「学生と一緒に活動したい」と要望が寄せられるようになったのである。

写真1　清掃活動の後、食事に誘ってくださった松崎ポートクラブのみなさんと記念撮影

人間関係の希薄化が言われる現代、つながりや絆、もやいという言葉などコミュニティの維持に欠かせない条件への理解を促すことが難しくなっている中、人間関係を築くところから始めたフィールドワークは、学生にとって難しい活動であったかもしれない。しかし、地域や人に寄り添い、共感することの大切さを少しずつ身につける学生の姿が三年目の地域創造学環で見られるようになった。蓄えた知識を発揮するのは、住民が応援してくれるようになったこれからである。

column

スポーツ王国静岡の歴史と地域の特性

河合学・祝原豊

静岡県は太平洋側気候の恩恵を受けて冬でも比較的暖かく、平地では一年を通して雪が降ることがほとんどない。風土と気候に恵まれた静岡県は昔からさまざまなスポーツが盛んであり、しかも東西に長く広がった地形は、地域ごとに特色のあるスポーツ活動を発展させてきた。

静岡県の体育・スポーツの源流は韮山代官江川氏の洋式訓練がその発端と言われるが、幕臣が府中（静岡市）に移住して以降は府中学問所での体操伝習を中心として体育・スポーツが広く普及していった。体操・教練や運動会として学校教育に取り入れられた身体活動教育は、やがて柔道・剣道・水練などの部活動として盛んになり、さらには西洋から導入された球技が広まると、学校だけでなく社会全体としてスポーツ活動が認知されていった。球技導入のスタートは野球であった。一八九六（明治二九）年に設立された静岡中（現静岡高）の野球部は、かつて野球王国と呼ばれた静岡の基礎を作り、浜松中（現浜松北高）とともに県内の野球の普及に貢献した。残念ながら現在では野球に関して静岡県は王国という冠が付くことはないが、雪の降らない地の利を生かして少年野球から社会人野球まで幅広い年齢層に愛されている。一方、サッカーに関しては全国的な強豪県ではなくなった現在でも静岡県は「サッカー王国」と呼ばれている。その歴史は野球や庭球ほど古くはないものの、大正時代には志太中（現藤枝東高）、庵原中（現清水東高）などにサッカー部が誕生し、大きな大会でも好成績を残したことにより県全体に広がっていった。そして一九六〇～七〇年代に静岡県代表の高校が全国優勝を重ね、「全国で勝つよりも県内で勝つほうが難しい」と言われるほどの強豪県としてのピークを迎えた。メキシコ五輪（一九六八年）メダリストの杉山隆一をはじめ、日本代表には数多くの県出身者を輩出している。現在では王国に相応

写真１　サッカー練習中の静岡大学グラウンド

しい実績を期待することは難しい状況となっているが、それでも県内にはＪリーグチームが二つあるうえ（清水エスパルス、ジュビロ磐田）、冬には全国の強豪校が静岡の地で合宿する伝統があり、サッカー王国の面目を保っている（写真１）。

その他の種目にもそれぞれに歴史と著名な選手はいるが、やはり特筆すべきは浜松出身のフジヤマのトビウオ：古橋廣之進であろう。子供時代に浜名湖の遠泳で独特の泳法を習得し、大戦後に世界記録を連発して敗戦で疲弊した日本を元気づけたが、世界大会では成績を残せず、不運のヒーローと呼ばれた。しかし後に日本水泳連盟会長として普及強化に貢献し、二〇〇八年に文化勲章を親授されている。

西部（遠江）・中部（駿府）・東部（伊豆）と地区分けされている静岡県はそれぞれに特有の風土と人の気質があり、それがスポーツ活動の特徴にも現れている。前述の野球・サッカーは静岡・清水などを中心とした中部地区、陸上競技・水泳は浜松・磐田を中心とした西部地区が盛んであった。県都のある中部はコンパクトにまとめられた街並み、規律正しい人々の性格などから、集団で行動する球技が盛んになったと推察される。また西部は人口に比して広い土地、からっ風に向き合うがむしゃらな気質（〝やらまいか精神〟に通じる）、浜名湖の存在などが陸上競技や水泳などの記録を競う種目の振興に役立ったと考えられる。一方、富士山や伊豆半島を擁する東部地区は平地が少なく、グラウンドを広く使うスポーツがあまり盛んではなかった。しかし体育館や狭い土地でもできるスポーツは活発に行われ、バレーボール・弓道・ボートなどに歴史があり、さらに最近では自転車競技や豊富な自然を生かした

写真2　自然の中でノルディックウォーキングを楽しむ講習会参加者

トレッキングなども大いに実践されている。また近年は健康志向や自然回帰への傾向から競技スポーツとは一線を画した健康スポーツのメッカとして注目されている。

静岡県はスポーツ活動発祥以来それぞれの地域がその風土や気候、そこで養われた気質に合ったスポーツを展開し、結果として県全体でさまざまなスポーツが盛んに行われてきたからこそ、県民は自信を持って「スポーツ王国静岡」を誇ることができる。しかし健康寿命の重要性が叫ばれている現在、競技スポーツだけでなく、健康スポーツを含めて県民がより元気で活力ある人生を送ることができる環境を整えることが本当の意味でのスポーツ王国と言えるのであろう。静岡大学地域創造学環では、ノルディックウォーキング等の健康志向のスポーツに関する研究を重ねつつ、講習会やクラブ活動を通して、広く県民の健康獲得に貢献する情報発信を続けている（写真2）。静岡県に来ましたらスポーツ熱を肌で感じるとともに、是非とも一緒に汗を流していただきたい。

〔参考文献〕
渡邉福太郎編集代表『静岡県・体育スポーツ史』財団法人静岡県体育協会、平成四年一〇月（非売品）

「ものづくり県」静岡における観光の現状と観光振興の取り組み

——太田隆之

1 「ものづくり県」静岡における観光の位置づけ

周知の通り、訪日外国人客数が大幅に増加することで観光が再び注目されている。政府は現在、二〇二〇年に年間四〇〇〇万人の訪日外国人客を迎え入れることを目標に掲げている（観光庁編、二〇一七）。昨今、外国人客は東京などの大都市を経由して地方に向かうようになり、地方でも観光を通じた再生、発展を図ろうとする動きがある。

静岡県でも観光は重要な産業になりつつある。その主な理由は二つある。第一に、近年、富士山や韮山反射炉などの県内の諸資源が国際機関から各種資産に認定、登録されている。こうした動向を受け、静岡県行政は観光を重要分野の一つとして位置づけてきた。「県民幸福度の最大化」を掲げる川勝平太県知事下の総合計画では、観光は地域づくりのための一つの理想である「訪れてよし」に位置づけられ、愛着ある魅力ある地域で観光を通じた交流を図り、にぎわいを生む地域づくりを追求してきている。新しい総合計画では、二〇一九年のラグビーW杯、二〇二〇年の東京五輪を視野に入れながら、静岡県を訪ねる外国人客を増やし、積極的な観光振興を図ることが掲げられている（静岡県政策推進局総合政策課、二〇一八）。

第二に、観光は「ものづくり県」の一つである静岡県を支えるオルタナティブとして期待されている。もともと、静岡県は全国的にも製造業が盛んな地域で、「ものづくり県」の一つである。二〇一五年度の県内総生産に占める製造業の比率は三八・四％で、同年のGDPに占める製造業の比率が二一・二％であることと比較すると製造業の比率はかなり高い（内閣府国民経済計算ならびに静岡県経営管理部統計利用課、二〇一八）。ここ一〇年間の県内総生産の構成比をみても、静岡県の総生産額に占める製造業の比率は三六〜三九％で推移しており、GDPに占める製造業の比率を大きく上回っている。経済的な豊かさを示す指標の一つに一人あたり県民所得があるが、近年の静岡県の数値の推移をみると、概ね全国でトップ一〇にあった（内閣府県民経済計算）。こうした経済的な豊かさは製造業によって支えられてきたといっていい。

このように全国有数の「ものづくり県」である静岡県

写真1　伊東市東海館

では、かねてから「ものづくりの空洞化」の問題に直面してきた。近年では、経済のグローバル化が進展する中で円高が進行したり、リーマンショックのような世界的な金融問題が発生すれば、県内の製造業は生産拠点を県外にシフトすることで対応する。また、東日本大震災に代表される災害が起きても同様の対応がなされる。その結果、県内製造業の製造品出荷額や事業所数、従業員数はこれらの事態が生ずると減少する傾向が認められる。こうした動向が県内の非製造業にも影響することで県全体の雇用や経済に影響が広がる（日本銀行静岡支店資料）。静岡県では製造業が重要産業であることに違いはないが、人口減少が進展していることもあり、製造業の動向は今後も地域を維持し、安定的な発展を追求する上で懸念材料になりうる。

他方、誘客に成功すれば、観光がもたらす雇用や経済へのインパクトは製造業のそれと同規模であるか、分野によっては大きい（静岡県文化・観光部観光・空港振興局、二〇一四）。製造業に加えて県内経済を支えるもう一つの柱を打ち立てることを考えた場合、観光にはそのポテンシャルがあり、こうした可能性に県は注目しているといえよう。

2 「回廊経済」化する静岡県の観光

観光への期待が高まる中で、静岡県の観光の現状はどうなっているであろうか。まず、前提である静岡県経済の構造を概観しよう。

静岡県行政は県内を東から伊豆、東部、中部、西部の四つに分け、県経済の現状を把握

表1　静岡県内の製造業・宿泊・飲食サービス業・第3次産業の構成比と生産額

	製造業		宿泊・サービス業		第3次産業	
	構成比	生産額	構成比	生産額	構成比	生産額
伊豆	17.4	370,671	6.2	131,792	75.6	1,612,749
東部	39.7	1,747,146	2.1	94,569	55.1	2,431,156
中部	33.6	1,837,991	1.8	97,494	60.9	3,336,010
西部	45.9	2,963,628	1.8	119,115	48.6	3,131,016

（出所）静岡県経営管理部統計利用課（2018）より筆者作成。構成比の単位は%、生産額の単位は百万円。

している。[1]各地の経済構造をみると地域的に特色がある。表1に二〇一五年度の静岡県内の各地域の製造業、宿泊・飲食サービス業、そして宿泊・飲食サービス業を含む第三次産業の各地域の総生産中の構成比と生産額を示した。

表1の各項目のデータを見ると地域によって経済構造が大きく異なっていることがわかる。観光に注目すると、伊豆地域は宿泊・飲食サービス業の生産額が県内で最も大きく、地域内生産額における比率も高い。第三次産業全体の生産額は県内で一番小さいが、その地域内の総生産額中の比率は七五%以上であり、伊豆地域は観光で成り立っている。他方、他の三地域は製造業の生産額が大きく、特に西部地域が大きい。中部地域は宿泊・飲食サービス業は小さいものの第三次産業全体が大きくなっている。観光の伊豆、サービス経済化が進む中部、ものづくりの集積がある西部というように、静岡県経済は地域ごとに特色がある。以上を踏まえた上で、静岡県の観光の現状を把握していこう。

静岡県の観光の現状は「回廊経済」化している点に集約される。以下、詳しく説明する。

「回廊経済」とは、かつて静岡県の工業の現状を表すの

（1）　各四地域を構成する市町については、静岡県経営管理部統計利用課（二〇一八）の冒頭にある「地域区分」を参照。

写真2　伊豆の国市・韮山反射炉

に用いられた言葉である。京浜、中京工業地帯の両巨大工業地帯にはさまれながら、これらを結ぶ東海道新幹線や東名高速道路が県内を分断するに過ぎず、通過交通地帯になっていたという（小桜、一九七七）。

この言葉は現在の県の観光の現状を把握する上でも示唆的である。例えば、以前筆者も参加した旅行会社に対する調査で、東海から山陽地域にかけての各地域を目的地とした当該会社の旅行商品の関東圏における当時の取り扱い状況につき、静岡県を目的地とした商品の取り扱いは全体の二％弱に過ぎなかったという（石橋ほか、二〇一四）。また、これまでたびたび指摘されてきたのは、静岡県は、アジアからの観光客を中心に人気の観光ルートの一つとされる東京～箱根・富士山～京都～大阪をめぐる「ゴールデンルート」上に立地しながら外国人客を十分誘客できていない、「通過都市」になっているという現状である。[2]

静岡県の近年の観光動向の一端を近隣都府県との比較から把握しよう。表2に、「ゴールデンルート」を支える東海道新幹線の停車駅を有する都府県の観光消費額の推移を示した。[3]

表2中、東京都を除いた府県のデータを見ると、静岡県の日本人客の消費額は概ね神奈川県や京都府とともに東京都に次ぐ規模となっている。外国人客の消費額については、静岡県は愛知県や岐阜県とともに三番手にある。

表2より我々はまず外国人客の動向から「回廊経済」の現状を垣間見ることができる。静岡県は東海道新幹線や二本の東名高速、更に富士山静岡空港など充実した交通インフラを有し、県外からアクセスしやすい条件が整っており、外国人客を更に誘客できる余地が

（2）一例に、これまで静岡新聞紙上でたびたびこうした記事が掲載されてきた。二〇〇六年七月二七日付朝刊記事などを参照

（3）表を作成するにあたって、筆者は観光庁が公表する「共通基準による観光入込客統計」を利用した。この統計は、観光庁が設定した共通の基準の下で各都道府県に観光経済のデータを作成するように働きかけ、観光庁が取りまとめたもので、地域間の比較が可能になっている（観光庁ホームページ「共通基準による観光入込客統計」）。なお、この統計ではこれまでに大阪府のデータが記されていないため、表２は大阪府を除いて作成した。

表2 「ゴールデンルート」上にある都府県における日本人観光客ならびに外国人観光客の観光消費額

	2011		2012		2013	
	日本人客	外国人客	日本人客	外国人客	日本人客	外国人客
東京都	2, 690, 179	127, 639	3, 272, 241	176, 465	3, 572, 461	235, 180
神奈川県	548, 207	9, 220	488, 078	19, 066	787, 237	24, 075
静岡県	718, 906	6, 476	698, 682	12, 190	465, 212	13, 264
愛知県	358, 792	10, 627	327, 588	13, 759	433, 794	12, 528
岐阜県	204, 865	2, 935	216, 288	8, 790	211, 789	11, 445
滋賀県	159, 111	2, 424	109, 913	4, 248	128, 193	5, 363
京都府	n.a.	n.a.	n.a.	n.a.	438, 030	54, 198

	2014		2015		2016	
	日本人客	外国人客	日本人客	外国人客	日本人客	外国人客
東京都	3, 586, 285	329, 000	3, 670, 015	482, 517	3, 587, 533	483, 933
神奈川県	690, 142	51, 862	672, 164	126, 698	603, 515	100, 614
静岡県	818, 951	24, 684	688, 530	19, 927	657, 039	9, 547
愛知県	454, 994	20, 158	536, 038	36, 265	565, 948	19, 218
岐阜県	201, 034	27, 660	220, 040	11, 559	251, 528	10, 359
滋賀県	124, 394	8, 381	150, 534	12, 352	133, 698	10, 726
京都府	386, 870	86, 995	620, 597	52, 741	609, 067	40, 609

（出所）観光庁「共通基準による観光入込客統計」各年度版より筆者作成。単位は百万円。
（注）各年とも暦年のデータである。
（注）表中、日本人客、外国人客ともに観光目的の客の観光消費額を扱っている。日本人客の観光消費額は県内発地、県外発地の観光客の消費額と、日帰り、宿泊の観光消費額を合算して算出している。

あろう。こうした認識は県内でも共有されている[4]。

次に静岡県の観光客数のデータに注目する。図1、図2に一九九一年度から二〇一六年度にかけての県内各地の宿泊客数、観光レクレーション客数（レク客数）の推移を示した[5]。両客数には外国人客もカウントされている。

図1から、静岡県の宿泊客数の多くは伊豆地域で得ていることがわかる。そして、静岡県全体の宿泊客数は伊豆地域のその減少と歩を合せるように減少していることもわかる。県全体の動向の背景には、伊豆地域以外の三地域の宿泊客数がそれぞれ頭打ちになっていることも挙げられよう。

他方、図2をみると、県全体のレク客数は宿泊客数と異なって増加傾向にあることがわかる。近年、県内各四地域でレク客数が微増している。宿泊客数では他の三地域を圧倒している伊豆地域だが、レク客数は他地域と同規模の水準にある。

以上、県経済の構造の特徴と観光客数の推移から、静岡県の観光の現状を把握した。「ものづくり県」である静岡県は、県内経済に地域的な特色があり、観光では伊豆地域が主たる担い手になっている。そうした中で、外国人客の動向をみると、二大都市圏にはさまれた立地にあり、充実した交通インフラを有しながら、近隣地域と比べると外国人客の消費額が小さく、ここに「回廊経済」の現状が垣間見える。日本人客を含む動向をみると、県全体のレク客数は増加傾向にあり、県内四地域で概ね同規模のレク客数を得つつ、それぞれ微増している。このことから、各地域でそれぞれの特色を生かした観光振興が図られており、それが徐々に功を奏しつつあることが把握できる。他方、県全体の宿泊客数は減少しており、その要因に伊豆地域の宿泊客数が減少し、他地域の宿泊者数が頭打ちになって

（4）県行政は訪日外国人客が関東、近畿に集中していて静岡県は通過点になっているという認識を示しており（静岡県文化・観光部観光交流局、二〇一八、一五頁）、メディアでもたびたびこうした趣旨の報道がなされてきた。

（5）レク客数はイベントへの参加や施設等への入客数で、日帰り客数として把握できる。

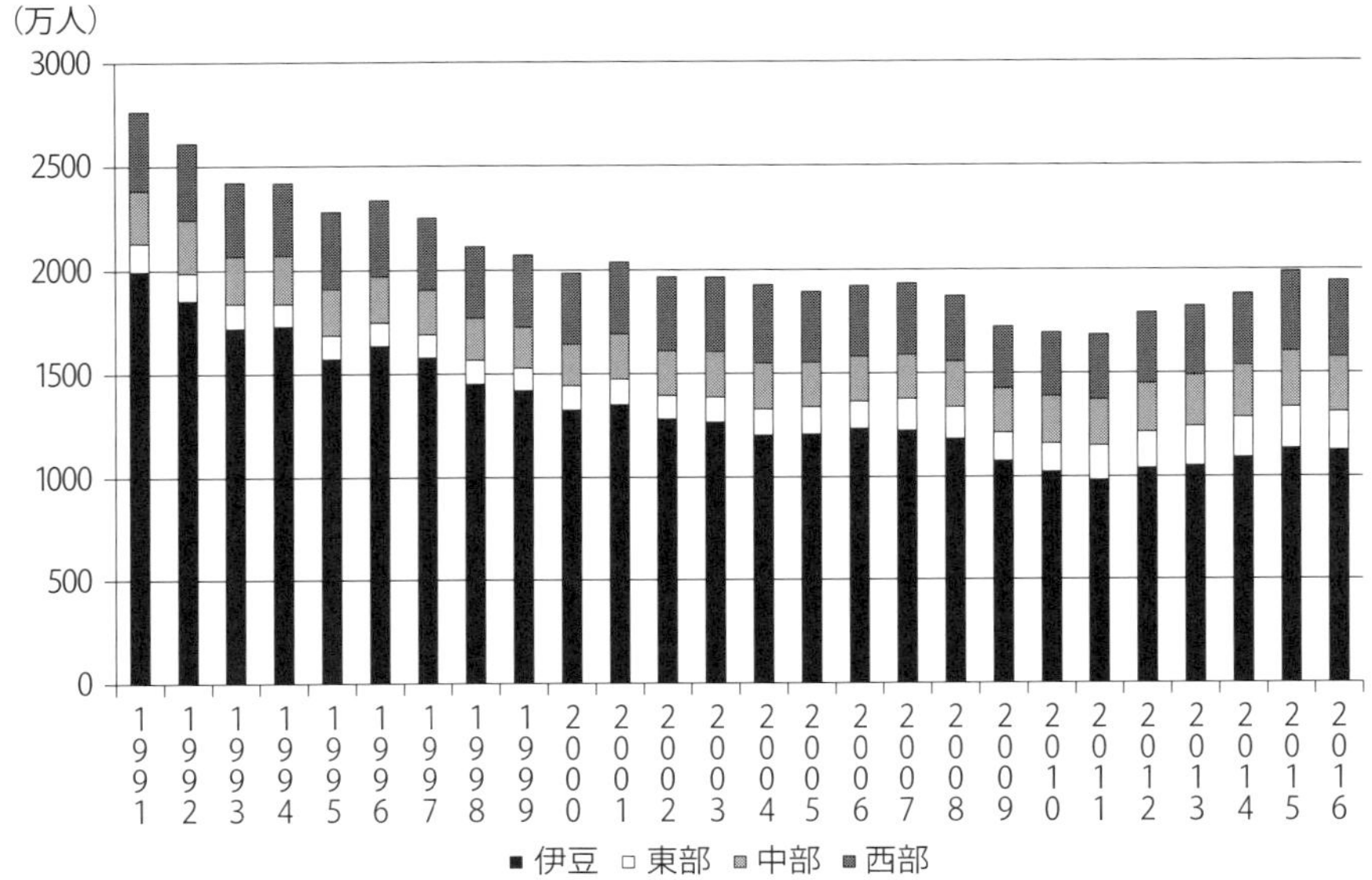

図1　静岡県ならびに県内4地域の宿泊客数の推移

（出所）静岡県文化・観光部観光交流局観光政策課（2017）より筆者作成。

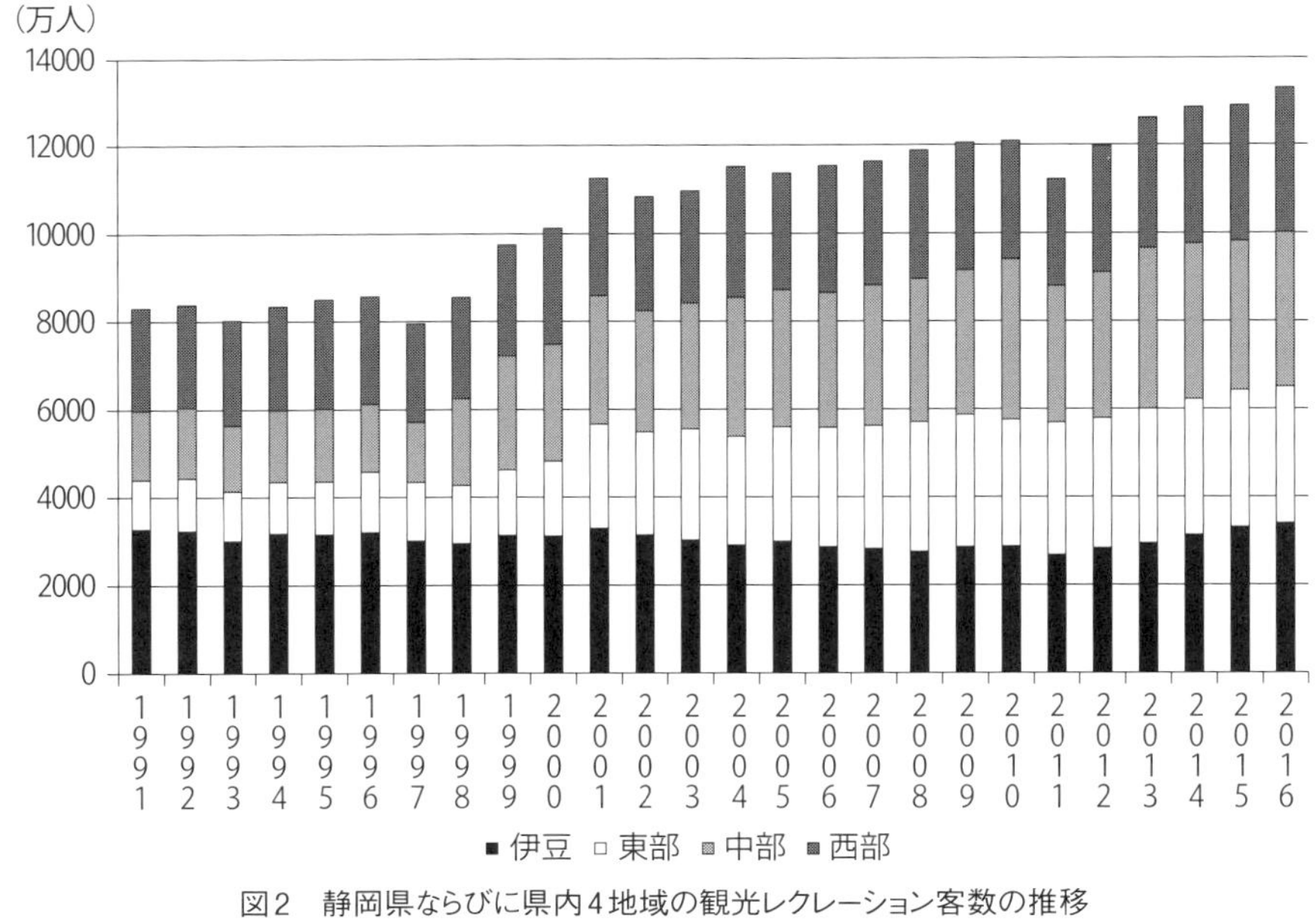

図2　静岡県ならびに県内4地域の観光レクリエーション客数の推移

（出所）静岡県文化・観光部観光交流局観光政策課（2017）より筆者作成。

写真3　御前崎市海岸

写真4　焼津市・あかり展

いることが挙げられる。静岡県はレク客数が伸びながらこうした動向を宿泊に結びつけることができず、日本人客を含めて、人は来るが泊まらない日帰り観光地としての側面が表れている。こうした現状を把握すると、上述した関東圏での旅行商品取り扱い状況は示唆的であり、「回廊経済」たる静岡県の特徴がやはり垣間見える。

　今後、製造業のオルタナティブとして観光を打ち立てていくことを考える場合、いかにして宿泊客を増やすか、が一つのポイントになる。周知の通り、宿泊客の観光消費額は日帰り客の額よりも大きく、県外からの観光客の額はいずれも大きい[6]。レク客はまず現状を維持していくことが重要になるが、静岡県としては、そうして来てもらった外国人客を含む県外客に県内に泊まってもらうこと、それを促すような観光振興が重要になる。

（6）　一例に二〇一六年度の静岡県における観光消費額について、日帰り客につき県内客三〇一四円、県外客七九九〇円、宿泊客につき県内客二万二六九四円、県外客三万九三一円となっている（静岡県文化・観光部観光交流局観光政策課、二〇一七、二一一頁）。

3　静岡県内にあるＤＭＯとそれらを核にした観光振興の取り組み

製造業のオルタナティブとして観光を位置づけていくことを目指す静岡県は、観光振興に取り組むにあたって、県内に設立されたＤＭＯをベースにした積極的に活用しようとしている。ＤＭＯ（Destination Management/Marketing Organization）とは、地域において「観光地経営」の視点に立った観光地域づくりを担う組織（法人）で、マーケティングを実施して観光振興のための各種データを継続的に収集・分析し、それに基づいて観光地域づくりのための戦略を策定、実施し、地域のＰＲを担う（観光庁ホームページ「日本版ＤＭＯとは？」）。そして、それぞれの過程で市町行政、観光協会や交通事業者などの主体とも協同、調整を図りながら観光振興を推進する、専門的な組織である。

これまで、静岡県内には地域連携ＤＭＯとして静岡観光協会（静岡ツーリズムビューロー）、美しい伊豆創造センター、するが企画観光局、浜松・浜名湖ツーリズムビューローの四つが観光庁に登録されており、現在地域ＤＭＯとして伊豆市産業振興協会、小山町観光推進協議会（仮称・設立予定）が候補法人として位置づけられている。(7) 候補法人を含む各ＤＭＯが設定する観光振興の対象地域とターゲットを表3にまとめた。

表より、静岡ツーリズムビューローは外国人客の誘客に特化していること、各地域のＤＭＯはそれぞれ特色あるターゲットを設定していることがわかる。そして、現時点で観光庁に登録されている四つのＤＭＯは県内各地域を対象地域としており、ＤＭＯ間が連携す

(7)　観光庁ホームページ「『日本版ＤＭＯ』『日本版ＤＭＯ候補法人』登録一覧」を参照。いずれも二〇一八年七月三一日現在の登録状況である。

表3　静岡県内のDMOが対象とする地域と設定するターゲット

DMO	対象地域	ターゲット	
		外国人客	日本人客
静岡ツーリズムビューロー	静岡県	香港、オーストラリア、タイ、中国、欧米の各個人旅行客、高質ツアー	
美しい伊豆創造センター	伊豆地域7市6町（沼津市、熱海市、三島市、伊東市、下田市、伊豆市、伊豆の国市、東伊豆町、河津町、南伊豆町、松崎町、函南町）	・台湾、香港、タイを中心とした東アジア、20～40代の個人旅行客 ・欧米オーストラリアのオリンピック・ラグビーW杯に来日する富裕層	・女性小グループ、カップル・夫婦層の国内新規顧客 ・既存リピーター、二地域居住者のリピート顧客
するが企画観光局	県中部5市2町（静岡市、島田市、焼津市、藤枝市、牧之原市、吉田町、川根本町）	・富裕層インバウンド ・個人旅行客	首都圏、愛知県等の近距離首都圏の富裕層ファミリー
浜松・浜名湖ツーリズムビューロー	浜松市、湖西市	・台湾、中国の団体旅行者 ・欧米、ASEANなどの個人旅行客	親子三世代旅行
伊豆市産業振興協議会	伊豆市	台湾、シンガポール、タイなどの東南アジア諸国の中間・富裕層以上の少人数旅行者	・静岡県内、東京都、神奈川県の居住者 ・20～30歳代の旅行意欲の高い女性
小山町観光推進協議会（仮称・設立予定）	小山町 将来的に神奈川県山北町、山梨県山中湖町	台湾、シンガポール、タイなどの東南アジア諸国の中間富裕層以上	・首都圏在住スポーツ愛好家 ・自然学習を希望する首都圏の学生や若者

（出所）各DMOの形成・確立計画より筆者作成。候補法人を含む。

写真6　袋井市コスモス畑

写真5　川根本町・町内風景

るとともに、各ＤＭＯが県内外の主体と連携して観光振興を図ることが期待される。
具体的な取り組みも行われつつある。静岡ツーリズムビューローは台湾から教育旅行を誘致し、体験型プログラムワンストップを開設した。するが企画観光局は静岡県産のお茶を素材に外国人客を視野に入れた体験型の旅行商品やイベントのプロデュースを行った。[8]
こうしたＤＭＯを基盤とする観光振興の取り組みの他にも、二〇一八年に体験型観光プログラム「おんぱく」[9]が県内で次々と実施されており、草の根の観光振興の取り組みが展開しつつある。このように、県内の各レベル、各地域での観光振興の取り組みが始まりつつあり、これらの取り組みを通じて従来の誘客状況の改善を図り、「回廊経済」から脱却するとともに、宿泊客が増加することが期待される。しかし、これらの取り組みについては短期的な視野で成功、失敗を判断せず、時間をかけて一つ一つの経験を積み重ね、今後に反映させていくという姿勢で臨むべきであり、継続して取り組んでいってほしいと考える。

（8）静岡ツーリズムビューローの取り組みについては二〇一八年一月三〇日付、同年七月二〇日付プレスリリースを参照。するが企画観光局の取り組みは二〇一八年六月一日付日本経済新聞静岡経済面記事を参照。

（9）別府市発のイベント、温泉泊覧会の略称。一例に焼津おんぱく、駿河東海道おんぱく、藤枝おんぱく、きくがわおんぱく、浜名湖おんぱくなどが行われた。

〔参考文献〕
石橋太郎・狩野美知子・大脇史恵「東日本旅客鉄道株式会社ならびに株式会社ジェイアール東海ツアーズへのヒアリング調査報告」『静岡大学経済研究』一八（三）所収、二〇一四年
小桜義明「静岡県工業の構造と地域開発」上原信博編著『地域開発と産業構造』所収御茶の水書房、二〇〇一四年

〔参考資料〕
観光庁編『平成二九年版観光白書』二〇一七年
観光庁ホームページ「共通基準による観光入込客統計」（最終閲覧日二〇一八年九月二五日）

観光庁ホームページ「日本版ＤＭＯとは？」（最終閲覧日二〇一八年九月二五日）
観光庁ホームページ「『日本版ＤＭＯ』『日本版ＤＭＯ候補法人』登録一覧」（最終閲覧日二〇一八年九月二五日）
静岡県経営管理部統計利用課「平成二七年度しずおかけんの地域経済計算」二〇一八年
静岡県政策推進局総合政策課「静岡県の新ビジョン　富国有徳の美しい〝ふじのくに〟の人づくり・富づくり」、二〇一八年
静岡県文化・観光部観光・空港振興局「ふじのくに観光躍進基本計画」二〇一四年
静岡県文化・観光部観光交流局「静岡県観光躍進基本計画」二〇一八年
静岡県文化・観光部観光交流局観光政策課「平成二八年度静岡県観光交流の動向」二〇一七年
内閣府ホームページ「県民経済計算」各年度版（最終閲覧日二〇一八年九月二五日）
内閣府ホームページ「国民経済計算（ＧＤＰ統計）」（最終閲覧日二〇一八年九月二五日）
日本銀行静岡支店、「静岡県の産業・金融面の概要」
二〇〇六年七月二七日付静岡新聞朝刊記事「中国人の教育旅行、県内に呼び込め　中高生交流、観光客誘致で相乗効果狙う」
二〇一八年六月一日付日本経済新聞静岡経済面記事「静岡茶、ブランド磨く、ＤＭＯ『するが企画観光局』」

column

うなぎが静岡名産であり続けるためには？

——富田涼都

静岡県の名産は数多いが、なかでも「うなぎ」を挙げる人は多いだろう。しかし、意外なことに、静岡県のうなぎの養殖生産量のピークは一九七〇年代で、日本一だったのは一九八二年までのこと。二〇一七年には、鹿児島、愛知、宮崎に次ぐ四位で、シェアは八％ほどに過ぎない。つまり他県の方が生産量は圧倒的に多い。それにもかかわらず、なぜ静岡県の名産としてうなぎのイメージが強いのか。

うなぎの「消費」に目を向けるとその理由が解かる。総務省家計調査によれば浜松市民の「うなぎのかば焼き」の年間購入金額（外食を含まない）は六三〇〇円を超えて一位。対して全国平均は二六〇〇円程度である（図1）。つまり、浜松市民はうなぎのかば焼きに日本一お金をかけている。かば焼きは贈答用にも使われるので、その場合は貰ったほうも浜松市とうなぎのイメージを持ちやすいだろう。また、うなぎは外食で食べることも多い。専門店には「串打ち三年、裂き八年、焼き一生」ともいわれる職人的なうなぎの料理人も必要だ。筆者の調べでは、浜松市の人口一人当たりの「うなぎ料理店」の数は全国平均の四倍程度で日本一多いことが解った。つまり浜松市は単に住民の消費が盛んなだけでなく、それを料理する店や料理人、流通が日本一発達した都市だと言える。その他、お土産品としてよく使われる「うなぎ」を冠する全国的に有名なお菓子も複数ある。これも静岡県のうなぎの知名度に一役買っているだろう。

そう考えると、現在の静岡県のうなぎのブランドイメージは、その「消費」の文化や社会的なしくみが支えていると言えそうだ。

ところが、近年「うなぎ」が絶滅危惧種となり、このままではうなぎが食べられなくなる心配が大きくなって

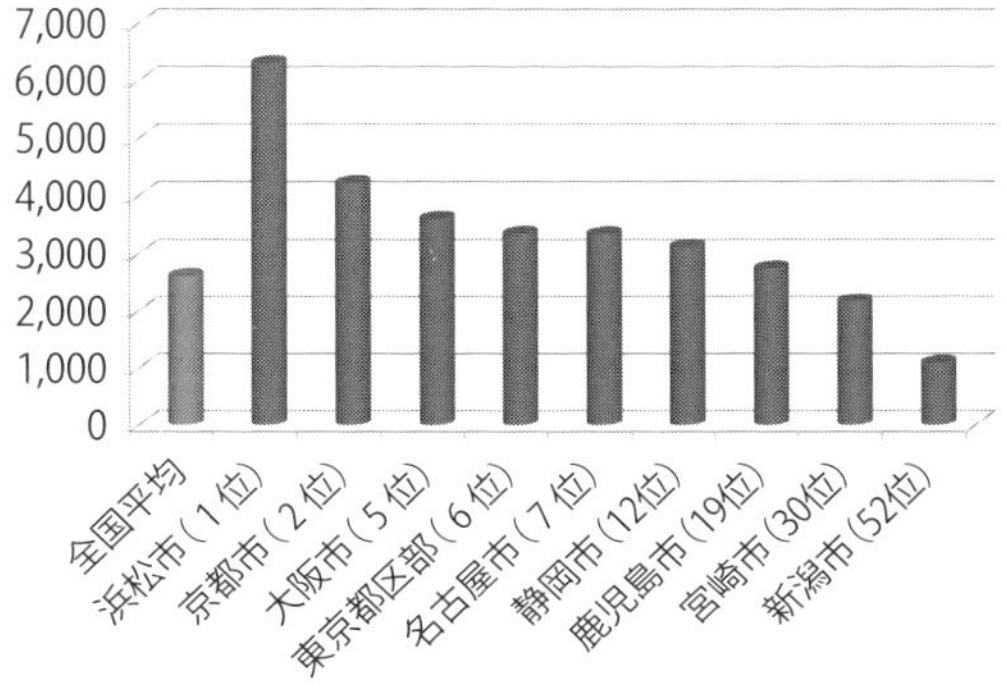

図1　家計調査より2015～2017年の「うなぎのかば焼き」平均年間購入金額の比較。カッコ内は県庁所在地と政令指定都市を合わせた全52都市の中の順位

いる。国際的な野生動植物の商取引を規制するワシントン条約の対象になる可能性も現実味を帯びてきた。現在の技術ではうなぎ養殖と言っても、稚魚（シラスウナギ）を自然界から獲ってきて大きく育てているに過ぎない（卵から人工的にすべて育てる完全養殖は実用化のめどが立っていない）。つまり、私たちがいま食べているうなぎは「野生生物」だ。そして国内の稚魚の密漁や、日本の消費を当てにした海外の稚魚の密輸も後を絶たず、うなぎ資源を守ろうとしても抜け穴がいっぱいある。ワシントン条約事務局の報告によれば養殖されたニホンウナギの六～七割が違法に漁獲された可能性があるという。

先に示したように、静岡県はうなぎのブランドイメージを持ち、日本でも有数の「消費」の文化や社会的しくみが発達している地域だ。その地域のうなぎ業界が、持続可能な資源管理のルールにもとづいて提供されているうなぎどうかに「こだわり」を持つとインパクトは大きい。環境認証（ＡＳＣ基準やＭＳＣラベルなど）を受けていたり、稚魚から加工までトレーサビリティが確立しているうなぎを扱ったりすることも「消費」側ができる有力な手段だ。すでに岡山県西粟倉村のベンチャー企業「エーゼロ」や、全国的な大手流通「イオン」で先行する取り組みが始まっている。もちろん、私たち消費者もそれらを進んで選ぶ、そんな「こだわり」をお店に伝えるほうがよい。うなぎが静岡の名産であり続けるためにも、新しい時代にブランドイメージを高めていくためにも、今が正念場といえる。

column

静岡の模型産業の歴史と文化

芳賀正之

静岡県は、ものづくりが盛んな県として知られている。中でも、日本の大手模型メーカーの多くが静岡市とその周辺地域に集中していることから、地場産業であるプラスチックモデルの生産量・出荷額は全国一である。しかし、ここに辿り着くまでには、古くは江戸時代の宮大工の活躍、そして特に昭和初期の時代から現在に至るまでの先人の努力と苦難、創意工夫があった。

江戸時代までその源流を辿ってみると、徳川家康の居城であった駿府城の造営や、徳川家光が浅間神社の造営に際し、各地から名工たちを集め、その優秀な技を持つ人たちが静岡に住みつき、技術を広めてきたことが伝統産業の発展に繋がったとされる。また、静岡県は豊かな森林資源を活かし、古くから木工産業が栄えてきたところである。製材業が盛んな地域でもあったことから家具や建具の生産との関係で、さらには伝統工芸や雛人形などの産業と同じような流れで模型産業が誕生したのである。

そのきっかけは、静岡県初の民間飛行家として活躍した青嶋次郎氏による模型飛行機である。海外から伝わり、明治・大正の頃より盛んに作られていたライトプレーン型の模型飛行機を青嶋氏が製造・販売したのは昭和七年である。建具職人としての技術と、それを活かして飛行機の修理・整備の仕事に携わっていた経験、そして、誰よりも飛行機の構造を知り尽くした青嶋氏の模型飛行機はよく飛び、商品も大ヒットとなる。青嶋氏の事業の成功を契機に近隣の木工職人等が後を追い、さらにこの時代、学校教育に科学的意識を高める教材として模型飛行機の製作が取り入れられたこともあって、静岡では盛んに製造・販売されるようになる（写真1）。

戦後も、敗戦によって物資が乏しかった当時の日本において、良質な木材の生産地を控え、資源が豊富な静岡

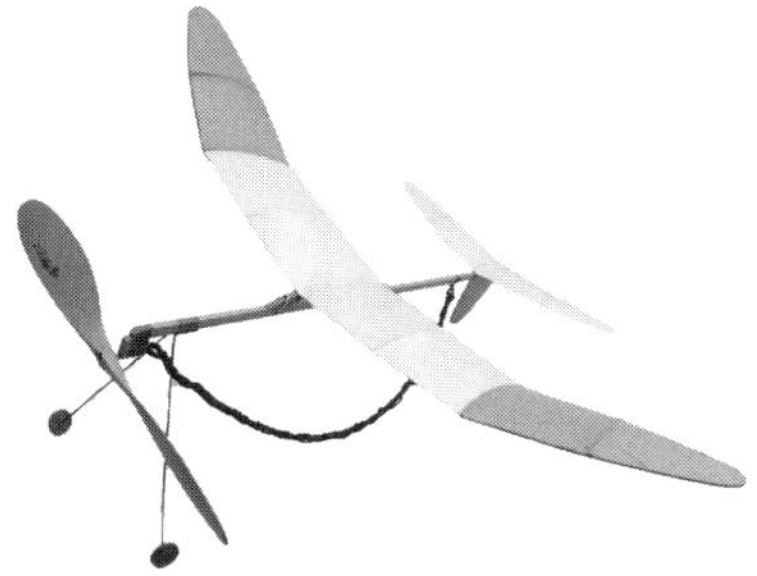

写真1　初期の木製模型飛行機

写真2　タミヤ初のプラモデル1/800大和（昭和35年）

では木々の需要があり、木材加工の会社が木製の学校教材キットを売り出し、再び立ち上がる。また、加工しやすく強度のある木材は模型には適した素材であったことから、木工技術に造詣が深い地域性もあって、静岡では木材を扱った様々な模型や玩具なども製造される。この当時、静岡には多くの木製模型メーカーが誕生し、徐々に静岡の模型産業の基盤が出来ていくのである。

しかしながら、昭和三〇年代、プラスチックという新素材による模型が日本に現れてからは、木を素材とした模型産業は停滞状態に陥る。緻密さを求められるプラスチックモデルでは、組み立てるパーツの形状も複雑であり、多くの部品を必要とする。しかも、プラスチックモデルの金型を作るには莫大な資金を要することや、また、それまで培った技術や設備を捨て、ゼロからのスタートとなる。転換への道は険しく、静岡では昭和三〇年代の中頃には経営困難に陥る模型メーカーも出てきたのである。このような厳しい時代の中で、ものづくりへの熱き情熱とともに弛まぬ努力と挑戦を続けたことが、現在のプラスチックモデルメーカーの誕生（転換）へとつながったのである。新たな道を開拓し、独創性にあふれ、本物志向を目指してきた静岡の模型の数々には、作り手たちの思いや技が今なお褪せることなく脈々と生きているのである（写真2、3）。

ところで、日本のプラスチックモデルには、海外には顕著に見られない突出した分野がある。それは、漫画やアニメに登場するキャラクターを扱っ

写真3　タミヤ　ミニ四駆

写真4　静岡市で毎年開催の「静岡ホビーショー」。全国から多くの模型ファン、世界中からもバイヤーが訪れる。

た模型である。この模型ジャンルの発展は、漫画大国やアニメ大国と称される日本のサブカルチャー文化の成熟に拠るところが大きい。漫画やアニメの世界と結びついたことによって、静岡の模型は飛躍的に子どもや若者の間に広がったのである。

ホビーには、つくる喜びがある。飾って眺めて、鑑賞する喜びがあり、そして様々な種類を集めて楽しむ喜びがある。

時代とともにホビーが多様化する中で、静岡の模型は独自の進化を遂げてきた。静岡から生まれた斬新な数々の模型は、あらゆる世代の人々を魅了しながら楽しませ、日本独自のホビーの文化を築き上げたといえよう（写真４）。

美術でめぐる東海道 in 静岡

——白井嘉尚・平野雅彦

はじめに

近年日本各地で、場の記憶や特色に着目した様々な「芸術祭」が開催され、人々の耳目を集めている。その地域の住民にとってはかけがえのない、しかし身近すぎて価値に気づきにくい「資源」にアートの光をあてることで、ツーリズムの新たな波を呼び起こした事例も少なくない。

いずれにしても来場者は、交通の動脈から外れ、あるいは産業の衰退によって時が止まったかのような場所に労を惜しまず足を運ぶ。そして、その旅の過程や、場と作品との関係をまるごと体験するところに際だった特徴があるといえよう。

「美術でめぐる東海道 in 静岡」では、そのような身近な地域や暮らしを新たな視線で見つめなおすアートプロジェクトについて、東から西へ少し寄り道をしながら辿りたい。

1　大仁／知半アートプロジェクト

伊豆半島の中央を走る旧下田街道沿いに国の登録有形文化財の知半庵（文化五年／一八〇八）はある。江戸時代より多くの文人墨客たちの交流の場となった旧家である。「知半」とは、なかば良い頃合い、といった意味である。蛇足ながら更に解釈を加えるなら、それは一旦ものごとと徹底して向き合い、その後いちばんの置き所を見付ける、の含意がある。

現当主の粟屋信子は、自身の生まれ育ったこの家と敷地を使って二〇〇七年から、約一年に一度のペースで〝知半アートプロジェクト〟を実施している。

第一回の知半アートプロジェクトでは、二〇〇七 尺八と声の競演「竹の声・人の笛」、続いて二〇〇八 日米共作舞踏「伊豆の家」、二〇〇九「江戸の尺八、時空を翔ける」、以下、二〇一〇 大野公士木彫展「記憶素子」、二〇一三「果報は寝てまて」コンサート＋音の展覧会、二〇一四 セシル・アンドリュ展「沈黙の鼓動」、二〇一六は四種のエア楽器（三味線・声・フルート・尺八）の「エア・コンサート」と続く。秀逸なのは、これらいずれもが、常に地域と世界、日本と世界、もっと言うなら「わたし」と「世界」をアートで繋ぐ文化交差の視点が入っていることである。

そうして二〇一七年の第八回では、六田知弘写真展「記憶のかけら」を開催（写真1）。

写真1　2017六田知弘写真展「記憶のかけら Shards of Memory」ⓒ Chihan Art. All Rights Reserved.

東日本大震災の被災地で拾い上げた日常品を画用紙の上に乗せて淡々と撮っていくその手法によって日常とは何かを突きつけられた。また、同時に屋外の庭や裏山には、「イシの記憶」と題された国内外で撮影された石の写真を展示した。つまり見る者は屋内、屋外の両展示によって日常、非日常を往還させられることとなったのだ。

粟屋の取り組みは一切の妥協を感じさせない。手間暇かけてつくりあげた展示も、少しでも違和感が生ずれば一度サラにする勇気を常に持ち合わせている。その覚悟だ。今もなお、江戸時代から連綿と続く物語が知半庵から生み出されている。（平野）

2　蒲原・由比／富士の山ビエンナーレ

歌川広重の《東海道五拾三次》にも描かれている、由比宿と蒲原宿の境にある薩埵峠の展望台に立つと、富士山と駿河湾とが一望できる。この絶景を抱える静岡市、富士市、富士宮市の三市にまたがるエリア（由比、蒲原、富士川、富士本町、富士宮）で、二〇一四年より開催されている民間主導の芸術祭が、〝富士の山ビエンナーレ〟（富士の山ビエンナーレ実行委員会／代表：谷津倉龍三）である（写真2）。

写真2　ジョアニー・ルメシエ《不死（富士）》（プロジェクションマッピング）、2016（撮影：松尾宇人）

そのメイン会場の一つになっているのが、蒲原地区（現静岡市）旧街道沿いにある江戸末期に建てられた町屋である。大正三（一九一四）年頃改築され、当主の五十嵐準氏が歯科医院として開業、時代を経て二〇〇〇年には国登録有形文化財に指定され、現在では旧五十嵐歯科医院として一般公開されている。第一回のビエンナーレでは、作家一二名の作品が展示され、第二回には六名の展示会場ともなった。同時にここでは現代アートの勉強会FGAKが立ち上がり、その後も旧加藤酒店（富士市本町、国指定有形文化財）やギャラリーと場を移しながら実施されている。

また、由比地区では、地域に入って、地域の人々と、地域の素材で「編む」ことを作品づくりのテーマとしているアーティスト平川渚が、由比の漁師より、シラス漁網の編み方を教わって共同作業で制作した《通過するもの》／原藤家（第一回：二〇一四）がひときわ目を引いた（口絵4）。

ところで、実行委員長の谷津倉は、平成大合併により日常の生活圏が再編成されることによって分断されることを危惧している。また、地域の商店街も近年の経済の低迷や大型商業施設進出による客の流出、加えて後継者不足等の問題等で日を追ってさびれていく姿をみてしのびなく思い、この状況をなんとかしたいと考え、三市を超えた繋がりをより強固なものにするためにに芸術祭をはじめたという。

本取り組みは回を重ねるごとに、谷津倉の思いを理想に近づけている。例えば、本通り商店街のフジノヤマカフェは、地域とアートをつなぐコミュニティスペースとして機能を発揮しはじめた。また、同じく富士市本町にあり一〇年ほど前から空きビルになっていたイケダビルは、第一回より会場となり、二〇一八年の第三回からは、マイクロレジデンスプログラム（アーティストインレジデンスの新しい形態で、インディペンデントな草の根的な活動を支援する機能をもった場）を実施、様々な活動のHUB（拠点・結節点・編集拠点）となることを目指している。

そんな谷津倉の宝は、いっしょに場をつくる地域住民である。（平野）

3　静岡／静岡アートドキュメント、めぐるりアート静岡

江戸時代、府中（現静岡市）は街道屈指の城下町であった。明治になり県庁が置かれ今日に至る。しかしそこには大火や戦火という苦難の時も刻まれている。

ここでは、場の記憶に触れる美術展として〝静岡アートドキュメント〟と〝めぐるりアート静岡〟に着目したい。

〝静岡アートドキュメント〟（代表：夏池篤）は、常葉大学造形学部及び実行委員会共催の美術展として二〇〇七年に始まり、これまで四回にわたり多様な場の活用を試みた。メイン会場の推移をたどると、市街地の防火帯でもある青葉シンボルロード（二〇〇七）、駿

府城公園（二〇〇八）、静岡県舞台芸術公園（二〇一一）、遊木の森（二〇一四）となっている。同展が取り上げた「街のかくれた名所」の一例として、かつての映画館街、七間町のミラノ座屋上にあった廃墟プラネタリウムドームを挙げたい（写真3、4）。発案は写真家の長船恒利で、その意図を「『ノッペラボーのユートピア都市』を除いて、どこの地域でも資産として蘇生するものをもっている。資産はアートの異化効果を通して、記憶を蘇生したり、複合的な意味に対して開かれていく」（「複合メディア映像実験」日本映像学会第三四回全国大会発表、二〇〇八）と記した。

〝めぐるりアート静岡〟は、二〇一三年に文化庁助成による静岡大学アートマネジメント人材育成事業の実習（担当：白井嘉尚）として始まった。モデルは、「地域の過去と現在、

写真3　今は無き、映画館屋上のプラネタリウムの外観。2007（撮影：長船恒利）

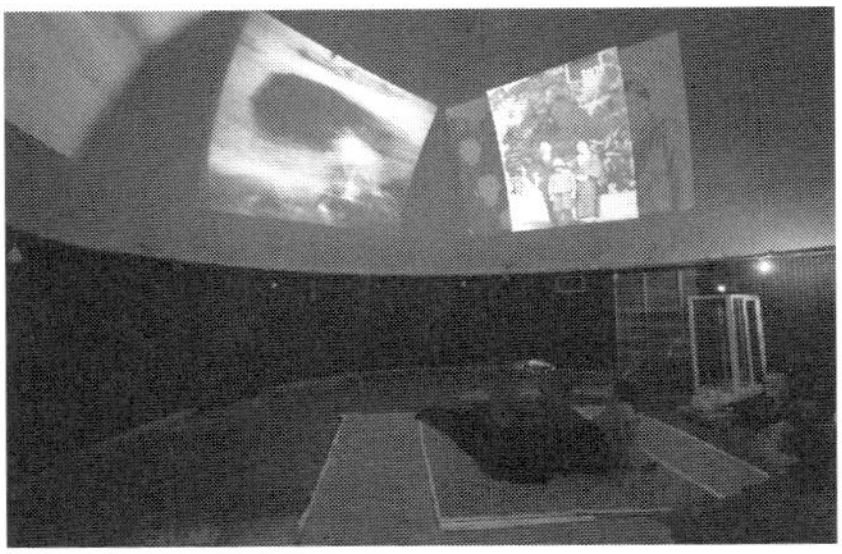

写真4　プラネタリウムの内部。2007（撮影：長船恒利）

写真5　旧マッケンジー住宅の居間、千葉広一《何処へ》、2016（撮影：遠藤幸廣）

場と人を結ぶ」という目的を掲げ、静岡県立美術館の川谷承子学芸員が中心となり実施した〝むすびじゅつ〟(二〇一二)である。〝めぐるりアート静岡〟は、組織横断型のキュレーションチームが企画を担い、大学、美術館、行政等の連携によりアニュアル(年一回)形式で開催されている。特色ある会場としては、JR貨物駅跡地の「東静岡アート&スポーツ/ヒロバ」、自伝的小説『銀の匙』(大正十年/一九二一)で知られる中勘助の足跡を伝える文学記念館、静岡の茶産業発展と社会福祉に貢献した米国人、マッケンジー夫妻を顕彰する旧マッケンジー住宅が挙げられよう。なお、同住宅は、W・M・ヴォーリスの設計による国登録有形文化財建築である。静岡市在住の美術家、千葉広一は、二〇一六年に開催された第四回展で、同住宅を会場とし、ありし日の面影を留める空間や家具調度に寄り添いながら自らの記憶や思いを重ねた(写真5)。(白井)

4 島田/ささま国際陶芸祭

JR東海道本線の金谷駅から大井川鐵道に乗り換えて約三五分、川根温泉笹間渡駅に到着する。そこから更に約一〇㎞、山沿いの道を行くと、二〇〇七年に廃校になった笹間小学校をリノベーションした宿泊体験施設・山村都市交流センターささま(事業主:企業組合くればし)がある。森と茶畑、せせらぎに囲まれたセンターは、この地・笹間(現島田市)のほぼ中心に位置する。

このセンターを核に二〇一一年より〝ささま国際陶芸祭〟(指定管理者:ささま国際陶芸祭

写真6　イタリア人作家Karinの酒瓶を使った《SAKE BOTTLE KILN FIRING》、2017（撮影：筆者）

実行委員会／実行委員会会長：北島亨、アートディレクター：道川省三、プロデューサー：道川綿未）が二年に一度開催されている。

　直近の第四回陶芸祭（二〇一七年一一月二三日～二六日）では、人口四〇〇人程度の小さな村に世界一七カ国、約七〇人のアーティストが来村、来場者三二〇〇人が集まった（写真6）。

　二〇一六年には、静岡大学の学生らが笹間に入り、村の食を調査、それをもとに村のお母さん達が中心となってメニュー開発を行い、もてなしの場「縁會」を開催（二〇一七）、世界的に活躍する陶芸家・道川省三の器などを存分に使っての場をしつらえて好評を得た。

　また、二〇一七年よりフランス人の陶芸家ジョセフィン・マリノがセンター隣の空き家をリノベーションしてアーティストインレジデンスをしており、村人と日常的な関わりを持っている。当初村人たちは、来村する外国人に対して無関心を決め込んでいたが、せっかく大勢の外国人が来てくれるんだから英語で村を案内できるようになりたいと奮起、このフランス人から英語を学びはじめた。これぞ、現場から立ち上がった本物の生涯学習だ。

　笹間は現在次のステップへ向けた、「ワビ・サビレッジささまプロジェクト」を興そうと準備を進めている。定住人口に固執せず新たなコンセプトのもと開村を計画している。笹間でなければできないことを陶芸祭は教えてくれた。（平野）

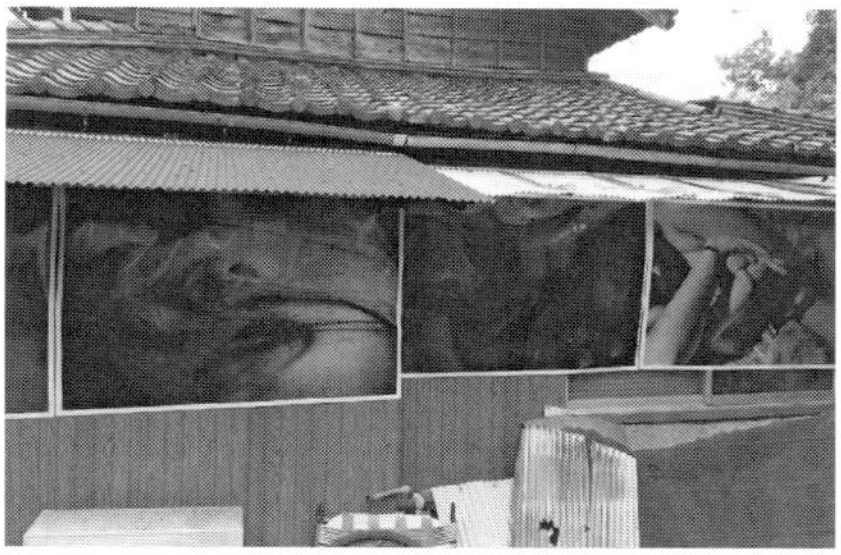

写真7　GAW展：写真家、広瀬勉による新信濃屋（屋号）外壁への作品展示、2016（撮影：村上雄大）

写真8　かけがわ茶エンナーレ：事任八幡宮境内、大杉弘子《降臨》、2017（写真提供：大杉弘子）

5　日坂／GAW展、かけがわ茶エンナーレ

歌川広重の《東海道五拾三次》で日坂宿は旅の難所「小夜の中山」として描かれ、山道には伝説の「夜泣き石」が見える。江戸時代は幕府直轄の宿場であった。明治期の国鉄東海道本線の敷設でルートから外れ、また昭和二六（一九五一）年、新たな国道一号線が町を迂回したことで、街並みには往事の面影が残された。

さて、日坂の特色を生かした美術展としては、〝GAW展 part IX〟（二〇一六）と〝かけがわ茶エンナーレ二〇一七〟が挙げられよう（写真7、8）。

「GAW」とは「Golden-gai Art Waves」の略称。すなわち、戦後の闇市から生まれ、多くの文化人に愛された飲食店街、新宿歌舞伎町のゴールデン街から発するアートの波動ということだろう（主催：GAW展二〇一六実行委員会／実行委員長：久絽、日坂地区実行委員長：袴田重由）。「路地から路地へ」を合い言葉に、東京や地元掛川などから七〇余名のアーティストが小さな町に作品を寄せた。住民が運営を担い、この機会に家々の屋号の看板を新調。訪れる人々を親しく迎える姿に宿場文化の遺伝子をかいま見たように思う。

「茶エンナーレ」は、「アートがいきづく茶産地へ」を掲げ、掛川市全域を六つのエリアに分けて開催された美術展（主催：かけがわ茶エンナーレ実行委員会、総合プロデューサー：山口裕美）。「東山・日坂エリア」は、夏池篤がディレクションを担当した。会場は、江戸時代の旅籠、川坂屋や萬屋そして商家の藤文、古からの時を刻む事任八幡宮などである。ここでも日坂は、予期せぬアートと触れあうことで、遠い記憶が呼びさまされたかのようであった。

近くの粟ヶ岳山頂には、富士山や南アルプスまた駿河湾を望む大パノラマが広がる。山中の檜林をサイトに選んだのは、一般公募で選ばれた掛川市在住の彫刻家、木下琢朗。そこに生えている檜を間伐。その材で、種のような形の彫刻を作り、命をつなぐ森に「播種」した。（白井）

6　横須賀／遠州横須賀街道ちっちゃな文化展

横須賀は城下町であった。東海道の袋井宿から南東約一〇km。大名行列は、袋井に向かう西ルートか金谷宿に向かう東ルートを通ったという。宝永大地震（一七〇七年）で土地が隆起するまでは海路の要衝でもあった。

〝遠州横須賀街道　街並みと美の晴れ舞台　ちっちゃな文化展〟（主催：遠州横須賀倶楽部

／城代家老：竹内誠人）は一九九九年に始まった。毎年一〇月第四週の金・土・日に開催され、町は「文化展」一色に染まる。ジャンルの幅広さと、作家をキャリアで隔てないおおらかさが特徴といえよう。藩御用達の廻船問屋であった清水邸、堂々とした木造旅館の八百甚、古風な構えの商店や民家にもかつての賑わいが蘇る（写真9、10）。

特筆されるのは、一九八七年に商工会青年部を中心に結成された「遠州横須賀倶楽部」で、地域資源の掘り起こしと住民の交流を促す様々な活動を行なった。時代の波から取り残された街並みそれ自体の価値や、東京の神田明神祭りの原型を今に伝える三熊野神社大祭に着目し、魅力の顕在化に務めた。そのような流れの中から「文化展」が誕生する。発案者は当時町役場に勤めていた深谷孝で、その目的について企画書に次のように記した（「遠州横須賀倶楽部」部内資料、一九九七）。「街並みは私たちの先達の『時を越えての贈り物』

写真9　写真家の大竹省二は遠州横須賀出身。会場の山中酒造にはかつて大竹が住んでいた。2016（写真提供：掛川市）

写真10　清水邸2階から土間を眺める。2012（撮影：筆者）

なのである。その、街道や町家をいかに磨き、守り育てていくのかが我々後代の役目ではないか。町家のハレの場はお正月、四月のお祭りと年二回ある。一年二回のハレの場だけでなく数多くのハレの場に登場させ、町の衆や多くの人々にこの宝物を見ていただきたい。…略…芸術は、街道・町家を考える、宝を磨くための『手』である」。

盲点のような場所を生かしたのは、九州から参加の平川渚が企画した「アートかくれんぼ」である。呼びかけに応えた作家たちは、民家と民家の壁の間、道路の側溝や神社境内の一角などをユニークな視点で読み直し、遊び心のなかに深い意味を孕む作品を忍ばせた。（白井）

7　細江・引佐／天地耕作計画

『細江町史』をひもとけば、古代象の化石や旧石器の出土から始まり、縄文時代や弥生時代の遺跡、古墳の記述や発掘された数々の銅鐸などと、太古から豊かな恵みの地であったことが覗われる。隣り合う引佐町（現浜松市北区）は彦根藩主となった井伊氏発祥の地でもある。江戸時代の気賀には関所が置かれ、脇街道（姫街道）の宿場として栄えた。

〝天地耕作計画〟は、細江町（現浜松市北区）在住の村上誠・渡兄弟と、引佐町在住の山本裕司によるアートプロジェクトで、活動期間は一九八八年から二〇〇三年までの一五年間（写真11）。「それぞれ生まれ育った山野」をフィールドとして、木や藁、石や土などを用い、造形表現の根源を探る活動を展開した。オーストラリアのパース（一九九二）や、フィンランドのラハティーほか（一九九七）で大規模な実践を繰り広げたことも特筆される。

一九八九年三月に公開された「耕作」には、「湖と山を巡る美術のフィールドワーク」という副題が付され、「湖」細江町の村上兄弟と「山」引佐町の山本、まさにそれぞれのホームグラウンドが現場であった。DMに使われた写真は、県境を越えて接する奥三河黒沢地区に伝承されてきた民俗芸能「黒沢田楽」の一場面。そのことで、美術を神事と農耕、すなわち民俗学や民族学との連関の中で再考するという姿勢が表明されていたように思う。

写真11　引佐町“天地耕作・谷下”、村上誠・村上渡《産土－1》、1991（撮影：村上誠）

村上誠が「耕作だより　14　最終号」（一九九五）で記した「『見せる美術』という近代的な枠組みを一度白紙に戻したい」という言葉は、表現をめぐって、芸術家と観客を峻別するあり方への批判であるとともに、祖霊や地霊や死者といった、かつては大切にされていた場の記憶に向き合う構えともいえよう。いずれにしても、民俗芸能や農作業のように、集う者の身にも心にも働きかけ、また複合的な感覚や意味を呼びさます営みを求めて、新たな一歩が踏み出されたのではないだろうか。（白井）

〔参考文献〕
大須賀町誌編纂委員会『大須賀町誌』大須賀町、一九八〇年
小杉達監修『東海道小夜の中山』建設省浜松工事事務所、一九九五年
静岡県教育委員会文化課『静岡県歴史の道　東海道』静岡県文化財保存協会、一九九四年
細江町史編さん委員会『細江町史　通史編中』細江町、二〇〇〇年

引佐町“天地耕作”、山本裕司《氏神の祠》、1989
（撮影：村上誠）

column

戦後静岡の「少年小説」――三木卓「六月」――

渡邊英理

芥川賞作家で詩人の三木卓（一九三五〜）は生後まもなく大連に渡り、幼少期を満州で過ごした。敗戦後、大陸から引き揚げた三木は、母の実家のある静岡市に身を寄せたようである。連作『はるかな町』（一九七五年）の小説「六月」（『アンソロジーしずおか 純文学編』所収）は、ごく短い長さの小品だが、三木の県立静岡城内高校（現在の静岡高校）時代、もしくは中学時代と思われる少年期の記憶を鮮やかに切り取っている（写真1）。

主人公は、高校生か中学生と思しき「青年になりかけのわたし」である。季節は六月、「深まっていく緑が町をつつみ、木々の花は胸に重苦しい芳香を放つ。空気は温かく湿っていて淀み、単調な虫の声だけがきこえてくる」。花の香も、空も山も街も、大気の粒子でさえも重たく湿る夜、「わたし」は勉強などしていられなくなり、そっと家をでる。

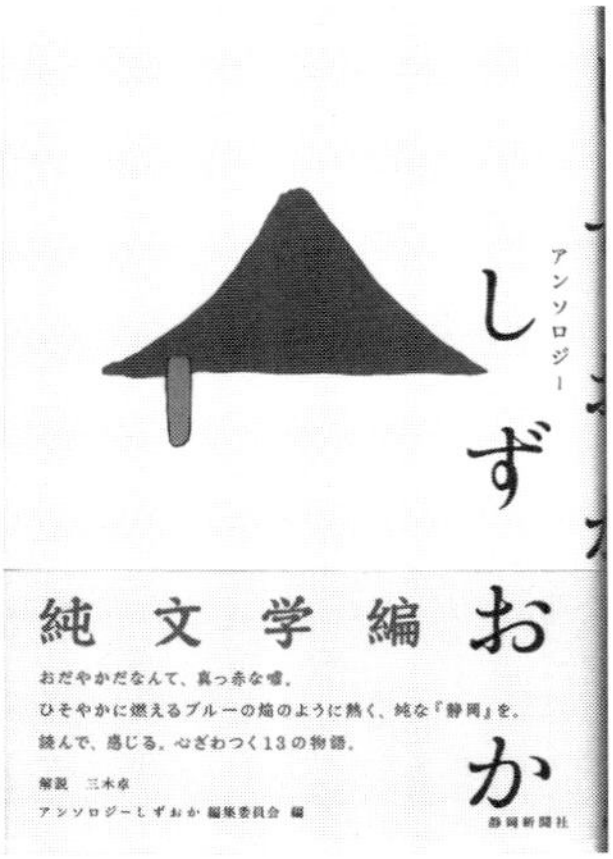

写真1 『アンソロジーしずおか 純文学編』アンソロジーしずおか編集委員会編／静岡新聞社（2017年）

「しなければならないことは沢山あるし、考えなければならないことも沢山ある。みんな幼いわたしの手にあまることばかりだ。しかし今は、時代のことも、わたし自身のこともとても考えつづけられない」。

「わたし」には、いま、行くべきところがあって、どうしても「そこへ行かなければならない」。しかし、その行き先は分からない。「戦慄とも期待とも区別のつかない心のとどろき」を抱えて、「わたし」は自転車にまたがり、夜の町を走り出す。

「わたし」が自転車で走るのは、お堀の周囲、現在の駿府城公園のあたりだ（写真2）。三木の中学・高校時代は一九五〇年代前半である。五〇年代半ばからの経済成長は戦後の景色を大きく変える。小説が描くお堀の辺りも、現在とは風景を異にする。いまはなき刑務所があり、静岡大学（一九七〇年に駿河区大谷に移転し現在は日本平の西麓に位置する）も当時の立地通り、お堀のそばに姿を見せる。

写真2　現在の駿府城公園と駿府城のお堀

少年は、一軒の店の前で自転車をとめる。「戦争が終わったすぐあとにたてられたバラックの長屋店舗の一区画」のカフェバーのような店だ。夜の旅を経て、「わたし」は電子蓄音機にレコードをかける。女の声が流れ出す。「センチメンタル・ジャーニー」の音楽に「わたし」は耳を傾ける。

無論、これは松本伊代のデビュー曲のそれではなく、アメリカのポピュラー・ソングのほうである。一九四四年にレス・ブラウンの楽団がドリス・ディのボーカルで発表し、翌年の録音がヒットする。のちにジャズのスタンダード・ナンバーとなり、多くのアーティストがカバーする。

「センチメンタル・ジャーニー」は、店の蓄音機から流れている。しかし、小説は、この曲を、お堀を取りまく土地から聞こえるかのように感じさせる。お堀端とは、「わたし」が自転車で駆けた道だ。「わたし」が自転車でお堀の周囲をまわる。それは、蓄音機の針がレコード盤をまわる回転運動と重なる。「わたし」の自転車は針であり、タイヤが滑る地面はレコード盤である。ペダルを漕ぐ「わたし」は、タイヤと地面を摩擦させ、ひとつの曲をかきならす。ならば、その曲は、戦後静岡の土地そのものに刻まれた歌とも、思春期の身体の震えそのものが生む音とも言える。あるいは、それを戦後という転形期のメロディー、あるいは思春期という過度期の音色と呼んでもよいだろう。音は、空気の震えを伝って耳に届く。重く立ち込める梅雨時の空気も、時代や青年期の憂鬱も、音がほんのすこし軽くする。その目に見えない微かな動きは、少年の「心のとどろき」である。

多文化共生が拓く浜松の可能性

——松岡真理恵

はじめに

浜松といえば、うなぎ、ピアノにオートバイ、そして多文化共生である。一九九〇年の入管法改正以来、浜松市は全国一ブラジル人住民数の多い自治体として外国人住民との多文化共生を掲げ、様々な施策を展開してきた。市内の外国語表示や行政情報にはポルトガル語と英語が目立ち、街を歩けば、浜松市役所前に在浜松ブラジル総領事館、その近くにはブラジル銀行浜松出張所もあり、ブラジルレストランではブラジル風バーベキューのシュハスコが楽しめる。[1]

この章では浜松市で取り組まれてきた多文化共生施策について述べるが、それは今後の

(1) 浜松市内にはブラジルレストランや雑貨屋が数店舗あるが、その中でも浜松駅南口の「セルヴィッツー」は一九九〇年代当初から続く老舗だ。経営者の増子利栄ジョアンさんは浜松市のブラジル人のお父さんとでも言うべき世話好きの日系二世。彼の生い立ちはアンジェロ・イシ「ジョアン・トシエイ・マスコ〜『第二の故郷』で挑戦する日系ブラジル人」『ひとびとの精神史　第七巻　終焉する昭和一九八〇年代』(二〇一六年)に詳しい。

日本の外国人受け入れ施策を考える上で一つの重要な参考事例であることは間違いない。

この文章を校正している二〇一八年一一月の国会で議論の中心となっているのは、まさに外国人材の受入れをめぐるものだ。(2) 政府は「移民政策ではない」と言っているが、世間では、既に三〇年にわたり実質的な移民の人々と多文化共生社会を築こうと歩んできた浜松市の事例が参考として取り上げられることも多い。今こそ、国としても移民受け入れを見据えた覚悟と仕組みづくりを含めた社会統合政策についてじっくり検討すべきときであろう。

1　浜松市の外国人住民の特徴

浜松市の外国人住民の特徴は二つある。一つは、ブラジル国籍を中心とする南米系日系人が多いこと、もう一つは「永住者」、「定住者」、「日本人の配偶者等」の在留資格を中心とする長期に滞在をし、活動に制限のない身分系の在留資格者が八割を占めるということだ。浜松市の国籍別外国人住民数は二〇一八年一一月一日現在、総計八三か国等(3)二万三三五四〇人であり、国籍の内訳はブラジル、フィリピン、ベトナム、中国、ペルー、韓国、インドネシア、その他となっている（図1）。ブラジル国籍者はピーク時の二〇〇八年の約二万人に比べればその半分に満たないが、依然として日本国内では一番ブラジル国籍者が多い基礎自治体となっている。近年の傾向としては、日本育ちや日本生まれの第二世代が多く社会に出てくるようになってきている一方で高齢化も始まっている。また、日系フィ

（2）「経済財政運営と改革の基本方針二〇一八（平成三〇年六月一五日閣議決定）の中で、「外国人材の受け入れを拡大するため、新たな在留資格を創設する」と明記され、一二月には改正入管法が国会で成立、二〇一九年四月から最長五年間、単身の外国人を就労資格で受け入れることが決まった。

（3）「なし」（出生届を提出したときには親の国籍を未取得だが、今後取得を見込まれる場合）、「無国籍」（それ以外の理由で無国籍となっている場合。無国籍の詳細については、例えばＮＰＯ法人無国籍ネットワーク参照：http://statelessnetwork.sakura.ne.jp/wp/）、地域を含んでいる。

リピン人を中心とするフィリピン国籍者の増加や留学生・技能実習生として来日するベトナム人の増加など、ブラジル以外の国籍の存在感が増してきており多国籍化が進んでいる。

もう少し詳しく見ていこう。

移り変わりを見ると（図２）、浜松市の外国人住民数が急激に増えたのは一九九〇年の改正入管法の施行で、日系三世が「定住者」の在留資格を取得できるようになってからだ。そしてその推移は、ブラジル国籍者の推移とほぼ同じである。外

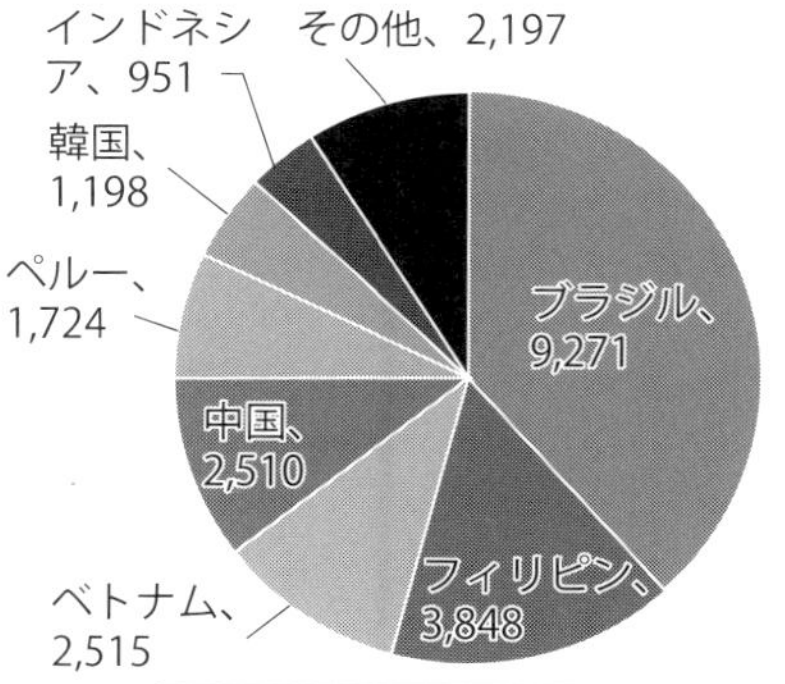

平成30（2018）年11月1日現在

図1　浜松市における国籍別外国人住民数（人）

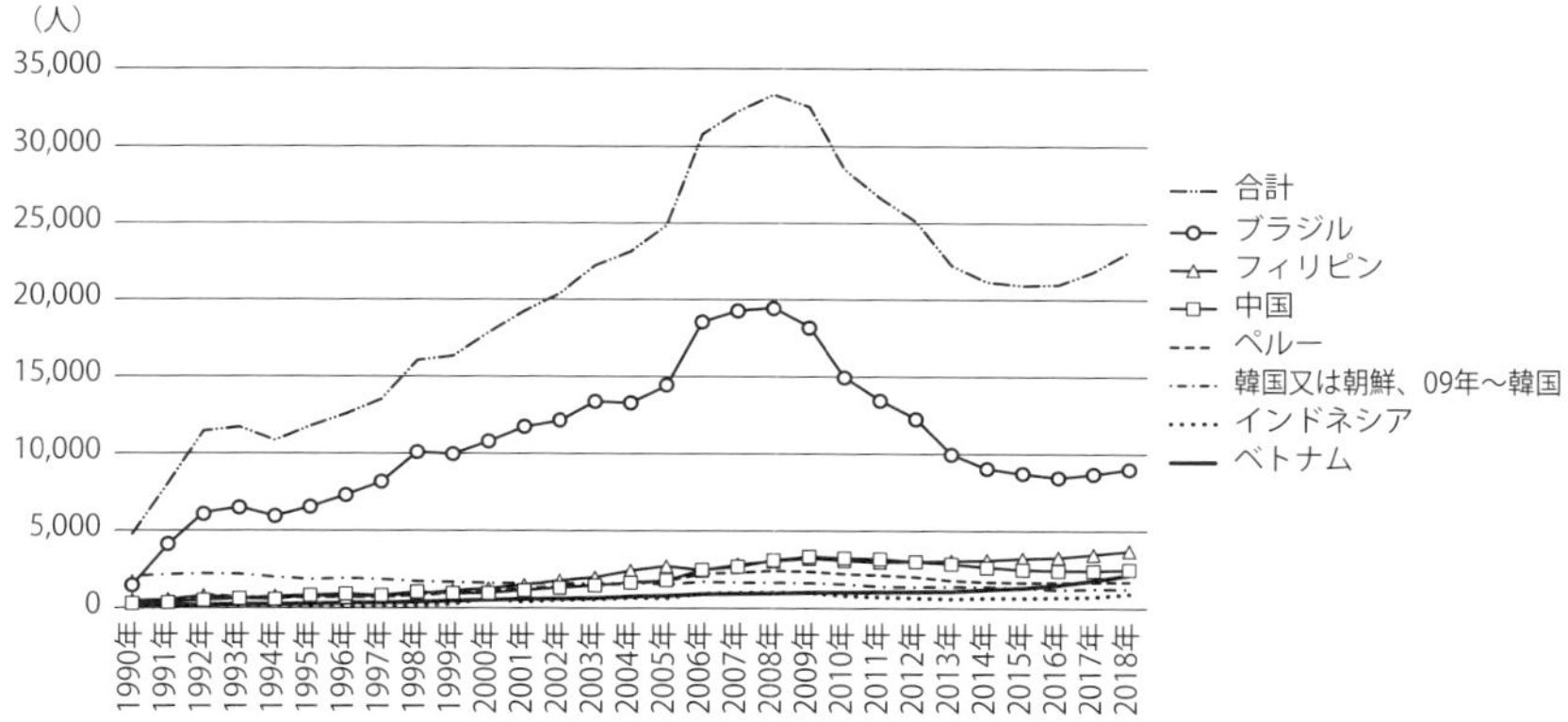

図2　浜松市における国籍別外国人住民数の推移

国人住民数は一九九〇年代初頭のバブル経済の崩壊時に多少減ったが、その後も増え続け、二〇〇八年のリーマンショックに端を発した経済危機により大幅に数を減らし続け、二〇一七年から微増に転じたところである。

2 市政がリードしてきた多文化共生施策

浜松市の多文化共生推進に向けた取り組みの特徴は、市が中心的な政策課題の一つとして多文化共生を掲げ、内外にアピールしてきたことだ。

筆者は一九九六年からの五年間、愛知県豊田市の（財）豊田市国際交流協会（当時）の職員として豊田市の国際化施策（当時）に関わっていた。二〇〇六年から（公財）浜松国際交流協会（以下、HICE《ハイス》という）の職員となり、豊田市と浜松市の多文化共生施策の取り組み姿勢の違いを肌身に感じた。例えば、当時の国際化施策を担う担当部署について、豊田市は「自治振興課」であり、外国人住民をめぐる課題は、地域に古くから住む旧住民と市外から新たに住民となって移り住んできた新住民との課題の延長線上にあり、住民課題への対応という位置づけであった。(4)

一方、浜松市は一九九一年に企画部内に国際交流室（現国際課）が設置されてから、常に市の国際化戦略の一環の中に外国人住民との共生が位置づけられてきた。豊田市は対処しなくてはならない課題として取り組み、浜松市は市の発展戦略の一つとして位置づけて取り組む姿勢を見せてきたと言えよう。(5)

(4)　一九九九年から「秘書室国際課」が新設されて担当部署となった。二〇一八年現在の担当は「経営戦略部国際まちづくり推進課」。

(5)　実態としては、浜松市も対処しなくてはならない課題として取り組まざるを得なかったという面は大きいと思われる（北脇二〇一一、一四頁）。

次に、浜松市が多文化共生施策を推進してきた経緯を、その基本方針の変遷を中心に述べる。

「国際交流のまち推進基本計画」―国際交流から出発した多文化共生施策

浜松市で多文化共生の前段となる国際交流の動きが活発化したのは一九八〇年代であった。背景として、浜松市は工業都市であり、繊維、楽器、輸送機器を中心に光・電子技術関連でも発展しつつあり、スズキ、ホンダ、ヤマハ、カワイなど世界的に有名な輸送機器メーカーや楽器メーカーが海外進出を積極的に展開していたことがある。

浜松市では一九八二年に市が主導し、民間企業が協力する形で、任意団体の国際交流協会であるＨＩＣＥが設立され、市の施策を民間ベースで実施する体制が早くから整えられた。

また、一九八〇年代は、国が自治体の国際化戦略を推進し始めた時期でもあった。さらに一九九〇年の入管法の改正で、南米系日系人が急増するという背景もあった。一九九二年度には自治省（現総務省）から、「国際交流のまち推進プロジェクト」実施市町村の指定を浜松市は受け、「国際交流のまち推進基本計画」を策定した。これが浜松市で多文化共生施策に関連する初めての基本方針となる。ここでの「国際交流」は外国から仕事や観光などで来日する外国人が地域生活を円滑に送るための施策が含まれていた。

この時期に、市役所窓口や教育委員会、保健所に通訳配置がなされ、ＨＩＣＥでは一九九一年に自主事業として始めた外国人相談が翌年には浜松市からの委託事業となった。その他にも各種リーフレットやガイドブック、外国語版広報による外国人市民向けの情報提供サービスも充実していった（池上二〇〇二）。

「世界都市化ビジョン」―社会統合政策を意識した「地域共生」

二〇〇〇年に入ると浜松市の多文化共生施策は大きく進んだ。まず、二〇〇一年に策定されたのが「世界都市化ビジョン」である。このビジョンでは、三つの柱のうち「共生」が第一に掲げられ、「外国人市民と日本人市民が真に共生できる地域社会づくり」と明確に述べられている。

また、同年には、浜松市が中心となって、南米系日系人のニューカマーが急増していた他都市に呼びかけ、「外国人集住都市会議」が設立された。その設立趣旨として三つ挙げられているが、その中に「外国人住民との地域共生の確立」という表現がある。ここで特徴的なのは、「多文化共生」ではなく「地域共生」という造語を用いていることである。当時の浜松市長である北脇氏によると、「単に文化のみに焦点を合わせるのではなく、『健全な都市生活に欠かせない権利の尊重と義務の遂行を基本とした真の共生社会の形成』、すなわち日本人住民と外国人住民の地域社会における全体的な統合、そして新しい文化と地域の形成を目標とすることを明らかにしたもの」（北脇二〇一一、六四頁）ということだ。外国人受入れに関する社会統合政策が必要だという強い思いから作られた用語と言えよう。

この会議は毎年継続して現在まで開催されており、外国人住民の社会統合政策を示さない国に対する提言や要望が行われ、国もそれに応える形で、様々な施策が実施されてきた。その中で一番大きな成果は、二〇一二年に施行された改正住民基本台帳法だろう。これによって、外国人住民は自治体の住民サービスの対象として明確に位置づけられた。

また、浜松市の特徴的な事業の一つに、外国人の不就学[6]の子どもへの対策があるが、その始まりは二〇〇二年からの「カナリーニョ教室」で、浜松市の国際室（現国際課）の委託事業として行われた。来日間もない子どもを対象とした日本語初期指導を行う教室は各地にできつつあったが、不就学に焦点をあてて定常的な「教室」が市の予算措置で行われたのは全国にも例をみなかった（山野上、林嵜二〇〇七）。

「多文化共生都市ビジョン」―外国人支援から多様性を生かすまちづくりへ

二〇〇八年の経済危機により、浜松市では日系ブラジル人・ペルー人らの失業者があふれたが、それへの積極的な対策により、全国的にも注目を浴びている。例えば、二〇〇八年には浜松市多文化共生センター内にハローワークと労働基準監督署の窓口を静岡県と連携して開設、二〇〇九年四月からは入国管理局との連携により相談窓口を開設、全国三か所のワンストップ型相談コーナーの一箇所としてスタートした[7]。二〇一一年には、経済危機後に学費の高い外国人学校を退学しその後もどこの教育機関にも通わない子どもたちの実態把握と支援のために、「外国人の子どもの不就学ゼロ作戦事業」を開始した。同じく二〇一一年より外国人のための日本語教室を中心に行う「浜松市外国人学習支援センター」を市内西区に開設、二階を外国人学校のムンド・デ・アレグリアへ賃貸するなど、子どもの就学支援という切り口から他都市では見られない施策を展開していった。

二〇一一年三月には東日本大震災が発生、経済停滞に追い討ちをかけるようであったが、その頃には低調な雇用状況が常態となりつつあった。

（6）日本では、外国籍の子どもは就学義務がない。浜松市では、義務教育年齢の外国籍の子どもで日本の学校にも外国人学校にも在籍せず学習環境下にない子どもを不就学としている。

（7）労働基準監督署の窓口はニーズの減少等の理由により二〇一二年度まで、ハローワークの窓口は二〇一四年度までで撤退。現在は入管の相談窓口のみが残っている。

そのような状況の中、二〇一三年に「浜松市多文化共生都市ビジョン」が新たな指針として策定された。このビジョンの特徴は、「外国人など多様な文化を持つ市民の存在を都市の活力の源泉として捉える」ところにあり、ヨーロッパで採用されている「インターカルチュラルシティ」の考えを参考にしているところで、現在の浜松市の多文化共生施策の背骨となるものである。

3　多様性を生かしたまちづくり

多様性を生かすという理念が具体的に体現されている一つの事例として、日本で生まれたり育ったりした外国にルーツを持つ第二世代の活躍に関わることがあげられる。ここではＨＩＣＥの取り組みを例として紹介する。

ＨＩＣＥで外国にルーツを持つ若者エンパワメント事業として「多文化教育ファシリテーター養成講座」が行われたのは二〇〇九年度である。これは、外国にルーツを持つ若者が、自身の体験に向き合い、受容し、社会へ向けてのメッセージを発信するという一年をかけて行ったプログラムで、参加した若者が最後に冊子にそれぞれの思いをまとめた。[8]

このプログラムを修了した若者に高校などで話をしてほしいという声がかかるようになり、いくつかの体験を重ねるなか、自分たちと同じ外国にルーツを持つ子どもたちを励まそうと企画されたのが「可能性へ向けてのリスタート」だ。ブラジル、ペルー、フィリピン、ベトナムにルーツを持つ六人の若者たちが自分たちの経験や思いを発表した。[9]

（8）「多文化なわたし、あなた、みんな」。ＨＩＣＥホームページよりダウンロード可能。（http://www.hi-hice.jp/index.php）

（9）ＨＩＣＥホームページより動画を見ることができる。

写真１　78カ国の浜松市民が大集合

さらに、この企画に参加した若者たちの中の数人が次のステップとして企画したのが「七八か国の浜松市民が大集合〜未来はみんなでつくる」だ[10]（写真１）。浜松市にその当時、日本国籍者も含めて七八か国の国籍の人が暮らしていたが、その人たち同士で交流したい、と企画が決まった。中心になったのは、ブラジル、フィリピン、インドネシアにルーツを持つ若者四人だった。この事業はある意味で一つの転換点でもあったと言える。それは、彼らが同じような外国にルーツを持つ若者を「支援する」という発想から、外国にルーツを持つ私たちの存在はおもしろい、と社会へ発信するものとなったということだ。単発のイベントではあるが、多文化共生都市ビジョンの「多様性を生かす」という発想を体現するものとして象徴的なイベントとなった。

その後、このイベントを企画した若者たちが、より日常的な交流をしたいということで二〇一四年一月にＣＯＬＯＲＳ（Communicate with Others to Learn Other Roots and Stories, 以下、ＣＯＬＯＲＳ《カラーズ》）が結成された。ＣＯＬＯＲＳはその後、定時制高校に出張授業を行っ

（10）ＨＩＣＥホームページより動画を見ることができる。

て外国人・日本人にとらわれず、若い世代の将来を考えるワークショップを開催するなど、活発な活動を展開しており、注目されている。

このように、現在の大きな流れとしては、外国人住民に象徴される多様性をプラスとして捉え、社会をともに作っていく方向に進んでいる。これは、決して課題に目をつむるということではなく、課題解決をも含めて多様性を生かしていくという姿勢、覚悟の上に行っていることだ。ＨＩＣＥでは当事者の視点を活かした企画・事業展開を重要視して課題解決型の事業にも取り組んでいる。[11] 日本で生まれ育った第二世代の視点から考えると、いつまでも自分たちの存在が社会の課題であり支援の対象であるという目線には耐えられない。自分たちも社会を積極的に担う一員としての自覚が十分あることを感じている。

4　多文化共生の推進の課題

今後の多文化共生の推進を考えるにあたり、三つの課題を提示しておく。一つ目は、外国人を一時的な人手不足を補う雇用の調整弁の労働者としてではなく、これからの社会を担っていく人として受け入れていく覚悟を国として示す必要があるということだ。二つ目は、そのような全人的な受け入れに伴い、法的根拠を示した社会統合政策が必要である。三つ目は、多様性を生かす社会づくりは全ての人にとって生きやすい社会であることを受け入れ側の人々が心の底から納得するような議論をしなくてはいけないことだ。それは、これまでの日本社会の根本を揺るがすような発想の転換が必要なのかもしれないが、この

(11)　例えば、外国人リーダーを中心に養成している災害時多言語ボランティア養成事業や発達障害等の子どもへの対応を学ぶペアレントトレーニングのブラジル人・ペルー人指導者の養成などの事業がある。

議論ができないようであれば、真の多文化共生社会はありえないだろう。

　最後に、本稿でも取り上げてきた、最近の多文化共生施策で強調される「多様性を生かす」ことの意味についてより深く考えておきたい。外国にルーツを持ちながらも日本で生まれ育ち、日本語が母語でルーツのある国のことはよく知らないという第二世代の若者が増えている。そのような彼らにも外国語能力など狭い意味での多様性を生かすことを無意識のうちに期待してはいないだろうか。その期待が無言のプレッシャーになり、生きにくさを感じている第二世代もいる。しかし、「多様性」は決して言葉や文化などのことだけではないはずだ。どんな人でも生い立ちや経験、価値観など様々な面を複合的にあわせ持っており、誰もが多様なのだ。

　また、「多様性」がそこにあるだけでは多文化共生社会ではない。違うものを持つ人同士がぶつかりあい「対話」をすることで何かが生まれ社会が変わっていく、その過程が「多文化共生」なのだ。だから、「多様性」そのものよりも、「対話」が大切なのだと最近は思っている。その「対話」にあらゆる人が参加できる社会、それが多文化共生社会なのだろう。

〔参考文献〕
池上重弘『ブラジル人と国際化する地域社会～居住・教育・医療』明石書店、二〇〇一年
移民政策学会設立10周年記念論集刊行委員会編『移民政策のフロンティア～日本の歩みと課題を問い直す』明石書店、二〇一八年
外国人集住都市会議「はままつ二〇一五～多文化共生社会の実現に向けて～」報告書、二〇一六年
北脇保之編『「開かれた日本」の構想～移民受入れと社会統合』（シリーズ　多文化・多言語主義の現在４）ココ出版、二〇一一年
浜松多文化共生事業実行委員会「外国人の子どもの不就学ゼロ作戦事業」報告書、二〇一二年

山西優二「多文化共生に向けての地域日本語教育のあり様と多文化社会コーディネーターの役割」『シリーズ多言語・多文化協働実践研究15地域日本語教育をめぐる多文化社会コーディネーターの役割と専門性』東京外国語大学多言語・多文化教育研究センター、二〇一二年
山野上麻衣・林嵜和彦「浜松市における外国人の教育問題と．協働―カナリーニョ教室による不就学対策より」矢野泉編著『多文化共生と生涯学習』一四一～一八六頁、明石書店、二〇〇七年
渡戸一郎編集代表、『変容する国際移住のリアリティ～「編入モード」の社会学』ハーベスト社、二〇一七年

COLORSによる定時制高校への出張授業

column

なぜ静岡市は里親委託率が日本で一、二を争うほど高いのか

白井千晶

親の虐待や経済的理由、精神疾患などの理由で、親に代わって社会が育てることを社会的養護という。社会的養護には、里親、ファミリーホームなどの家庭養護、乳児院、児童養護施設などの施設養護の二種がある。国際連合の子どもの権利条約では、子どもの基本的人権について、まず生まれた親の元で育つ権利があることを謳った上で、代替養育としては、養子縁組、里親家庭がよく、施設養護は必要な場合に限ると掲げている。生みの親やその親族が育てられるように支援があるのがよく、それでも子どもの環境が適わないときは、子どもにとって養育者・環境のパーマネンシー（永続性、恒久性、安定性）があって、家庭が与えられるべきだという原則に基づいて優先順位が示されている。

欧米諸国では、シングルマザー家庭支援、親族などによる後見人制度、キンシップケア（親族などによる共同養育）、ファミリーグループ・カンファレンス（支援計画における当事者や家族の参画や資源化）などを通じて、できるだけ親子が分離しないで生活できる環境が整えられつつある。養子縁組も、年間数千人から一万人を越えるほどあり、社会的養護の子どものうち施設ではなく里親家庭で過ごす子どもの割合（里親委託率）は、五～九割と過半だ。施設は治療やケア目的、里親家庭に委託されるまでの短期滞在目的で、規模も六～一〇人程度のグループホームが主流である。おおむね、子どもの権利条約通りの方向性だと言えるだろう。

しかし、日本は真逆である。経済的問題や不適切な子育てがあった場合でも、生みの親やその親族が育てられるようにする支援は十分ではない。おそらく扶養義務が原則にあるからだろう(1)。子どもが親と分離した場合の養育についても、社会的養護が三・五～四万人であるのに対して、特別養子縁組は年間五〇〇件程度で、社会的養

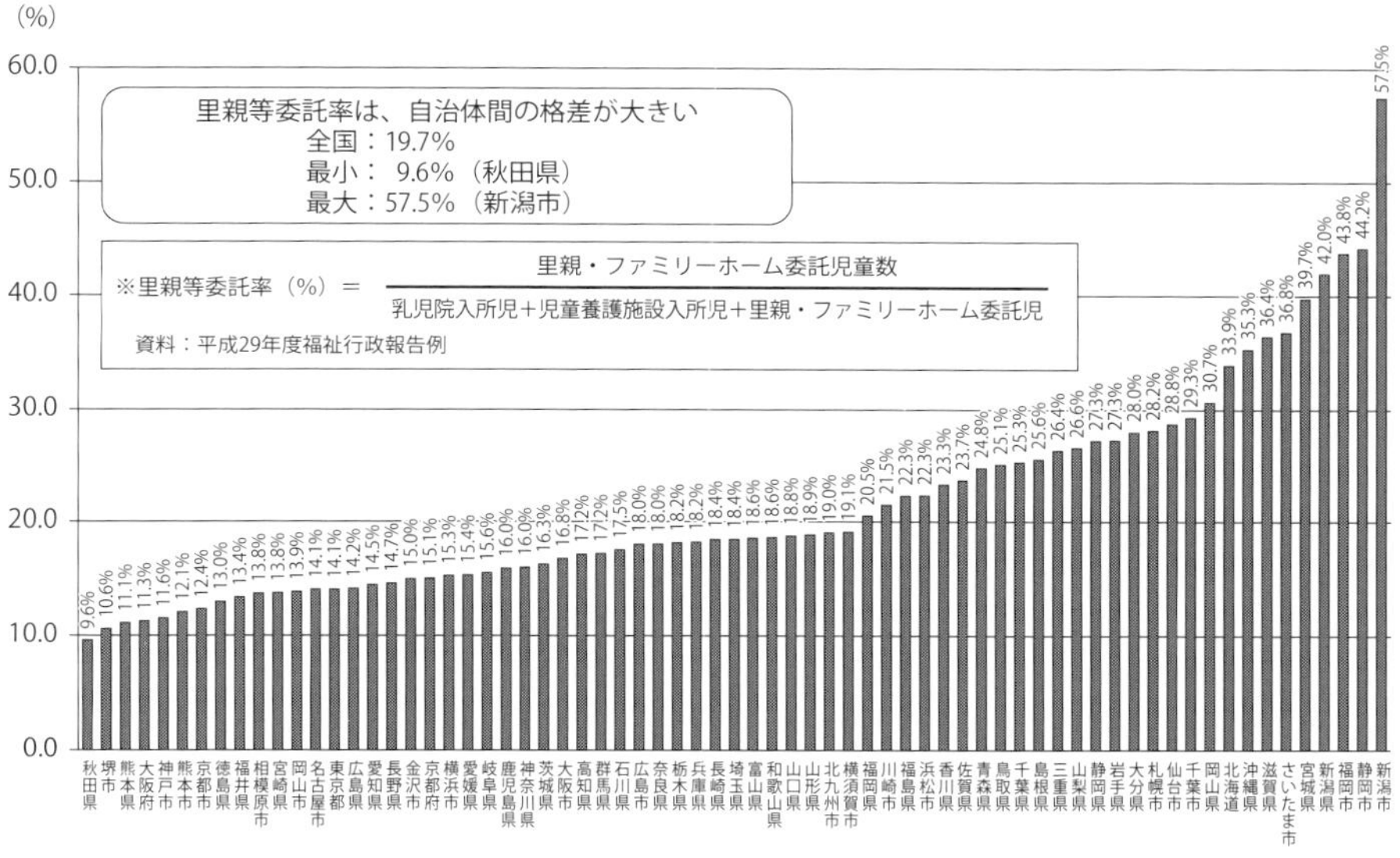

図1　都道府県市別の里親等委託率の差（2017年度末）
（出典：厚生労働省「社会的養育の推進に向けて」2019年1月版）

護のうち里親やファミリーホーム（五〜六人子どもを預かることができる家庭）に委託されている子どもは二割に満たない（一八・三％）。つまり、施設、里親、養子縁組、生みの親への支援の順になっていて、国連が示すのとは反対になっているのだ（生みの親支援の不足は数値化しにくいが）。

しかし静岡市は、里親委託率が五割を越しそうな勢いで、全国で一、二の高さを誇る。(2) つまり、保護されて親に代わって社会が育てる子どものうち、里親家庭にいる子どもの割合が、全国的に見てダントツに高い自治体なのだ（図1）。

その理由は二つある。一つは、二〇〇五年に静岡市が政令指定都市に移行したこと。都道府県単位だった社会的養護の枠組が市を単位にすることになった。児童相談所は市に一つ、施設は乳児院も児童養護施設も一つしかない。市の外の施設に依頼するには、外部に「管外委託」することになる。できるだけ管内で子どもの処遇をはかろうとするなら、里親を受け皿として頼ることになる。児童相談所が一所で意思決定がスムーズになることも、よい効果を与えただろう。

二点目は、政令市移行後に、市が里親業務を全面的に外部機関に委託したことだ。政令市移行に伴い、児童養護施設での勤務経験もある元児童相談所長が会長になって、静岡市里親会が発足していたのだが、その里親会が母体になって、二〇一〇年に里親を支援する専門機関である静岡市里親家庭支援センターが開設された。翌二〇一一年に静岡市から里親支援業務の一部を受託し、二〇一三年に行政処分（措置権等）を除くすべての里親業務を静岡市から受託した（全国里親委託等推進委員会二〇一五）。里親の認定と、子どもの措置（委託）は行政しかおこなうことができないが、それ以外の、里親制度の広報、リクルート、説明、初期面接、里親認定前の研修、訪問調査、審査部会への諮問という里親認定までのプロセスを当センターが一貫しておこない、児童を受託する里親の選定、処遇検討会議への参加、支援プログラムの作成といった児童相談所業務への参画もしている。さらに里親サロンの運営、受託前実習、委託後の里親支援など委託後のプロセスまで一貫しておこなっている。センターは児童相談所内にあり、児童相談所との連携も万全だ。

児童相談所の業務は子どもの発達相談など育児相談、虐待通報の対応、相談への対応に伴う市町村相互の連絡調整、一時保護、子どもの措置など幅広く、里親委託は業務のごく一部であるのに対して、センターは里親業務を専従でおこなうことができる。児童相談所の職員と異なり、センター職員は異動がないから長期的に関係構築ができるのも利点だ。

このように、行政の単位が小さく（コンパクトに）なって機動性が高まり、顔の見える関係でコミュニティケアが進むと、全国平均の二倍以上の里親委託率が達成できる。現静岡市長は五〇・〇％を越すこと、里親委託が施設委託を越えることが子どもの福祉にとって重要だと言っている。行政処分以外のすべての業務を外部機関に委託しているのは、二〇一八年現在、静岡市だけである。自治体格差が子どもの処遇に反映されるべきではない。静岡市モデルが全国に広がることが社会的養護のボトムアップの一助になるだろう。

〔参考引用文献〕

全国里親委託等推進委員会『平成二六年度調査報告書』全国里親会委託等推進委員会事務局、二〇一五年

〔注〕

（１）日本では傍系を含む三親等以内に扶養義務があるため、子どもの祖父母やおじおばにあたる人が養育することにさいして、特段の支援はない。

（２）静岡県も全国平均を上回ってはいるが、静岡市とは異なり、二〇％強である。

column

静岡における人権と共生
――マイノリティの多様な営みを知る――

山本崇記

静岡における人権と共生を考えるうえでぜひ紹介したい4つの施設がある。

1　静岡朝鮮初中級学校

まず、一つの大きな誤解は、静岡には在日朝鮮人がいない／少ないというものである。浜松や清水をはじめ、戦前から在日朝鮮人は少なくない。その中でも、静岡市駿河区中島に民族教育事業に取組む静岡朝鮮初中級学校がある（写真1）。もともと、浜松からスタートした朝鮮学校は、現在、静岡市内に一校であり、生徒数は二〇一八年四月現在で初級部一五名、中級部二名である。全国に六七校ある朝鮮学校の中でも、非常に小規模な学校であるが、言葉と文化、そして、何よりもアイデンティティを育む場所として朝鮮学校はある。国際情勢に翻弄されながらも、民族的マイノリティの学ぶ権利が守られている。静岡といえば日系ブラジル人に注目が行くことが多いが、在日朝鮮人の存在を忘れてはならない。

写真1　静岡朝鮮初中級学校

写真2　神山復生病院・復生記念館

写真3　磐田市ふれあい交流センター

写真4　のヴぁ公民館

2　神山復生病院・復生記念館

次に紹介したいのは、設立一三〇年を迎える神山復生病院である（写真2）。日本国内には国立のハンセン病療養所が一三か所あり、御殿場市神山には駿河療養所も存在する。そのすぐ隣に、民間（カトリック）の療養所が現役で存在している。現在では唯一の民間療養所である。入所者は五名であり、平均年齢は九〇歳を超えるが、最後までサポートし続けるという施設の趣旨で、日曜礼拝をはじめ、取組みがなされている。文化庁の登録有形文化財に指定されている記念館は、病院の歴史や入所者に身近な民具、カトリックならではの調度品などが展示されており、一般の来館が可能である。

3　磐田市ふれあい交流センター

次に紹介したいのは、磐田市国府台にあるふれあい交流センターである（写真3）。同センターは「隣保館」といわれる人権福祉施設である。もともと、部落問題・同和問題の解決を企図して建設されたが、現在は、近隣にブラジル人・ペルー人の住民も増えたため、多文化共生を意識した取組を行っている珍しい館である。全国には八〇〇館以上の隣保館が存在するが、多文化共生の取組を地域福祉やまちづくりの視点から展開している館は非常に稀有である。さらに言えば、静岡に対するイメージとして、「同和（部落問題）は存在しない」という大きな誤解がある。その点からしても非常に貴重なコミュニティの拠点なのである。

4　クリエイティブサポートレッツ（Creative Support Let's）

最後に紹介したいのは、浜松市西区入野町にあるクリエイティブサポートレッツである。重度の知的障害者の息子との葛藤から生まれた団体である。これほどユニークで、様々な境界線を相対化しようとする試みを私は知らない。とにかく発想やチャレンジが、どこまでもポジティブなエキセントリシティを持っているのである。「のヴぁ公民館」（写真4）や「たけし文化センター連尺町」など、コミュニティづくりやアートを掛け合わせた取組は、障害と健常、芸術・アートと非専門性、常識・秩序とエキセントリシティといった境界を揺るがし、私たちが、「人権」や「マイノリティ」といった言葉で何かを理解しようとする企みをことごとく打ち砕く。その先に教科書通りにはいかない「共生」の在り方が示唆されているのではないか。

これら以外にも、近年県内に増えているフィリピン人労働者の児童への学習サポート（焼津）、一九七〇年代から始まる障害者の自立生活運動（静岡）、野宿者支援運動（静岡・浜松）や高齢者による団地での居場所づくり（沼津・熱海）、さらに、セクシュアル・マイノリティのコミュニティ（静岡）などもある。

「人権後進県」のようにも見られがちであるが、当事者の実践や営みにフォーカスしてみると、実に多様な姿に出会うことができるのである。

索引

●あ行●

●か行●

●さ行●

●た行●

●な行●

●は行●

●ま行●

●や行●

●ら行●

●わ行●

報学事典』（共編著）朝倉書店、2016 年など

杉本直也（すぎもと・なおや）／静岡県交通基盤部建設支援局建設技術企画課

小南陽亮（こみなみ・ようすけ）／静岡大学教育学部教授／生態学・理科教育／『木のタネ検索図鑑―同定・生態・調査法―』文一総合出版、2016 年など

徳岡　徹（とくおか・とおる）／静岡大学理学部准教授／植物系統分類学／「トウダイグサ科」『新しい植物分類学Ⅱ』（日本植物分類学会監修、田村実、戸部博編著）講談社、2012 年など

鈴木克己（すずき・かつみ）／静岡大学農学部教授／野菜園芸学／『施設園芸・植物工場ハンドブック』（共著）農山漁村文化協会、2015 年など

上藤一郎（うわふじ・いちろう）／静岡大学人文社会科学部教授／統計学／『データサイエンス入門』オーム社、2018 年など

日詰一幸（ひづめ・かずゆき）／静岡大学人文社会科学部・地域創造学環教授／行政学、地方自治論／『討議デモクラシーの挑戦』（分担執筆）岩波書店、2012 年など

皆田　潔（みなた・きよし）／静岡大学地域創造教育センター・地域創造学環准教授／地域計画学／『地域再生のフロンティア』（共著）農文協、2013 年など

河合　学（かわい・まなぶ）／静岡大学地域創造学環・教育学部教授／コーチング学／『バレークロニクル』日本文化出版、2017 年など

祝原　豊（いわいはら・ゆたか）／静岡大学地域創造学環・教育学部准教授／運動生理学／『シニアのための転ばぬ先の一歩　ノルディックエクササイズ＆ノルディックウォーキング』ナップ、2012 年など

太田隆之（おおた・たかゆき）／静岡大学地域創造学環・人文社会科学部准教授／地域政策論・地方財政論／『再生可能エネルギーと地域再生』（分担執筆）日本評論社、2015 年など

富田涼都（とみた・りょうと）／静岡大学農学部准教授／環境社会学・環境倫理学／『自然再生の環境倫理―復元から再生へ―』昭和堂、2014 年など

芳賀正之（はが・まさゆき）／静岡大学教育学部・地域創造学環教授／美術教育学／『しずおかホビーは凄い！』静岡県文化財団、2011 年など

白井嘉尚（しらい・よしひさ）／静岡大学地域創造学環・教育学部教授／絵画／『白井嘉尚　シャーベットのように、そして森のなかへ』掛川市二の丸美術館、2018 年など

平野雅彦（ひらの・まさひこ）／静岡大学教育学部特任教授・人文社会科学部客員教授／『図書館はまちの真ん中』（共著）勁草書房、2007 年など

渡邊英理（わたなべ・えり）／静岡大学人文社会科学部准教授／近現代日本語文学／『アジアの戦争と記憶』（共著）勉誠出版、2018 年など

松岡真理恵（まつおか・まりえ）／（公財）浜松国際交流協会主幹、多文化社会コーディネーター／多文化共生論／「『協働の場』を通して形成される専門性」『シリーズ多言語・多文化協働実践研究』第 14 号、2011 年など

白井千晶（しらい・ちあき）／静岡大学人文社会科学部教授／社会学／『フォスター――里親家庭・養子縁組家庭・ファミリーホームと社会的養育―』生活書院、2019 年など

山本崇記（やまもと・たかのり）／静岡大学地域創造学環・人文社会科学部准教授／地域社会学／『現代日本の宗教と多文化共生』（共著）明石書店、2018 年など

執筆者一覧（執筆順：氏名／所属〔2019 年 3 月現在〕／専門分野／主要業績）

山岡拓也（やまおか・たくや）／静岡大学人文社会科学部准教授／先史考古学／『後期旧石器時代前半期石器群の研究―南関東武蔵野台地からの展望―』六一書房、2012 年など

池谷信之（いけや・のぶゆき）／明治大学黒耀石研究センター研究員／先史考古学／『黒潮を渡った黒曜石』新泉社、2005 年など

篠原和大（しのはら・かずひろ）／静岡大学人文社会科学部教授／日本考古学／『手越向山遺跡の研究』六一書房、2011 年など

貴田　潔（きだ・きよし）／静岡大学人文社会科学部准教授／日本中世史／「環有明海地域における海辺寺院の存立―肥前国藤津荘故地にみる竹崎島と観世音寺の関係から―」『民衆史研究』第 87 号、2014 年など

増田亜矢乃（ますだ・あやの）／静岡県地域史研究会会員／日本近世史／『静岡浅間神社の稚児舞と廿日会祭』静岡新聞社、2017 年など

今村直樹（いまむら・なおき）／熊本大学永青文庫研究センター准教授／日本近世史・近代史／『日本近世の領国地域社会』（共著）吉川弘文館、2015 年など

岡村龍男（おかむら・たつお）／島田市博物館学芸員／日本近世史／「近代の静岡市中心市街地と菓子商扇子屋」虎屋文庫編『和菓子』第 24 号、2017 年など

袴田光康（はかまだ・みつやす）／静岡大学地域創造学環・人文社会科学部教授／日本文学／『源氏物語の史的回路』おうふう、2009 年など

小二田誠二（こにた・せいじ）／静岡大学人文社会科学部・地域創造学環教授／日本言語文化／『死霊解脱物語聞書』（解題・解説）白澤社、2012 年など

藤井真生（ふじい・まさお）／静岡大学人文社会科学部教授／ヨーロッパ中世史／『中世チェコ国家の誕生』昭和堂、2014 年など

石井　潔（いしい・きよし）／静岡大学学長／倫理学／『自律から社交へ』青木書店、1998 年など

橋本敬之（はしもと・たかゆき）公益財団法人江川文庫学芸員／日本近世史／『幕末の知られざる巨人 江川英龍』KADOKAWA SSC 新書、2014 年など

橋本誠一（はしもと・せいいち）／静岡大学人文社会科学部・地域創造学環教授／日本法制史／『明治初年の裁判―垂直的手続構造から水平的手続構造へ―』晃洋書房、2017 年など

貝嶋良晴（かいしま・よしはる）／大日本報徳社前専務理事・社員

戸部　健（とべ・けん）／静岡大学人文社会科学部教授／中国近現代史／『近代天津の「社会教育」―教育と宣伝のあいだ―』汲古書院、2015 年など

山本義彦（やまもと・よしひこ）／静岡大学名誉教授／近代日本経済史・思想史／『近代日本経済史研究』ミネルヴァ書房、2002 年など

小山真人（こやま・まさと）／静岡大学地域創造学環・教育学部教授／地質学・火山学／『ドローンで迫る伊豆半島の衝突』岩波科学ライブラリー、2017 年など

岩田孝仁（いわた・たかよし）／静岡大学防災総合センター長・地域創造学環教授／防災学／『災害情

大学的静岡ガイド—こだわりの歩き方

2019年3月30日　初版第1刷発行

編　者　静岡大学人文社会科学部・地域創造学環

発行者　杉田　啓三

〒607-8494 京都市山科区日ノ岡堤谷町 3-1
発行所　株式会社　昭和堂
振込口座　01060-5-9347
TEL(075)502-7500 ／ FAX(075)502-7501
ホームページ　http://www.showado-kyoto.jp

印刷　亜細亜印刷

ISBN 978-4-8122-1815-0
乱丁・落丁本はお取り替えいたします。
Printed in Japan

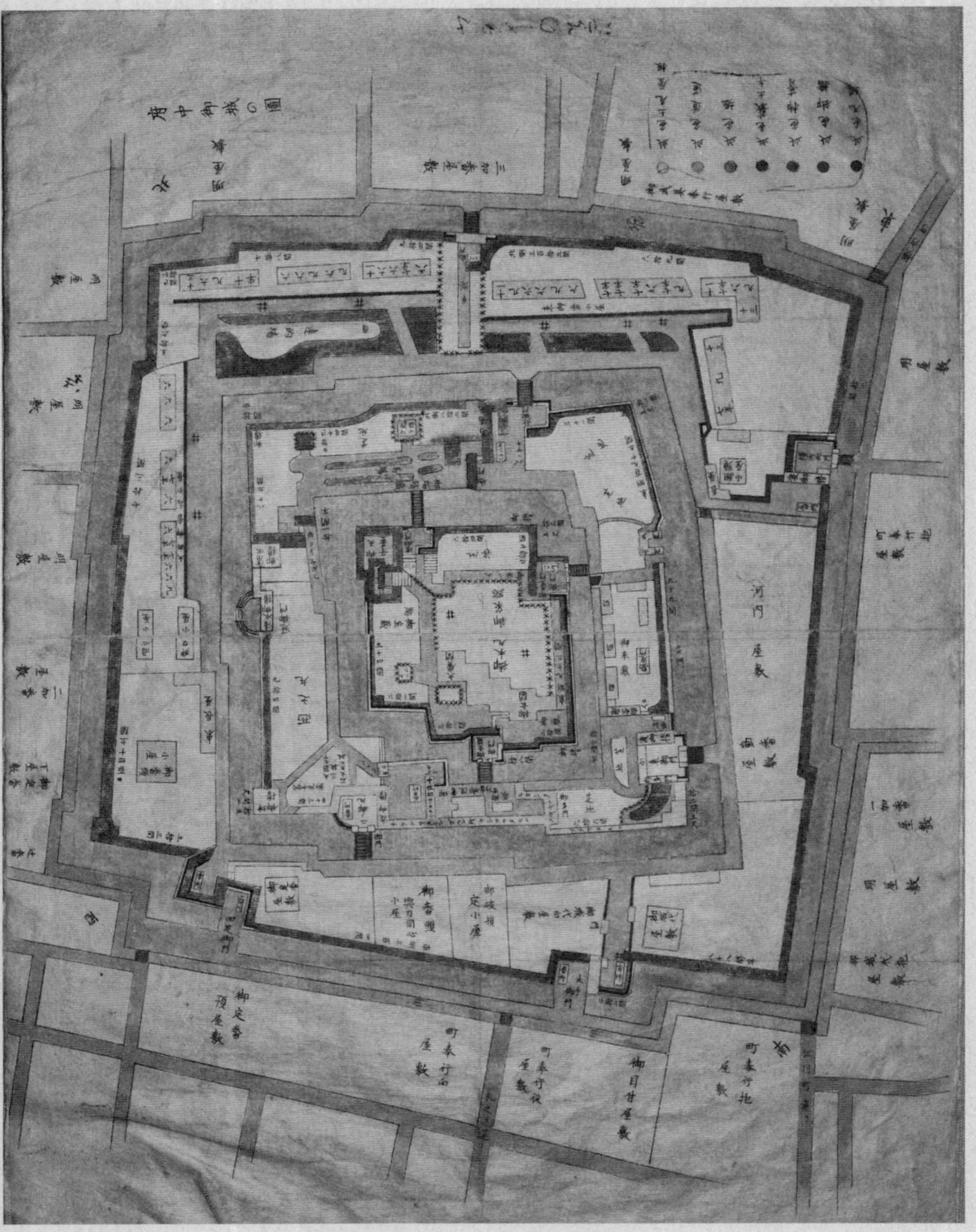

府中御城の図（写真提供：静岡市）